新编英汉互译教程

主　编　王保令　韩　凌
副主编　林　旭

北京邮电大学出版社
www.buptpress.com

内 容 简 介

本教材有以下特色与创新：①由浅入深，循序渐进，难易程度合理；②贯穿理论联系实际的思想，内容力求全面，突出实用性；③材料选择具有一定的代表性和科学性，遵循翻译学习的规律；④课后练习为学习者留有一定的自主学习空间；⑤从长远观点培养学生的翻译观，力争做到"授之以渔"；⑥与时俱进，结合翻译新技术，尤其是计算机辅助翻译方面的新动向、新成果。教材内容分为几个衔接紧密、逻辑自然、承上启下的模块。第一模块介绍翻译的基础知识，让读者了解翻译作为一门独立开设的课程应具备的学科特质，如翻译的定义、标准及译者素养等。第二模块讲述翻译的技巧与方法。翻译技巧训练是翻译教学的一项重要内容，可以帮助学习者在较短的时间内掌握处理复杂翻译问题的初步知识，少走弯路。第三模块讲解语篇及不同文体的翻译策略。翻译材料以实用文体翻译为主，兼顾读者翻译素养的培养。每种文体从段落语篇入手，与一种翻译技巧或方法相结合，分析细致入微，体现翻译过程。第四模块讲解翻译软件、搜索引擎等计算机辅助翻译方面的内容。在翻译实践中，计算机辅助翻译技术是提高翻译速度、提升翻译质量的必要手段，使翻译教学与翻译市场及翻译产业密切结合。

图书在版编目(CIP)数据

新编英汉互译教程 / 王保令，韩凌主编． －－ 北京：北京邮电大学出版社，2020.12
ISBN 978-7-5635-6264-0

Ⅰ. ①新… Ⅱ. ①王… ②韩… Ⅲ. ①英语—翻译—教材 Ⅳ. ①H315.9

中国版本图书馆 CIP 数据核字(2020)第 229903 号

策划编辑：刘纳新　姚　顺　　责任编辑：王晓丹　左佳灵　　封面设计：七星博纳

出版发行：北京邮电大学出版社
社　　址：北京市海淀区西土城路 10 号
邮政编码：100876
发 行 部：电话：010-62282185　传真：010-62283578
E-mail：publish@bupt.edu.cn
经　　销：各地新华书店
印　　刷：保定市中画美凯印刷有限公司
开　　本：787 mm×1 092 mm　1/16
印　　张：17.5
字　　数：436 千字
版　　次：2020 年 12 月第 1 版
印　　次：2020 年 12 月第 1 次印刷

ISBN 978-7-5635-6264-0　　　　　　　　　　　　　　　　　定价：48.00 元
· 如有印装质量问题，请与北京邮电大学出版社发行部联系 ·

前　言

　　《新编英汉互译教程》（以下简称《教程》）是编者在教学实践过程中不断摸索、积累、修订和完善的结晶，本书所有的理论讲解和实践案例都取自真实的授课材料及反馈材料，《教程》拥有非常强的实践性和可操作性，为广大翻译爱好者和学生学习翻译理论和翻译实践提供了全新的视角和思考。编者通过努力，在以下几点上力求取得突破。

一、《教程》体现梯级性的结构特点

　　本教程的编写遵循"由浅入深、循序渐进"的编写模式，符合学习者的认知规律。全书共有9章内容。第1章主要介绍翻译的基础知识，如翻译的定义、翻译的标准、翻译的过程、译者的素养等。第2、3、4章从词句入手，阐述了常用的翻译技巧与方法，涉及英译汉和汉译英的一些常见结构，让读者在掌握翻译技巧与方法的基础上，能够灵活处理英语中的各种从句以及汉语的简单谓语结构和特殊谓语结构等。此外，书中还补充了英、汉长难句的处理方法。第5、6、7、8章分别阐述了旅游文本、说明书、学术论文和文化典籍不同文体的特点与翻译策略。在编写这几章的过程中，编者尽量将每章重点介绍的翻译策略与一些翻译规范结合，配套的翻译练习也尽量做到配合各章的技巧与文体设计。第9章介绍了计算机辅助翻译，阐述了翻译研究新领域取得的成果。整个教程由浅入深、循序渐进、结合实际，体现了梯级演绎的编写指导思想。

二、《教程》编写体现了翻译课程的实践性特点

　　本教程追求理论与实践相结合，在尽量做到内容全面的同时，力求体现翻译的实践性。教程中的相关例证全部来源于真实案例，相关材料大都在编者授课过程中使用过。在教程的编写过程中，编者力求所有的例证均来源于实践，在挑选语料的过程中，坚持"新"的原则，渗透"新"的概念与"新"的理念。不仅整套教程的语料来自实践，《教程》还结合了翻译研究领域的理论成果，摒弃了陈旧过时的语料及案例，使理论和成果的应用与实践形成了有机结合与良性互动。

三、《教程》编写体现了翻译技巧讲授的双向互动性特点

　　单向的英译汉或汉译英教程对于翻译技巧的传达忽略了一些常见翻译方法和技巧在英汉互译中的普适性，割裂了学习者对双向互译技巧的整体把握，如英译汉中讲到了分句与合句译法，在汉译英中会涉及断句与合句处理，这些翻译技巧虽然用词稍有不同，但它们的本质没有太大差异，只是在不同场景下的灵活运用。英译汉中的增词法和省略法，在汉译英中也可以使用，只不过需要反其道而行之。本教程强调对翻译技巧与

方法的双向互动性掌握,读者可全面了解两种语言的精髓,提高翻译能力,灵活结合翻译技巧处理英汉互译中的问题。

四、《教程》编写体现了翻译实践的与时俱进

本教程的编写在尊重传统的同时,体现了与时俱进的时代特征。目前,越来越多的翻译实践离不开翻译工具的帮助。小到电子词典,大到翻译软件,越来越被译者重视。掌握大量的软件资源,充分利用翻译工具,不仅可以提高翻译效率和质量,还会让翻译者站在时代的前沿,做到与时俱进,得心应手。虽然目前翻译工作还不能做到完全依靠机器翻译,但计算机辅助翻译的趋势锐不可当,越来越多的公司和专业翻译者开始采用这种模式。本教程第9章对计算机辅助翻译、翻译软件和搜索引擎做了一些介绍与演示,使读者可以对计算机辅助翻译等全新的翻译模式有所了解,这对于想要从事专业翻译工作的读者也有一定的借鉴意义。只有不断用新知识武装自己,才能成为时代的弄潮儿,才能站在时代的前沿,立于不败之地。

五、《教程》编写体现了为读者服务的思想

为读者着想、为读者服务的思路贯穿了本教程编写的始终。读者既可以把本教程作为教材使用,亦可以作为参考资料使用。编者在编写的过程中尽力做到既有经典例句也有新颖资料,既要保证每章内容有亮点,又要做到尽可能全面。《教程》的附录部分主要为标点符号的用法。在教学过程中,编者发现标点符号的误用现象较为普遍。这部分内容可方便读者查阅汉语主要标点符号的用法以及夹有英文的中文文本的标点符号的用法。

本教程的编写分工如下。王保令编写第2、3、4、6、7章和第8章8.1、8.2.1、8.3.1、8.3.2、8.4的正文部分和部分练习以及全书的附录部分;韩凌负责编写第1章和第8章8.2.2、8.2.3的正文和第8章的部分练习;林旭负责编写第5章正文和练习部分以及第8章的8.3.3。

感谢李思博、强晓晓、韩磊、赵尹默、张瀚琳对本书所作的贡献,感谢高英、徐芳、谢刚、王建艺、郭宏和褚佳萌的帮助与鼓励。

感谢北京邮电大学出版社,没有他们的鼓励和专业支持,本教程不可能出版。

感谢北京邮电大学人文学院为本教程的顺利出版提供的支持,感谢北京邮电大学教务处提供的项目支持。

在编写过程中,编者参考了大量文献,转引了不少著作(详见"主要参考文献")中的例句,在此谨向这些文献的作者致以谢忱。个别资料出处因为各种原因无法一一列举,在此一并致谢。

由于编者水平有限,书中的疏漏在所难免,不当之处敬请指正。

编 者

目 录

第 1 章 翻译概述 ··· 1
1.1 翻译的定义 ··· 1
1.2 翻译的标准 ··· 3
1.3 翻译的过程 ··· 4
1.4 译者的素养 ··· 5

第 2 章 常用翻译技巧与方法 ·· 7
2.1 词类转化法 ··· 7
2.1.1 其他词性的词转化为动词 ··· 7
2.1.2 其他词性的词转化为名词 ··· 8
2.1.3 其他词性的词转化为形容词 ······································ 8
2.1.4 其他词性的词转化为副词 ··· 9
2.2 增词法 ·· 9
2.2.1 增加名词 ·· 9
2.2.2 增加动词 ·· 10
2.2.3 增加形容词 ··· 10
2.2.4 增加副词 ·· 10
2.2.5 增加量词 ·· 10
2.2.6 增加语气词 ··· 10
2.2.7 增加表示时态的词 ·· 11
2.2.8 增加表示名词复数的词 ·· 11
2.2.9 增加连词 ·· 11
2.2.10 增加概括词 ·· 12

2.2.11 增加省略的词 …………………………………………………… 12
  2.2.12 其他情况 …………………………………………………………… 12
 2.3 省略法 ………………………………………………………………………… 12
  2.3.1 省略代词 …………………………………………………………… 13
  2.3.2 省略冠词 …………………………………………………………… 13
  2.3.3 省略连词 …………………………………………………………… 13
  2.3.4 省略介词 …………………………………………………………… 14
  2.3.5 省略动词 …………………………………………………………… 15
  2.3.6 省略引导词 ………………………………………………………… 15
  2.3.7 省略同义词或近义词 ……………………………………………… 15
 2.4 重复法 ………………………………………………………………………… 16
  2.4.1 重复省略的成分 …………………………………………………… 16
  2.4.2 重复共有的成分 …………………………………………………… 16
  2.4.3 重复代词 …………………………………………………………… 17
 2.5 反笔译法 ……………………………………………………………………… 17
  2.5.1 正说反译 …………………………………………………………… 18
  2.5.2 反说正译 …………………………………………………………… 18
 2.6 分句译法 ……………………………………………………………………… 18
  2.6.1 简单句的分句翻译 ………………………………………………… 19
  2.6.2 复合句的分句翻译 ………………………………………………… 19
 2.7 合句译法 ……………………………………………………………………… 20
  2.7.1 将原文中两个或两个以上的简单句译成一个单句 …………… 20
  2.7.2 将原文中的复合句译成一个单句 ……………………………… 20
  2.7.3 将原文中的重复表达部分合并译成汉语中的一个句子成分 … 21
 2.8 词序调整法 …………………………………………………………………… 21
  2.8.1 定语词序的调整 …………………………………………………… 21
  2.8.2 状语词序的调整 …………………………………………………… 22
  2.8.3 倒装句词序的调整 ………………………………………………… 22
  2.8.4 被动句词序的调整 ………………………………………………… 23
  2.8.5 习惯表达 …………………………………………………………… 24
 2.9 选词用词 ……………………………………………………………………… 24
 课后练习 …………………………………………………………………………… 25

第3章 英语从句与长难句的翻译 …… 28

3.1 定语从句的翻译 …… 28
- 3.1.1 限制性定语从句的翻译 …… 28
- 3.1.2 非限制性定语从句的翻译 …… 29
- 3.1.3 兼有状语功能的定语从句的翻译 …… 30

3.2 状语从句的翻译 …… 30
- 3.2.1 状语从句位置的变化 …… 30
- 3.2.2 句子之间的互相转化 …… 31

3.3 名词性从句的翻译 …… 32
- 3.3.1 主语从句的翻译 …… 32
- 3.3.2 宾语从句的翻译 …… 32
- 3.3.3 表语从句的翻译 …… 33
- 3.3.4 同位语从句的翻译 …… 34

3.4 英语长难句的翻译 …… 35
- 3.4.1 顺序法 …… 36
- 3.4.2 倒序法 …… 36
- 3.4.3 时序法 …… 37
- 3.4.4 拆分法 …… 38
- 3.4.5 重组法 …… 39

课后练习 …… 40

第4章 汉译英应注意的几个问题 …… 44

4.1 概述 …… 44

4.2 汉英翻译应注意的几个问题 …… 44
- 4.2.1 主语的处理 …… 44
- 4.2.2 谓语的处理 …… 48
- 4.2.3 状语从句的翻译 …… 55
- 4.2.4 分词与分词短语 …… 56
- 4.2.5 介词与介词短语 …… 57
- 4.2.6 词的增减 …… 57
- 4.2.7 汉语长难句的翻译 …… 59

  课后练习 ·· 62

第 5 章　旅游文本 ··· 64

 5.1　对照阅读与思考 ··· 64

  5.1.1　对照阅读与思考 1 ·· 64

  5.1.2　对照阅读与思考 2 ·· 65

 5.2　旅游文本 ··· 66

  5.2.1　旅游文本概述 ··· 66

  5.2.2　旅游文本的特点 ··· 70

  5.2.3　旅游文本的翻译 ··· 72

 5.3　精讲精练 ··· 77

  5.3.1　精讲精练 1 ··· 77

  5.3.2　精讲精练 2 ··· 80

  5.3.3　意义的添加与省略 ·· 83

 课后练习 ·· 88

第 6 章　商品说明书 ··· 91

 6.1　对照阅读与思考 ··· 91

  6.1.1　对照阅读与思考 1 ·· 91

  6.1.2　对照阅读与思考 2 ·· 91

 6.2　商品说明书 ·· 93

  6.2.1　商品说明书概述 ··· 93

  6.2.2　商品说明书的特点 ·· 100

  6.2.3　商品说明书的翻译 ·· 103

 6.3　精讲精练 ··· 107

  6.3.1　精讲精练 1 ··· 107

  6.3.2　精讲精练 2 ··· 109

  6.3.3　英语中数字的用法与写法 ·· 112

 课后练习 ·· 114

第 7 章　学术论文 ··· 117

 7.1　对照阅读与思考 ··· 117

  7.1.1 对照阅读与思考 1 ··· 117
  7.1.2 对照阅读与思考 2 ··· 117
 7.2 学术论文 ·· 118
  7.2.1 学术论文概述 ·· 118
  7.2.2 学术论文的特点 ··· 120
  7.2.3 学术论文的翻译 ··· 133
 7.3 精讲精练 ·· 144
  7.3.1 精讲精练 1 ··· 144
  7.3.2 精讲精练 2 ··· 146
  7.3.3 英文主要的标点符号 ·· 148
  7.3.4 中文特有的标点符号 ·· 150
  7.3.5 英文特有的标点符号 ·· 150
  7.3.6 英国英语和美国英语标点符号的差异 ························· 151
 课后练习 ··· 151

第 8 章 文化典籍翻译 ·· 155

 8.1 对照阅读与思考 ··· 155
  8.1.1 对照阅读与思考 1 ··· 155
  8.1.2 对照阅读与思考 2 ··· 156
 8.2 文化典籍翻译 ·· 157
  8.2.1 文化典籍翻译概述 ··· 157
  8.2.2 文化与翻译 ·· 162
  8.2.3 文化翻译 ··· 166
 8.3 精讲精练 ·· 169
  8.3.1 精讲精练 1 ··· 169
  8.3.2 精讲精练 2 ··· 172
  8.3.3 翻译中的改写 ·· 174
 课后练习 ··· 176

第 9 章 计算机辅助翻译 ·· 179

 9.1 计算机辅助翻译简介 ·· 179
  9.1.1 计算机辅助翻译的概念 ··· 180

9.1.2 计算机辅助翻译的主要功能 …………………………………………… 180
9.1.3 计算机辅助翻译的核心技术 …………………………………………… 181
9.1.4 计算机辅助翻译的辅助功能 …………………………………………… 181
9.1.5 计算机辅助翻译的优点 ………………………………………………… 181
9.1.6 计算机辅助翻译的局限性 ……………………………………………… 182
9.2 翻译软件介绍 ……………………………………………………………………… 183
9.2.1 国内主要翻译软件简介 ………………………………………………… 183
9.2.2 国外主要翻译软件简介 ………………………………………………… 187
9.2.3 SDL Trados Studio 简介及使用方法 ………………………………… 189
9.3 搜索引擎的使用 …………………………………………………………………… 215
9.3.1 搜索引擎的介绍 ………………………………………………………… 215
9.3.2 搜索引擎的使用技巧 …………………………………………………… 216
9.3.3 总结 ……………………………………………………………………… 219

各章练习参考译文 …………………………………………………………………… 220

主要参考文献 ………………………………………………………………………… 240

附录 1 标点符号用法 ……………………………………………………………… 246

附录 2 中文出版物夹用英文的编辑规范 ………………………………………… 261

第 1 章 翻译概述

人类自有语言交流之日起就有翻译活动。翻译不仅使人类各种语言和文化之间的沟通成为可能,还帮助推动人类社会不断向文明的更高阶段发展。目前,世界上大约有 230 个国家和地区,近 2 000 个民族以及 3 000 至 4 000 种语言。不同的国家、民族和社会之所以能够进行正常的政治、经贸和文化交流,和平共处,翻译功不可没。翻译的重要性无论在过去还是现在都不言而喻。

1.1 翻译的定义

翻译可以从广义和狭义两个方面来定义。广义的翻译包括所有符号之间、非符号之间、符号和非符号之间的转换行为。比如,把语言转换为计算机符号,将手势转换为语言,把文言文转换为白话文,甚至将人的思想述诸笔端,都是一种翻译。狭义的翻译就是将一种语言转换为另一种语言,即语际翻译(interlingual translation),分为笔译(translation)和口译(interpretation)。本教程关注的重点是狭义的翻译。

古今中外,不少翻译理论家都给翻译下过定义。我国唐代的贾公彦在《义疏》中对翻译做了明确的界定:"译即易,谓换易言语始相解也。"宋代高僧法云(1088—1158 年)在《翻译名义集》自序中指出:"夫翻译者,谓翻梵天之语转成汉地之言,音虽似别,义则大同。"苏联语言学派翻译理论家费道罗夫认为:"翻译就是用一种语言把另一种语言在内容和形式不可分割的统一中业已表达出来的东西,准确而完全地表达出来。"[①]英国语言学家卡特福德则认为,翻译是用一种语言中的对等文本材料去替代另一种语言中的文本材料。(Translating is the replacement of textual material in one language by equivalent textual material in another language.[②])英国翻译理论家纽马克则认为:"翻译就是把一种语言写成的文本意思以原作者期望的方式用另一种语言表达出来。"(It is rendering the meaning of a text into another language in the way that the author intended the text.[③])20 世纪 60 年代末,美国著名翻译理论家奈达这样定义翻译:所谓翻译,就是在译语中用最贴近的自然对等语再现原语的信息,首先是意义上的对等,其次是风格上的对等。(Translation consists in reproducing in the receptor language the closest natural equivalent of the source language,

---

① [苏]费道罗夫著:《翻译理论概要》,李流等译,上海:中华书局,1953 年,第 9 页。
② J. C. Catford, *A Linguistic Theory of Translation*, London: Oxford University Press, 1965, p. 20.
③ P. Newmark, *Approaches to Translation*. UK: Prentice Hall International Ltd., 1988, p. 5.

first in terms of meaning and secondly in terms of style.①)中外学者有关翻译的定义还有很多,不再一一列举。

从上述翻译的定义可以看出,翻译是把一种语言(原语或源语,source language,简称 SL)转换成另一种语言(目的语或译入语,target language 或 receptor language,简称 TL 或 RL)的过程。这个过程不是一个简单的过程,它涉及两种语言和文化。翻译就是使用不同语言、拥有不同文化的两个民族之间的沟通桥梁,使两个民族可以进行文化、思想和信息的交流,以促进双方的交往、合作和共同发展。在这一过程中,既要忠实地再现原文的信息,包括原作的内容、风格、逻辑,又要用通顺的目的语将这些内容、风格和逻辑表达出来。也就是说,英语的中译文读起来要像汉语写作,汉语的英译文要符合英文的语法,仿佛在用英语写作。②

翻阅古今中外关于翻译的论著,常常能看到翻译家和学者喜欢用精妙的比喻来描述翻译的本质。普希金把翻译家比喻成"人类精神的传递者"③。歌德把文学翻译称为"世界上全部交际来往中最重要、最高贵的事业之一"④。英国文艺批评家理查兹(I. A. Richards)把翻译称作"整个宇宙中最为复杂的活动之一"⑤。爱尔兰著名翻译家 Gabriel Rosenstock 更是把翻译比喻成"朋友之间的输血"⑥。

翻译给了我们了解世界文学与文化的途径,使我们得以进入别的地方、别的时代,了解各种人的思想状态与境界,使我们的视野开阔,使我们自己的文化获得更丰富的养分。如果没有翻译,我们生活的这个世界会处于沟通不畅、相互孤立的状态之中。翻译对人类文明进步作出的贡献无疑是巨大的。⑦

在西方,翻译家把自己的工作比喻成"把一个酒瓶里的酒倒到另一酒瓶里去(pouring wine from one bottle into another)"⑧。这个比喻简练形象地说明了翻译内容与形式之间的关系。首先,翻译者须把原作的内容原原本本地翻译出来(把酒全部倒出原来的酒瓶)。也就是说,原作所包含的一切特点(如文笔犀利、行文幽默等)都不能漏掉。其次,翻译者用另一种语言表达原作的内容(另一只酒瓶装酒),原作的一切在新的酒瓶里要装得得体,使人一见这瓶酒就想喝,而且要让人一喝就陶醉。

这些关于翻译的比喻是对翻译活动的形象化再现,可以帮助我们进一步加深对翻译本质的认识:翻译是一种文化传播的工具,在国与国之间、原语文化与译入语文化之间起着桥梁和纽带的作用。翻译不仅是文本从一种语言向另一种语言的过渡,也是文本之间、文化之

---

① E. Nida & C. Taber, *The Theory and Practice of Translation*. Leiden: Brill, 1969, p. 12.
② 彭萍编著:《实用英汉对比与翻译:英汉双向》,北京:中译出版社,2015 年,第 4 页。
③ Robert Wechsler, *Performing without a Stage: The Art of Literary Translation*. North Haven: Catbird Press, 1998, p. 9.
④ Robert Wechsler, *Performing without a Stage: The Art of Literary Translation*. North Haven: Catbird Press, 1998, p. 9.
⑤ James Holmes, *Translated! Papers on Literary Translation and Translation Studies*. Amsterdam: Rodopi, 1998, p. 104.
⑥ Bowker Lynne et al., *Unity in Diversity? Current Trends in Translation Studies*. Manchetster: St. Jerome, 1998, p. 52.
⑦ 姜倩,何刚强主编:《翻译概论》,上海:上海外语教育出版社,2008 年,第 4 页。
⑧ Robert Wechsler, *Performing without a Stage: The Art of Literary Translation*. North Haven: Catbird Press, 1998, p. 10.

间的一种协商的过程,是以翻译者为中间人而进行交流与斡旋的过程。翻译不仅是一门涉及语符转换、意义传递的技艺,更是一种极富创造性和挑战性的语言艺术。

1.2 翻译的标准

作为翻译实践所必须遵循的准绳和衡量译文质量的尺度,翻译标准对翻译实践具有非常重要的意义,也是翻译工作者希望达到的目标。因此,翻译标准一直都是翻译理论探讨的核心问题。然而,有关翻译的标准一直众说纷纭,迄今为止并没有一种放之四海而皆准、被所有人接受的翻译标准。这也许是由翻译的复杂性造成的,因为任何翻译标准都难以涵盖翻译实践的全部内容。本教程只选择古今中外较有代表性的翻译标准加以简要介绍。

早在1 700多年前的三国时期,佛经翻译家支谦就在《法句经序》中指出:

诸佛典皆在天竺。天竺言语,与汉异音……名物不同,传实不易……仆初嫌其词不雅。维袛难曰:"佛言依其义不用饰,取其法不以严。其传经者,当令易晓,勿失厥义,是则为善。"座中咸曰:"老氏称'美言不信,信言不美。'……今传胡义,实且径达。"

这大概是中国有记载的最早的关于翻译标准的论述,大意为:

佛经取自印度。印度语的发音不同于汉语……事物及其名称不同,翻译时传递原意很不容易……最初我认为译文用词不雅。一位名叫袛难的人说:"翻译佛言要传达意义,不用修饰,要严格根据佛法。译者翻译经文,要使经文易懂,不失其义,这样的译文才是好的译文。"在座的人都说:"老师说,'美的译文不忠实,忠实的译文不美。'……翻译外语的意义,直译即可。"[①]

清末民初的启蒙思想家、翻译家严复参照古代翻译佛经的经验,结合自己的翻译实践,在1898年版的《天演论·译例言》中提出:"译事三难:信、达、雅。求其信,已大难矣。顾信矣不达,虽译犹不译也,则达尚焉。"有人据此认为严复偏重于"达",把"信"和"达"相互对立起来。事实上,严复紧接着解释道:"至原文词理本深,难于共喻,则当前后引衬,以显其意,凡此经营,皆所以为达,为达即所以为信也。"这说明严复并没有把"信"和"达"割裂开来,他主张的"信"是"意义不倍(背)本文","达"是不拘泥于原文形式,尽译文语言的能事以求原意明显,为"达"也是为"信",两者是统一的。不过,严复所谓的"雅"是指脱离原文而片面追求译文本身的古雅。他认为只有译文本身采用"汉以前字法句法"——实际上即所谓上等的古文,才算能登大雅之堂。严复自己在翻译实践中遵循"与其伤雅,毋宁失真",因而译文不但艰深难懂,而且不忠实于原文,类似改编。在今天看来,这无疑是不可取。虽然如此,严复提出的"信、达、雅"丰富了中国近代翻译理论研究,在此后的100多年里对我国的翻译实践产生了巨大的影响。多年以来,"信、达、雅"这三字标准始终未被中国翻译界抛弃,原因在于:作为翻译标准,这三个字的提法简明扼要,富有层次,又主次突出;三者之中,信和达更为重要,而信与达之中,信尤为重要。因此,"信、达、雅"依然被众多当代翻译工作者作为翻译标准。[②]

[①] 程尽能编著:《跨文化应用翻译教程》,北京:北京语言大学出版社,2015年,第2页。
[②] 张培基主编:《英汉翻译教程》(修订本),上海:上海外语教育出版社,2018年,第3-4页。

英国爱丁堡大学历史学家、翻译家泰特勒在《论翻译的原则》中指出：译文应完全传达原文的思想；译文的风格和笔调应与原文一致；译文应像原文一样流畅。苏联翻译理论家费道罗夫认为：所谓合格的翻译就是译文读起来跟读原文一样让人感到愉快，而又忠实于原文的精神、意思和风格。这些都与严复提出的"信、达、雅"有异曲同工之妙。

国际翻译家联盟颁布的《翻译工作者章程》要求，译文应忠实于原文，准确表现原作的思想与形式。

此外，林语堂的"翻译五美原则"（音美、意美、神美、气美、形美），傅雷的"神似说"（就效果而论，翻译应当像临画一样，所求的不在形似而在神似），钱锺书的"化境说"（文学翻译的最高理想可以说是"化"。把作品从一国文字转变成另一国文字，既不因语言习惯的差异而露出生硬牵强的痕迹，又能完全保存原作的风味，那就算得入于"化境"），许渊冲诗歌翻译的"三美"（意美、音美、形美）和"三化"（等化、浅化、深化）原则，以及其他诸多翻译理论家的相关论述都为我国翻译标准的确定和完善作出了贡献。

总的来说，翻译标准应该是多元的，应该根据不同的文本类型采用具有不同侧重点的翻译标准。例如，文学翻译的标准就不应完全等同于科技翻译的标准。但是，所有文本类型的翻译都应遵守最基本的翻译标准：忠实准确、通顺流畅、风格得体。这三者的次序不可颠倒。忠实准确是指译文必须忠实于原文的内容，必须完整准确地传递原文的意义及其所承载的信息，译者不得随意歪曲、增删、遗漏、篡改原文的内容。通顺流畅是指译文能够充分发挥译入语的语言优势，译文语言必须标准规范、通俗易懂，符合译入语的表达习惯，不存在死译、硬译、生搬硬套、文理不通的现象。风格得体则是指译文应尽量忠实传达原文的文体特征和写作风格。

1.3　翻译的过程

翻译的过程是正确理解原文和创造性地用另一种语言再现原文的过程。奈达把翻译的基本过程分为四个阶段：(1)原语文本的分析(analysis of the source text)；(2)原语到目的语的转换(transfer from source to target language)；(3)目的语的重构(restructuring in the target language)；(4)译文读者代表对译文的检验(testing of the translated text with persons who represent the intended audience)。[①]

张培基等在《英汉翻译教程》中将翻译过程分为理解、表达和校核三个阶段。(1)理解：对原文透彻的理解是确切翻译的基础和关键，译者主要通过原文的上下文关系探求正确的译法，可分为理解语言现象、理解逻辑关系和理解原文所涉及的事物三个方面。(2)表达：表达阶段就是译者把自己从原文中理解的内容用译入语重新表达出来。表达的好坏取决于对原文理解的深度以及译入语的修养。表达是理解的结果，但理解正确并不意味着必然能表达得正确。在表达上还有许多具体方法和技巧，如直译、意译等，这些将在本教程的后面几章分别介绍和探讨。(3)校核：校核是理解与表达的进一步深化，是对原文内容进一步核实

[①] E. A. Nida, *Language and Culture—Contexts in Translating*, Shanghai：Shanghai Foreign Language Education Press, 2001, p. 6.

以及对译文语言进一步推敲的阶段。在校核阶段应特别注意以下几点：第一，校核译文在人名、地名、日期、方位、数字等方面有无错漏；第二，校核译文的段、句或重要的词有无错漏；第三，修改译文中译错的和不妥的句子、词组和词；第四，力求译文没有冷僻罕见的词汇或陈词滥调，力求译文段落、标点符号正确无误；第五，通常最后再全文校核译文两遍，第一遍着重润饰文字，如果时间允许，再把已校核两遍的译文对照原文通读一遍，做最后一次的检查、修改，务必使所有问题都得到解决，译文才算是定稿。①

1.4　译者的素养

译文的质量在很大程度上依赖于译者的素养。而译者的素养不仅表现在其语言水平上，还表现在其知识广度、责任感等方面。具体来说有以下几个方面。

（1）扎实的语言功底。奈达认为，译者的一个重要条件是语言能力，能够准确、清楚、轻松自如地表达思想。有潜质的译者还必须具备创造性地使用语言的能力。（Potential translators must have a high level of aptitude for the creative use of language.②）对于从事英汉互译的译者来说，语言功底指的就是扎实的中英文功底。

（2）丰富的知识储备。翻译工作要求译者有较宽的知识面，因为要翻译的东西可能涉及社会生活的不同方面，比如，翻译经济材料，就需要译者懂经济方面的基本理论；翻译通信材料，就需要译者有信息技术的常识，了解通信方面的基本术语。著名语言学家吕叔湘在《翻译工作与"杂学"》中指出翻译工作者需要很多的"杂学"，这里的"杂学"当然是指各种各样的知识。吕叔湘认为，要处理好翻译中的"杂学"问题，"当然得多查书和多问人。但是最重要的还是每人自己竭力提高自己的素养，有空闲就做一点杂览的功夫，日积月累，自然会有点作用。"③实践证明，如果译者掌握了一定的背景知识，对原文的理解会更透彻，翻译就可以摆脱语言的束缚，变得灵活自如，另外，还可以根据自己所掌握的专业知识，选择恰当的词汇和表达方式，更好地传达原文的信息。

（3）严谨的工作态度。一位好的译者必须要有严谨的工作态度，对待自己的工作要一丝不苟。从事过翻译实践的人都知道，翻译工作是一项艰苦的脑力劳动，切忌像赶任务一样对待翻译工作，一定要养成严谨细致的工作作风，对译文质量负责，对读者负责。译者的粗心很可能会给译文使用者造成巨大的经济损失。

（4）强大的查找能力。如今，我们生活在一个高度信息化的时代，互联网为我们的翻译工作提供了极大的便利，我们可以利用多种搜索引擎查找资料。作为译者，一定不能偷懒，要善于利用现代化的手段多方查找和甄别资料，力争做到精益求精，同时也在查找和翻译的过程中不断积累知识，提高个人素养，真正做到"译学相长"。④

此外，翻译行业的基本道德规范包括：保密、公正、按时、准确、尊重客户、公平交易、谢绝

---

① 张培基主编：《英汉翻译教程》（修订本），上海：上海外语教育出版社，2018年，第9-15页。
② Eugene A. Nida, *Language and culture: contexts in translating*, Shanghai: Shanghai Foreign Language Education Press, 2001.
③ 吕叔湘：《翻译工作与"杂学"》，见罗新璋编：《翻译论集》，北京：商务印书馆，1984年，第531页。
④ 彭萍编著：《实用英汉对比与翻译：英汉双向》，北京：中央编译出版社，2015年，第14-16页。

自己不能胜任的翻译任务。翻译工作者应自觉遵守这些基本的道德规范。

思考题

1. 什么是翻译？
2. 如何理解翻译的标准？
3. 作为合格的译者，需要具备哪些素养？

第2章 常用翻译技巧与方法

翻译的方法与技巧是译者在翻译过程中总结出的一些规律。利用他人的经验，可以使自己在实践过程中有所指导，少走弯路，从而避免无谓的浪费。

常见的翻译技巧与方法大致有以下几种。

2.1 词类转化法

英汉两种语言的语法规范和用词规律有许多明显的差异，为了使译文符合译入语的语法规范和用词规律，在翻译过程中经常要用到词类转换法。比如，英语中多用名词，包括抽象名词，还带有动作意味的名词，而汉语中动词的使用相当频繁，所以在翻译时，英语中的名词常常可以转译为汉语中的动词结构。形容词转化为副词，系表结构转化为汉语动词，形容词转化为动词，介词转化为动词，名词转化为形容词等也很常见。以下介绍英译汉时词类转换的几种主要情况。

2.1.1 其他词性的词转化为动词

与英语比较，汉语中动词用得比较多。所以在英译汉的过程中，会有许多词转化为动词。

1. 名词转化为动词

英语名词的使用频率高于汉语名词，而动词的情况恰恰相反，因此在英汉翻译中一些具有动作概念的名词和某些由动词变化而来的名词，往往译成汉语动词。

例1　Rockets have found *application* for the *exploration* of the universe.

译文　火箭已经用来探索宇宙。

例2　Your daughter is really *a good liar*.

译文　你闺女可真会撒谎。

2. 介词转化为动词

英语中许多含有动作意味的介词，如 across、past、toward 等，汉译时往往可以译成动词。

例1　He guided the man *through* the streets to the square.

译文　他领着那个人穿过数条街道来到广场。

例2　Millions of the people in the mountain areas are finally *off* poverty.

译文 数百万山区人民终于摆脱了贫穷。

3. 形容词转化为动词

英语中表示知觉、情欲、欲望等心理状态的形容词常常可以翻译成动词。常见的这类形容词有 confident、certain、careful、sure、aware、sorry 等。

例 We are *confident* that we can overcome the difficulties.

译文 我们相信能克服困难。

4. 副词转化为动词

例 1 As he ran out, he forgot to have his shoes *on*.

译文 他跑出去时,忘记了穿鞋子。

例 2 *Down* with the old and *up* with the new.

译文 破旧立新。

2.1.2 其他词性的词转化为名词

1. 动词转化为名词

例 1 Pride is *characterized* as a peacock.

译文 孔雀是骄傲的象征。

例 2 The factory must *aim at* increased production.

译文 工厂必须以增加生产为目标。

2. 形容词转化为名词

英语中有些形容词加上定冠词表示某一类人,汉译时往往将它们译成名词。

例 1 The government's plan will hurt *the poor*, *the ill* and *the unemployed*.

译文 政府的计划将伤害穷人、病人和失业者。

另外,根据情况也可将有些形容词转化为名词。

例 2 Stevenson was *eloquent* and *elegant*—but soft.

译文 史蒂文森有口才,有风度,但很软弱。

3. 代词转化为名词

为了避免重复,英语中常常用代词来代替前面出现过的名词,而汉语则还用名词表示。

例 The population of Shanghai is larger than *that* of Beijing.

译文 上海的人口比北京的人口多。

4. 副词转化为名词

例 He is *physically* weak but *mentally* sound.

译文 他身体虽弱,但心理健康。

2.1.3 其他词性的词转化为形容词

在英汉翻译过程中,可根据情况将一些词转化为形容词。

1. 副词转化为形容词

例 1 Will he be *severely* punished?

译文 他会受到严厉的惩罚吗?

例2 The moon hangs *thinly* in the sky.

译文 一弯淡淡的月亮悬挂于夜空。

2. 名词转化为形容词

例1 Our experiment was a *success*.

译文 我们的试验很**成功**。

例2 They felt great *security* in the knowledge that the police had caught the thief.

译文 得知警察已抓住小偷,他们感到很**安全**。

2.1.4 其他词性的词转化为副词

大多数情况下,为了方便,可以把修饰名词的形容词转化为副词,而名词也相应地转化为动词。

例1 Below 4 ℃, water is in *continuous* expansion instead of *continuous* contraction.

译文 水在 4 ℃ 以下就**不断地**膨胀,而不是**不断地**收缩。

有时,由于英汉两种语言表达方式不同,一些英语形容词可译为汉语副词。

例2 She lost the election by a *mere* 20 votes.

译文 她仅以 20 票之差在选举中失败。

此外,还有名词转化为副词以及动词转化为副词等情况。因为这些情况不太常见,不再一一赘述。

总之,词类转化法是英汉翻译中较为有用的一种方法。运用这种方法,可以针对英汉两种语言的不同表达方式进行灵活翻译,从而避免一一对应的"死译"。

2.2 增 词 法

由于英汉两种语言在结构和表达方式上有很大的差异,所以在英汉翻译时不可能做到两者在词的数量上完全对等,往往需要根据具体情况做必要的增减。增词法是指在翻译时根据意义、修辞和句法上的需要,在原文的基础上增加一些必要的单词、词组、分句或完整句,从而更忠实、通顺地表达原文的思想内容,使得译文在句法上和语言形式上符合译文的语言习惯,而在文化背景和词语联想方面与原文保持一致。概括起来,大概有以下几种情况。

2.2.1 增加名词

1. 在某些抽象名词、不及物动词或代词的后面加名词

当英语中的某些抽象名词、不及物动词或代词单独译出意思不够明确时,可分别在其后面加"状态""工作""过程""现象""办法""情况""问题""样子"等词。

例1 After all *preparations* were made, the plane took off.

译文 一切准备工作就绪以后，飞机就起飞了。

例 2 The various types of machine tools *overlap* a great deal in their fields of application.

译文 各种机床的应用范围存在着大量的重叠现象。

例 3 We can imagine *what* a world without water would be like.

译文 我们可以想象没有水的世界会是什么样子。

2. 在某些形容词的前面加名词

例 For every action there is an *equal and opposite reaction*.

译文 对于每一个作用力，都有一个大小相等、方向相反的反作用力。

2.2.2 增加动词

例 In Shanghai we got into the shops, parks, theatres and restaurants.

译文 在上海，我们逛了商店，游了园，看了演出，吃了名菜。

2.2.3 增加形容词

例 With what *enthusiasm* the Chinese people are learning English.

译文 中国人民正在以多么高的热情学习英语啊！

2.2.4 增加副词

例 As he sat down and began talking, words *poured out*.

译文 他一坐下来就讲开了，滔滔不绝地讲个没完。

2.2.5 增加量词

英语中数词（包括不定冠词 a）与可数名词往往直接连用。而汉语却要借助量词。

例 1 Modern science and technology are undergoing *a great revolution*.

译文 现代科学技术正经历着一场伟大的革命。

例 2 *A red sun* rose slowly from the calm sea.

译文 一轮红日从风平浪静的海面冉冉升起。

2.2.6 增加语气词

汉语中有许多语气词，如"的""吧""吗""呢""啊""呀""嘛"等，而英语中却没有这些语气词。因此，在翻译的时候要酌情加上语气词来体现原文的意思和修辞色彩。

例 1 Take your time. It's still early.

译文 慢慢来嘛！时间还早着呢！

例 2　Don't take it seriously. I'm just making fun of you.

译文　不要认真嘛！我不过开开玩笑罢了！

2.2.7　增加表示时态的词

英语中的动词时态在译成汉语时，可根据情况，分别增加"正""正在""过""了""曾经""已经""一直""将"等词。

例 1　Our great achievements *have become known* all over the world.

译文　我们的伟大成就已闻名全球。

例 2　They *are having* English class.

译文　他们正在上英语课。

例 3　He *used* to be a teacher.

译文　他曾经当过老师。

2.2.8　增加表示名词复数的词

英语中的名词为复数形式时，汉译时要根据具体情况可增加适当的表示复数概念的词："们""之类""一些""许多""各种""各类"等。

例 1　In spite of the *difficulties*, our task was got over well.

译文　虽然有**各种**困难，但我们的任务已顺利完成。

例 2　The *teachers* and *students* are making the experiment in the laboratory.

译文　老师们和学生们正在实验室里做试验。

2.2.9　增加连词

1. 如果分词短语或独立分词结构含有时间、原因、条件、让步等状语意义，翻译时可增加"当……时""因为……，由于……""如果……"等连词。

例 1　*Using a transformer*, power at low voltage can be transformed into power at high voltage.

译文　如果使用变压器，低电压的电力就能转换成高电压的电力。

例 2　*The velocity increasing*, the acceleration of a body is positive.

译文　速度增大时，物体的加速度是正的。

2. 英语中倒装语序表示的虚拟条件状语从句，译成汉语时往往可增加"如果……，就……""假如……"等连词。

例 1　*Were you in my position*, you would do the same.

译文　假如你处在我的位置，你也会这样干的。

例 2　*Should it rain tomorrow*, I shall stay at home.

译文　如果明天下雨，我就待在家里不出去。

3. 不用连词而以"be"开头的让步状语从句，在英译汉时，往往增加"不论""不管""无论"等连词。

例 *Be the shape of a body complicated*, it is possible to find out its volume.
译文 不论物体的形状如何复杂,总可以求出它的体积。

2.2.10 增加概括词

有时英语句子中没有概括词,英译汉时往往需增加"两人""双方""等"等概括词,同时省略英语中的连接词。

例 *The American and the Japanese* conducted a completely secret exchange of message.
译文 美日双方在完全保密的情况下互相交换了信件。

2.2.11 增加省略的词

英语的特点是喜欢简洁明了,所以英语中会有许多省略的地方。汉译时要根据情况补上省略的词。

例 All bodies consist of molecules and *these of atoms*.
译文 一切物体都由分子组成,而分子又由原子组成。

2.2.12 其他情况

例1 It was *Friday* and soon they'd go out and get drunk.
译文 星期五**发薪日**到了,他们马上就要到街上去喝个酩酊大醉。
例2 I remember him *young*.
译文 我记得他年轻**的时候**。
例3 This will be particularly true since energy pinch will make it difficult to continue agriculture in the high energy American fashion that makes it possible to combine few farmers with high yields.
译文 这种**困境**将是确定无疑的,因为能源的匮乏使农业无法以高能量**消耗**这种美国**耕作**方式继续下去,而这种工作方式投入少数农民就可以获得高产。

2.3 省 略 法

省略译法是出于译文语法与修辞的需要,省略了一些译文中不言而喻的字词,或表述累赘、不符合译文表达习惯的词。从总体看,英译汉过程中使用省略译法的情况比使用增词译法的情况更为普遍。一般说来,省略大致以下几种情况。

2.3.1 省略代词

代词在英语中广为使用,而汉语中由于种种原因,代词用得较少,有时可以省略不译。

1. 用来代替句中曾出现过的某一名词的人称代词或指称代词 that（those）,有时可省略不译。

例 1 Give *him* an inch and *he*'ll take an ell.

译文 得寸进尺。(省略 him 和 he)

例 2 The relics found were *those* of an earlier time.

译文 所发现的遗迹属于较早的年代。(省略 those)

2. 含有泛指意思的人称代词 we、you 及不定代词 one 可以省略不译。

例 1 If *you* know the frequency, *you* can find the wave length.

译文 如果知道频率,就可求出波长。(省略 you)

例 2 *One* must study hard if *he* wants to learn English well.

译文 要学好英语必须努力学习。(省略 one 和 he)

3. 根据汉语习惯,省略某些做宾语或同位语的反身代词。

例 The little boy is only four, but he can feed *himself*, wash *himself* and dress *himself*.

译文 这个小男孩只有四岁,但他会自己吃饭、洗脸、穿衣服了。(省略反身代词 himself)

4. 省略某些关系明确的物主代词。

例 They are different in *their* ages.

译文 他们年龄不同。(省略 their)

2.3.2 省略冠词

冠词是英语特有而汉语没有的词类。一般说来,除了带有明显指示意义的定冠词和含有"一个"或"每一个"意思的不定冠词不能省略外,其他情况一般可以省略不译。

例 1 *A* crossroads is *a* place where roads cross.

译文 十字路口就是几条路交叉的地方。(省略两个不定冠词 a)

例 2 *The* horse is *an* animal.

译文 马是动物。(省略定冠词 the 与不定冠词 an)

2.3.3 省略连词

英语中的连词用得很多,词与词、短语与短语、句与句之间的关系通常都是通过一定的连词连接起来的。而汉语中连词用得较少,句子的结构通常按时间顺序和逻辑关系排列,语序固定、关系明确,一般不使用那么多的连词。所以有些并列连词和主从连词往往可以省略不译。

例1 *As* winter approached, the days became shorter.

译文 冬天到来后,白昼变短了。(省略 as)

例2 Time *and* tide wait for no man.

译文 岁月不等人。(省略 and)

例3 I strongly believe *that* he is innocent.

译文 我坚信他是无辜的。(省略 that)

2.3.4 省略介词

英语中的介词用得很多,句子中词与词之间的关系通常都是用介词来表示的。而汉语则不然,词与词之间的关系在许多情况下通过语序与逻辑关系表示。所以,英译汉时,许多介词往往可以省略。

1. 一般说来,表示时间和地点的英语介词,译成汉语时如出现在句首,大都可以省略,出现在句尾大都不省略。

例 The first electronic computer was produced *in* our country *in* 1958.

译文 1958年我国生产了第一台电子计算机。(省略两个介词 in)

试比较:第一台电子计算机于1958年在我国生产。

2. 当英语被动句译成汉语的主动句时,其中被动语态的行为主体译成句子主语时省略 by。

例 We were greatly impressed *by* the beauty of the lake.

译文 这个湖的美丽给我们留下了深刻的印象。(省略介词 by)

3. 动词不定式短语前由"介词 for+名词或宾格代词"所表示的逻辑主语,通常介词 for 省略不译。

例 It took two years for him to draw this picture.

译文 画这幅画花了他两年时间。(省略介词 for)

4. 独立分词结构或其他复合结构中的介词 with 往往省略。

例1 The teacher came into the classroom, *with* his students following him.

译文 老师走进教室,他的学生跟在他后面。(省略介词 with)

例2 Pig iron is an alloy of iron and carbon *with* carbon content more than two percent.

译文 生铁是铁碳合金,含碳量在百分之二以上。(省略介词 with)

5. 英语中某些表示时间或其他关系的介词,往往可省略不译。

例1 They have learned English *for* two years.

译文 他们学英语已有两年了。(省略介词 for)

例2 The production of this factory has increased *by* 20%.

译文 这个工厂的产量增加了百分之二十。(省略介词 by)

2.3.5 省略动词

1. 由于汉语讲究意合连接,语法并不像英语那么严格,有些英语句子在翻译成汉语时可省略谓语。

例 When the pressure *gets* low, the boiling point *becomes* low.

译文 气压低,沸点就低。(省略谓语动词 gets 和 becomes)

2. 省略重复的动词

在复合句中,如果从句的谓语动词与主句中的谓语动词相同,往往可省略不译。

例 It is clear that solids expand and contract as liquids and gases *do*.

译文 很显然,固体像液体和气体一样,也膨胀和收缩。(省略 do)

2.3.6 省略引导词

1. 在"there＋be(或其他不及物动词)＋ 主语＋……"句型中,there 本身没有任何词汇意义,所以汉译时一律省略。

例 *There* is a rapidly increasing range of uses for oil products.

译文 石油产品的应用范围越来越广。(省略 there)

2. 做形式主语或形式宾语的先行词 it 省略不译。

例 1 *It* takes a lot of money and manpower to finish this project.

译文 完成这项工程需要大量的金钱和人力。(省略做形式主语的 it)

例 2 The appearance of Internet made *it* possible for us to know the latest news.

译文 因特网的出现使我们能够获知最新消息。(省略作形式宾语的 it)

2.3.7 省略同义词或近义词

英语中有时为表示强调或使意思更明确,会连用或重复使用同义词或近义词。但在汉译时,只译出其中一个即可。

例 1 University applicants who had worked at a job would receive preference over *those who had not*.

译文 报考大学的人,有工作经验的优先录取。

如果不作省略,译成"报考大学的人,有工作经验的,比没有工作经验的,优先录取",就显得啰唆。

例 2 To be true, the change of the earth is slow *but*, *nevertheless*, it is continuous.

译文 确实,地球变化很缓慢,但这一变化却是连续不断的。

因为 but 和 nevertheless 是同义词,翻译时只译其中的一个即可。

2.4 重复法

在英汉翻译时,有时为了明确词义、强调重点或使句子生动,往往需要将一些词加以重复。实际上,重复法也是一种增词法,只不过所增加的词是上文刚刚出现的词。使用重复法很多情况下是出于修辞的需要。

2.4.1 重复省略的成分

并列句后一句中所省略的与前一句中相同的成分,以及复合句的从句中所省略的与主句中相同的成分,翻译时需重复译出。

例 1 In later centuries, some sages have suggested that happiness comes from living a virtuous life, and others, from indulging pleasures; some that it comes from knowing the truth, and others, from preserving illusions; some that it comes from restraint, and others, from getting rid of rage and misery.

译文 在此后的几个世纪里,一些智者认为快乐源于高尚的人生,而另一些则认为快乐来自尽情享受;一些智者认为快乐源于知情达理,而另一些则认为快乐来自保持幻想;一些智者认为快乐源于自律,而另一些则认为快乐在于摆脱愤怒和痛苦。

例 2 He likes beers, *whether bottled or draught*.

译文 不管是瓶装啤酒还是散装啤酒,他都喜欢。

2.4.2 重复共有的成分

英语中某些由几个词共有的成分,在翻译时为了使译文清楚明白,可重复译出。这种情况多见于几个动词共有宾语,几个宾语共有动词,几个形容词或介词短语共有名词,几个介词短语共有动词,几个做表语的形容词共有做主语的动词不定式短语等情况。

例 1 They began to study and analyze *the situation of the enemy*.

译文 他们开始研究敌情,分析敌情。

例 2 The tremendous victory should be ascribed *to* our leaders, *to* the policy, *to* our *great* Party, army and people.

译文 这次伟大胜利应当归功于我们的领导,归功于我们的政策,归功于我们伟大的党、伟大的军队和伟大的人民。

例 3 We *talked of* ourselves, *of* our prospects, *of* their journey, *of* the weather, *of* each other — *of* everything but our host and hostess.

译文 我们谈到自己,谈到前途,谈到旅程,谈到天气,谈到彼此的情况——谈到一切,只是不谈我们的男主人和女主人。

2.4.3 重复代词

1. 英语中用代词或物主代词的地方,翻译时往往可按汉语的习惯重复其所代替的名词。

例 1 He placed his books on the bookshelf. Most of *them* are borrowed from the library.

译文 他把书放到书架上。**这些书**大部分是从图书馆借的。

例 2 He hated failure; he had conquered *it* all his life, risen above *it*, despised *it* in others.

译文 他讨厌失败,他一生中曾战胜**失败**,超越**失败**,并且藐视别人的**失败**。

例 3 Happy families also have *their* own troubles.

译文 幸福的家庭也有**幸福家庭**的苦恼。

2. 英语中强势关系代词或强势关系副词 whoever、whenever、wherever 等,翻译时往往使用重复法处理。

例 1 *Whoever* breaks the law should be punished.

译文 **谁**犯了法,**谁**就应该受到惩罚。

例 2 Come *whenever* you like.

译文 你想**什么时候**来就**什么时候**来。

3. 英语用 some … and others…(some…, others…)连用的句子,译成汉语时主语往往用"有的……,有的……"句式。

例 *Some* are sensitive to smells, and *others* find colors easier to remember.

译文 **有的人**对气味敏感,**有的人**善于记颜色。

另外,还有一种情况值得我们注意:英语原文没有重复,译为汉语时采用一种在内容上而不是在形式上重复的手段。

例 He wanted to *send* them more aid, more weapons and a few more men.

译文 他想给他们**增加**些援助,**增添**些武器,**增派**些人员。

2.5 反笔译法

反笔译法也有人称之为"正说反译、反说正译"[①],或者"正反、反正表达法"[②]。英语中含有 no、not、never、non-、un-、im-、in-、ir-、-less 等成分的词句,汉语中含有"不""没""无""未""别""休""莫""非""毋""勿"等内容的词句,都称为否定说法,简称反说;相反,英汉语中不含这些成分或内容的词句称为肯定说法,简称正说。从原则上说,英语中的正说最好译成汉语的正说,英语中的反说最好译成汉语的反说,以便更准确地传达原文的意义。但在实践中,

---

① 许建平:《英汉互译实践与技巧》,北京:清华大学出版社,2000年,第102页。
② 张培基等:《英汉翻译教程》,上海:上海外语教育出版社,1980年,第100页。

两者的正反表达形式有时不能吻合,必须进行正反的转换,即在译文中把英语里一些从正面表达的词或句子从反面来表达,或者把英语里一些从反面来表达的句子从正面来表达。运用反笔译法有时会产生词类转换的现象。

2.5.1 正说反译

在英语中,诸如 avoid、cease、deny、fail、hate、ignore、miss、overlook、pass、prevent、stop 之类的动词,absence、aversion、failure、refusal 之类的名词,absent、far (from)、free(from)、little 之类的形容词,out、too(…to)之类的副词,above、beyond、instead of 之类的介词,before、rather than 之类的连接词,都属于"正说"类的词汇,但译成汉语时,有时却要"正说反译"。

例1 The first group of people *missed* the train.
译文 第一组人没有赶上火车。
例2 This problem is *above* me.
译文 这个问题我不懂。
例3 He was *at a loss* what to do.
译文 他不知道该怎么办。

2.5.2 反说正译

英文中的一些表示否定概念的词语,在翻译时也可以根据汉语的行文习惯转换成肯定的说法,称为"反说正译"。

例1 The doctor *lost no time* in getting the sick man to hospital.
译文 医生立即把病人送进医院。
例2 He *carelessly* glanced through the note and got away.
译文 他马马虎虎地看了看那张便条就走了。
例3 I *couldn't* agree with you *more*.
译文 我非常赞成你的看法。

2.6 分句译法

分句译法简称分译,也叫拆分式全译,就是根据语用、语义、语形的需要,在翻译时对原文的句子结构做出适当的调整,将原文中的句子拆分成汉语中的两句或几句。之所以这样做,一方面是因为按原句结构译出的文字不合汉语习惯,另一方面是因为原文句子太长,结构复杂。分句译法尤其适合于复杂的长句。简单句也可以根据实际情况,采用分句译法。

2.6.1 简单句的分句翻译

例1 The Chinese seemed *justifiably* proud of their economic achievements.

译文 中国人似乎为他们在经济上取得的成就而自豪,这是无可非议的。(本句如果按照原文结构译成"中国人似乎无可非议地为他们在经济上取得的成就而自豪"就不符合汉语习惯,听起来让人费解。)

例2 *Higher temperature* is associated with higher growth rate.

译文 温度一高,生长速率就会提高。(本句中 higher temperature 被译成了一个条件句。如果按照原来的结构译成"高温与高生长率有关",就会让人难以理解。)

例3 Some men have been virtuous *blindly*.

译文 有些人品行端正,但却不去思考。(本句译文把 blindly 一词译成并列句,而没有按原文结构译成"有些人盲目地品行端正"。)

2.6.2 复合句的分句翻译

1. 从句译成并列句

例1 I told the story to John, *who told it to his brother*.

译文 我把这件事告诉了约翰,约翰又告诉了他的弟弟。(译文重复关联词"约翰")

例2 Matter is composed of molecules *that are composed of atoms*.

译文 物质是由分子组成,而分子又是由原子组成的。(本句除了重复关联词以外,还加了表示语气转折的连词"而",从而使译文语气连贯。)

例3 After dinner, the four key negotiators resumed their talks, *which continued well into the night*.

译文 饭后,四个主要谈判人物继续进行会谈,**一直谈到深夜**。(译文省略关联词)

2. 从句译成独立的句子

例1 Nevertheless the problem was solved successfully, *which showed that the computations were accurate*.

译文 不过,问题还是圆满地解决了。这说明计算很准确。

例2 My neighbor refused to talk to that old woman *who was so arrogant and disagreeable*.

译文 我邻居拒绝跟那个老太太讲话,因为她傲慢无礼,令人讨厌。

例3 Crossbar switching was carried out by a special circuit called a marker, *which provided common control of number entry and line selection for all calls*.

译文 纵横制交换由一个称为标志器的特定电路控制,标志器提供整个号码的公共控制并选择所有呼叫的路由。(翻译时,顺着原文语序,但把定语译在其先行词之前,将非限制性定语从句译为并列句。)

例4 It is a truth universally acknowledged *that a single man in possession of a good fortune must be in want of a wife*.

译文 有钱的单身汉总要娶位太太,这是一条举世公认的真理。(把原文中的主语从句译成独立的句子,用"这"字概括其内容并和下面一句话并列。)

3. 短语结构译成小句

例1 The earth attracts all matter *attracting the earth*.

译文 地球吸引一切物体,而一切物体也吸引地球。

例2 *Not wanting to hurt her feelings*, her friend didn't tell the bad news.

译文 因为不想伤害她的感情,她朋友没有告诉她那个坏消息。

例3 Their power increased *with our timely help*.

译文 由于我们的及时帮助,他们的力量增强了。

例4 *Unable to afford an apartment*, they had to rent a small room.

译文 因为租不起公寓,他们只好租个小房间。

4. 带有形式主语"it"的句子译成并列句

例1 *It is apparent* that electricity plays a very important role in our life.

译文 很明显,电在我们的生活中起着很重要的作用。

例2 *It is strange* that he had made a mistake.

译文 真奇怪,他竟做错了。

2.7 合句译法

合句译法简称合译,就是把原文中两个或两个以上的句子以及一句中的某些部分合并在一起翻译的方法。由于英语句子通常比汉语句子包含的成分多,因此采用合句译法时,既要注意原文各句之间的逻辑关系,又要兼顾译文各句之间的连贯性和整体性。合译的原则是:合形不损意,也就是虽然原文形式发生整合,但意义不受损失。合句译法大致可分为以下几种情况。

2.7.1 将原文中两个或两个以上的简单句译成一个单句

例1 He was very clean. His mind was open.

译文 他为人单纯而坦率。

例2 She is very busy at home. She has to take care of the children and do the kitchen work.

译文 她在家里忙得不可开交,既要照料孩子,又要下厨房。

2.7.2 将原文中的复合句译成一个单句

例1 Show me *what you've written*.

译文 把你写的给我看看。

例2 We look forward to *the day when nobody will suffer from poverty*.

译文　我们期待着有一天人们不再受穷。
例 3　In 1990 *he met her and they became husband and wife*.
译文　1990 年他们相遇并成了夫妻。

2.7.3　将原文中的重复表达部分合并译成汉语中的一个句子成分

例　It is essential that *the mechanic or technician* understand well the characteristics of battery circuits and the proper methods for connecting *batteries and cells*.
译文　使技术人员很好地了解电池电路的特性及连接电池的适当方法，是必不可少的。

2.8　词序调整法

英汉两种语言在句子结构、词序排列、表达习惯等方面有很大差异，所以在翻译时要按汉语的表达习惯对译文的词序做出调整，以便使译文自然流畅。这就是翻译中常用的词序调整法。词序调整法常用于以下几种情况。

2.8.1　定语词序的调整

1. 单个单词或短语的词序调整

英语中后置的单个单词或短语定语译成汉语时一般要调整到前面。这种后置的单词定语常见的有以-able、-ible 结尾的形容词，由 some、any、no、every 等构成的不定代词的形容词，以及起强调作用的单个分词等。常用的短语有分词短语、不定式短语、介词短语、形容词短语等。

例 1　The work *obtainable* equals that *expended*.
译文　可得到的功和所消耗的功相等。
例 2　I was looking for something *cheaper*.
译文　我当时在找更便宜的东西。
例 3　Have you noticed the mistakes *made*?
译文　你注意到所犯的错误了吗？
例 4　Water is a substance *essential to our life*.
译文　水是我们生活中必不可少的一种物质。
例 5　The next train *to arrive* was from New York.
译文　下一列到站的火车是从纽约开来的。

2. 两个或两个以上单词或短语做定语时的词序调整

英语中两个或两个以上的单词共同做定语修饰一个名词时，基本词序通常是由小范围到大范围，由次要意义到重要意义，由程度弱到程度强，由一般到专有。意思越具体，物质性越强，就越靠近它所修饰的名词。而汉语则没有一定之规，主要看是否顺口。所以翻译时要根据汉语习惯对英语的词序加以调整。英语中两个或两个以上的短语做定语修饰同一个词

时,一般是较短的或关系较近的在前,较长的或关系较远的在后。翻译时通常先译较近的,再译较远的。如:

a new international economic order 国际经济新秩序
the advanced Chinese experience 中国的先进经验
the first beautiful little white Chinese stone bridge 第一座美丽的中国小白石桥
a pretty purple silk dress 一件漂亮的紫绸女衣

例 1 The attraction *of the earth for other bodies* is called the force of gravity.

译文 地球对其他物体的吸引称为地心引力。

例 2 At the far end of the living room an intense young woman *with blazing eyes and a throbbing voice* is criticizing poverty, war, injustice and human suffering.

译文 在客厅的另一头,一名年轻女士正在抨击贫穷、战争、不公正以及人类所蒙受的疾苦。她显得很热切,双眼闪着怒光,嗓音颤抖。(短语"with blazing eyes and a throbbing voice"作定语,修饰"woman"。译文将句子的这部分另起一句,以免使"年轻的女士"前面的修饰语过长,使句子结构失去平衡。)

3. 定语从句的词序调整

如果定语从句不长,翻译时可使定语位于名词前;若较长且复杂时,可将分句独立译出;有时可根据意义上的关系,译成状语等。(详见"3.1 定语从句的翻译")

2.8.2 状语词序的调整

英语中如果同时有几个状语出现,一般是较短的在较长的之前,地点状语在时间状语之前,方式状语在最后。翻译时要根据汉语习惯调整词序。

例 1 The meeting was held *in our meeting room yesterday afternoon*.

译文 会议是昨天下午在我们的会议室召开的。

例 2 People's living standard has improved *significantly since the beginning of the reform and opening policy*.

译文 改革开放以来,人民的生活水平有了很大提高。

如果英语中有两个或两个以上的时间或地点状语,通常是单位小的在前,单位大的在后,而汉语的词序恰恰相反。

例 1 He lives *in 321 Walton Street, San Francisco, CA. 10021, USA*.

译文 他住在美国加利福尼亚州旧金山市华顿街321号。邮政编码为10021。

例 2 His grandfather died *at 2:30 p.m. on April 26, 2017*.

译文 他祖父于2017年4月26日下午2点30分逝世。

2.8.3 倒装句词序的调整

英语中常用倒装句来加强语气或表示强调,翻译时要根据汉语习惯来调整倒装句的词序,通常要将主语放在前面译出。

例 1 At no time was *the entrance* left unguarded.

译文 入口一直有人把守。

例2 Never before have *I* seen such a beautiful scenery.

译文 我从未见过这么美的景色。

2.8.4 被动句词序的调整

被动句在英语中应用非常广泛,在不知道或没有必要说出动作的执行者,或者为了习惯以及行文的需要时,都可以使用被动句。被动句在科技英语中使用得尤为广泛。由于汉语中拥有英语中所没有的无主句,因此英语中的被动句常常可以用汉语中的无主句来代替。我们既可以将英语中的被动语态化为汉语的主动结构,又可以将被动结构译成汉语的被动句。可以在翻译时根据情况灵活处理,根据需要调整词的顺序。

1. 将原文中的主语调整为宾语。当被动句中有地点状语,有介词"by"引导的方式状语及"from"等引导的其他状语时,翻译时可把这种状语译成主语,将介词省略,而把原主语译成宾语,并需要做相应的词序调整。

例1 We find that *bright children are* rarely *held back by mixed ability teaching*.

译文 我们发现混班上课极少阻碍聪明小孩的发展。

例2 Recently, *some new kinds of steel have been developed in our country*.

译文 最近我国研制出了一些新钢种。

例3 *In the ballet the feet and legs were emphasized*, with great skills shown by complicated, conventional positions and movements.

译文 芭蕾舞强调脚和腿的动作,并通过复杂的常规姿势和动作来体现演员的精湛技艺。

例4 *Communications satellites are used* for international living transmission *throughout the world*.

译文 全世界都将通信卫星用于国际间的实况转播。

2. 如果英语中某些要求搭配宾语及宾语补语的动词为被动语态,翻译时往往可以在其前面加上"人们""大家""有人""众人""我们"等泛指意义的词做主语,而把原句中的主语调整为宾语。

例1 *Rubber is found* a good insulating material.

译文 人们发现橡胶是一种良好的绝缘材料。

例2 *Potassium and sodium are* seldom *met* in their natural state.

译文 我们很少见到自然状态的钾和钠。

3. 将被动句译成无主句

英语中许多被动语态的句子,往往可以译成汉语中的无主句,这时被动句中的主语就译成了无主句中的宾语。

例1 *Oil is obtained* more easily than *coal*.

译文 采油比采煤容易。

例2 If *new measures were not taken*, oysters would become extinct or at least a luxury food.

译文 若不采取新的措施,牡蛎就会绝种,即使不灭绝,至少也会成为一种奢侈品。

例3 Surely, though, if *a computer can be made* as complex enough, it can be as creative as we.

译文 可是,如果能把电脑造得足够复杂的话,那它一定能像人一样富于创造力。

2.8.5 习惯表达

英语中有一些习惯表达法,其词序与汉语有所不同。在翻译时要做出调整。下面是一些常见的英汉词序不同的表达法:

> northeast 东北
> East China 华东
> north and south, east and west 东南西北/东西南北
> food, clothing, shelter and transportation 衣食住行
> paper-making 造纸
> water-resistance 防水
> sparsely-populated 人口稀少
> strong-willed 意志坚强
> iron and steel 钢铁
> sooner or later 迟早
> back and forth 前后
> right and left 左右
> elementary and secondary schools 中小学
> private and public 公私

2.9 选词用词

英汉两种语言都有一词多义的现象。在翻译的时候要根据上下文以及具体的句子或句型来选择对应的词义。

例1 They are taking measures to *develop* their economy.

译文 他们正采取措施**发展**经济。

例2 Most of his money came from selling the seeds of a new type of tomato he had *developed*.

译文 他主要靠出售他**培育**的新品种西红柿种子来赚钱。

例3 He had his film *developed* in that store.

译文 他在那个店**冲洗**的胶卷。

例4 We must *develop* all the natural resources in our country which can make our life convenient.

译文 我们必须**开发**一切能使我们的生活方便的自然资源。

例 5　A chicken *develops* in an egg.

译文　小鸡在鸡蛋中发育长大。

从上述例子中可以看出,同样的词在不同的句子里会有不同的意思,这就要求我们在翻译时斟酌考虑,选择最恰当的词义。

以上只是常用的一些翻译方法与技巧。在翻译的过程中还会遇到各种各样的问题,这需要我们结合实际,灵活运用所讲的技巧与方法。

课后练习

Ⅰ. 词类转换法翻译练习

1. At the sight of the photo, he gave a sad, nostalgic smile.
2. The thought of her childhood made her sad and painful.
3. I'm totally for your suggestion.
4. He refused our suggestion without hesitation.
5. We know we all have some intelligence, and some seem to have more than others.
6. The operation of the machine needs some knowledge of its performance.
7. Suddenly, I felt a gentle touch on my shoulder and I turned around.
8. What carried the new men of Europe and Asia to the ends of the earth was their ability to invent new kinds of tools and use them in new ways to increase their efficiency as hunters, fishermen, collectors and travelers.
9. In 1988, China showed its medal-winning powers in table-tennis—the men won the doubles and the women made a clear sweep of the gold, silver and bronze medals in the singles.
10. Worldwide fame burst upon Albert Einstein on November 7, 1919, when British astronomers announced they had found the first confirmation of Einstein's general relativity theory.
11. The growth of population in the past few centuries is no proof that population will continue to grow straight upward toward infinity and doom.
12. Then in 1935 the Road Traffic Act imposed a 30 m.p.h. speed limit in built-up areas, along with the introduction of driving tests and pedestrian crossings.
13. The recent epidemic here makes it hard for manufactures on material supply.
14. The 1967 UN document calls for the settlement of the Middle East conflict on the basis of Israeli withdrawal from occupied territories and Arab acknowledgement of Israeli's right to exist.
15. On behalf of all the working staff of our company, I'd like to extend my warmest welcome to you all.

Ⅱ. 增词法和省略法翻译练习

1. Global economic growth is seen slowing to about 2.5 percent this year and next,

nearly half the 4.7 percent in 2000.

2. After the thunderstorm, the clouds melted away.

3. Hemmed in by mountains, Hong Kong can expand only into the sea—a costly and increasingly disputed way of creating land.

4. But when the politician or the engineer refers to oil, he always means mineral oil, the oil that drives tanks, aeroplanes and warships, motor-cars and diesel locomotives; the oil that is used to lubricate all kinds of machinery.

5. Decisiveness and persistence are keys to one's success in career.

6. It is precisely this kind of conversation *that* is of great importance when we are seeking to develop our reading to meet the new demands being placed upon us by studying at a high level.

7. There are some things that I have happily seen of the wondrous way of the spider.

8. In spring the day is getting longer and longer and the night shorter and shorter.

9. "It is fatal for anyone who writes to think of their sex." (Virginia Woolf)

10. The wolf is an endangered species.

Ⅲ. 反笔译法、分句译法和合句译法翻译练习

1. With the house and the garden and three children to look after, there isn't any want of things to do, I can tell you.

2. Soon the sky began to grow lighter and the shadow in the city *less dark*.

3. After he came to himself, he realized that he was *in trouble*.

4. The next species of intelligent life on the earth will be a creature like ourselves but with a very large head and *weak* muscles.

5. If he had kept his temper, the negotiation would probably have been a success.

6. It is quite certain that mankind will eventually solve the riddle of cancer.

7. Whatever the reaction to the birth of a child, it is obvious that the shift from the role of husband to that of father is a difficult task.

8. When there is a language barrier, communication is accomplished through sign language in which motions stand for letters, words and ideas.

9. Normally a student must attend a certain number of courses in order to graduate, and each course which he attends gives him a credit which he may count towards a degree.

10. In fact, "learning to use a computer" is much like "learning to play a game", but learning the rules of one game may not help you play a second game, whose rules may not be the same.

11. There are men here from all over the country. Many of them are from the South.

12. The four men stood there and waited. They dared not smoke. They would not move.

13. And as she thought, it became more involved. Harder to understand.

14. When I saw him, I became excited.

15. It was in mid-August, and the repair section operated under the blazing sun.

Ⅳ. 选词用词和词序调整法翻译练习

1. He was charged with the task of watching the young swimmers.

2. The hairdresser's charges ten dollars for a haircut.

3. Last Sunday I paid cash for the stockings but charged the new coat.

4. The atmosphere there was charged with tension.

5. Her boss charged her not to reveal the source of information.

6. You have to check the names on the list carefully so as to avoid mistakes.

7. A good hunting dog is very alert to every sound and movement in the field.

8. I am happy to hear your success.

9. Much family quarrelling ends when husbands and wives realize what these energy cycles mean, and which cycle each member of the family has.

10. They no longer regard as fanciful the idea that we may one day pick up signals which have been sent by intelligent beings on other worlds.

第 3 章　英语从句与长难句的翻译

3.1　定语从句的翻译

英汉定语结构有所不同。"英语的定语从句为右开放型,放在被修饰语之后,一个句子可以向右,扩展成无数个从句;而汉语则不然,定语部分置于被修饰词之前(左边),不能像英语那样随意地扩展。"[①]这就需要我们在翻译定语从句时,有时要把较长的从句分开来译。通常需要根据不同的定语从句来确定翻译方法。

3.1.1　限制性定语从句的翻译

限制性定语从句是整个句子不可缺少的一部分,它与所修饰的先行词关系较密切。

1. 合并法

在很多情况下,可以把这种定语从句译成带"的"字的定语从句,放在被修饰词之前,这种方法叫合并法。

例 1　The room *which served for studio* was bare and dusty.

译文　这个用作工作室的房间空荡荡的,布满灰尘。

例 2　Columbus took the land *he arrived at* to be part of India and called the native people Indians.

译文　哥伦布把他到达的陆地当作印度,叫当地居民为印度人。

2. 分译法

如果英语句子太长或太复杂,不能把它合译成一个句子时,可以考虑把它分译成几个句子。有时需要重复被修饰词,有时无须重复被修饰词。

例 1　When he was seventeen, he went to a technical school in Zurich, Switzerland, *where he studied mathematics and physics*.

译文　他 17 岁时,到瑞士苏黎世一专科学校上学,他在那里学习数学和物理学。

例 2　There was a time *when the Atlantic did need opening*.

译文　历史上有段时间,大西洋确实需要开发。

---

① 许建平:《英汉互译实践与技巧》,北京:清华大学出版社,2000 年,第 128 页。

3. 混合法

混合法就是打破原文的定语从句结构，用自己的方式来传达原文。这种方法常用来翻译"There be…"句型。

例1　There are some things *I can't resist*.

译文　有些事情我是不能抗拒的。

例2　There are some metals *which possess the power to conduct electricity and the ability to be magnetized*.

译文　某些金属既能导电，又能被磁化。

此外，有些定语从句不宜译成定语，因为句子的重点在从句上。这时，我们可以把主句压缩成汉语词组做主语，而把定语从句译成谓语（包括与谓语有关的成分）。

例1　A semiconductor is a material *that is neither a good conductor nor a good insulator*.

译文　半导体材料既不是良导体也不是绝缘体。

例2　"We are *a nation that must beg to stay alive*," said a foreign economist.

译文　一位外国经济学家说道，"我们这个国家不讨饭就活不下去。"

3.1.2　非限制性定语从句的翻译

非限制性定语从句与主句的关系不像限制性定语从句与主句的关系那么密切，它对所修饰词只起补充说明作用。

1. 分译法

在很多情况下，可以用分译法来翻译非限制性定语从句。

例1　This is a college of science and technology, *the students of which are trained to be engineers or scientists*.

译文　这是一所理工大学，该校学生被培养成工程师或科学工作者。（译成并列分句，重复英语关系词所代表的含义）

例2　In 1872 Thomson led a scientific expedition, *which lasted for four years and brought home thousands of samples from the sea*.

译文　1872年，托马逊带领科学考察团，历时四年，搜集到大量的海洋标本。（译成并列分句，省略英语关系词所代表的含义）

例3　China had possessed the accurate value for π over 1 300 years before Europe, *where the same value was obtained in* 1855.

译文　中国求出π的精确值要比欧洲早一千三百多年。欧洲是在1855年才求出这一数值的。（把从句译成独立句）

2. 合译法

有时候，可以用合译法来翻译非限制性定语从句。

例1　The turbojet is a new type of aircraft engine, *which can produce very high thrust*.

译文　涡轮喷气发动机是一种新型的能产生很大推力的航空发动机。

例 2　He liked his sister, *who was warm and pleasant*, but he didn't like his brother, *who was aloof and arrogant*.

译文　他喜欢热情友好的妹妹，而不喜欢冷漠高傲的哥哥。

3.1.3　兼有状语功能的定语从句的翻译

有的定语从句兼有状语功能，这样的从句可按具体情况译成原因、结果、目的、让步、假设/条件等状语从句。

例 1　The company wants him, *who knows some English*.

译文　这家公司需要他，因为他懂英语。（译成原因状语从句）

例 2　Chinese delegations have been sent to Asian-African countries, *who will negotiate trade agreements with the respective governments*.

译文　中国代表团已赴亚非国家，以便与各国政府进行商务谈判。（译成目的状语从句）

例 3　He is clever and quick at his work, *for which he is honored with the title of model worker*.

译文　他工作熟练又利落，获得了模范工人的称号。（译成结果状语从句）

例 4　The scientist, *who was dog-tired*, went on with the experiment.

译文　那位科学家虽已筋疲力尽，但还是继续进行试验。（译成让步状语从句）

例 5　They would become an illiterate generation *who spent most of their time playing games*.

译文　如果他们把大部分时间花在玩游戏上，他们就会成为一代文盲。（译成条件句）

3.2　状语从句的翻译

3.2.1　状语从句位置的变化

英语中的比较、结果、方式状语从句通常位于主句之后，其他状语从句可在主句之前或之后。而汉语的比较和结果状语从句通常在主句的后面，方式状语从句在主语之前或之后，其他状语从句常在主句之前。翻译时要注意状语从句位置的变化。

例 1　You will be praised *according as your work is good or bad*.

译文　你受表扬还是受批评将取决于你干得好坏。（比较状语从句）

例 2　She sat behind me *so that I could not see the expression on her face*.

译文　她坐在我身后，所以我看不见她脸上的表情。（结果状语从句）

例 3　You answer *as if you did not know the rule*.

译文　你回答问题的样子好像不知道这条规则似的。（方式状语从句）

例 4　*As the twilight was beginning to fade*, we hear the sound of a carriage.

译文　当曙光开始消退时，我们听到了马车的声响。（时间状语从句）

例 5　*Different as the forms of matter are*, they are nothing but matter in motion.

译文　虽然物质的形式各不相同,但它们都不过是运动中的物质。(让步状语从句)

例 6　The average speed of all molecules remains the same *so long as the temperature is constant*.

译文　只要温度不变,分子的总平均速度也就不变。(条件状语从句)

3.2.2　句子之间的互相转化

有的时候因为需要或者因为英汉两种语言的不同,不同的状语从句之间可互相转化,或者转化为其他的句子。

1. 时间状语从句译为条件状语从句

连接词 when 有时具有连接词 if 的作用,因此,我们可以把英语的这类状语从句转化为汉语的条件状语从句。

例 1　Some salesmen find business travel more appealing *when they can bring their wives with them*.

译文　如果可携带妻子随行,一些推销员会觉得商业上的往返奔波更为有趣。

例 2　These three colors, red, green, and violet, *when they are combined*, produce white.

译文　红、绿、紫,这三种颜色如果合在一起就变成白色。

2. 地点状语从句译成条件状语从句

有些以 where 引导的状语从句,并不表示地点而是表示条件的含义。我们可以把这样的地点状语从句译成条件状语从句。

例 1　*Where some problems are found*, please call us right away.

译文　如果发生问题,请立即给我们打电话。

例 2　The materials are excellent for use *where the value of the workpieces is not so high*.

译文　如果工件价值不高,使用这种材料就很好了。

3. 条件状语从句转化为汉语的假设句或补语从句

例　*Granted that this is true*, what conclusion can you draw?

译文　假设这是实际情况,你又能得出什么结论呢?

例 2　Anything above the earth will fall *unless it is supported by an upward force equal to its weight*.

译文　地球上的任何物体都会落下来,除非它受到一个大小与其重力相等的力的支持。

4. 让步状语从句译为汉语的"不管""无论"之类的条件句

例 1　All living things, *whether they are animals or plants*, are made up of cells.

译文　一切生物,不管是动物还是植物,都是由细胞组成的。

例 2　Don't change your plans *whatever happens*.

译文　无论发生什么事,别改变你的计划。

5. 从句转化为并列句

有时候状语从句可以译成汉语的并列结构,从句在结构中作一单句。

例1　I was about to speak, *when Mr. Smith cut in*.

译文　我刚要讲,史密斯先生就插嘴了。

例2　So important were the electrical inventions which Edison had given us, *that we could not live without them—not for one minute*.

译文　爱迪生发明的各种电器太重要了,我们生活中一刻也离不开它们。

3.3　名词性从句的翻译

英语名词从句包括主语从句、宾语从句、表语从句和同位语从句。翻译这类从句时,大多数可以按原文的句序译成对应的汉语,但也有一些需要调整的地方。下面一一分析它们的译法。

3.3.1　主语从句的翻译

1. It ＋ be ＋ -ed 分词＋ that 从句

处理这类句型时,增加泛指性的主语"人们""大家"等,把主语从句转换成宾语从句,译成主动语态,保留原文句子结构的前后顺序。

例1　It has been found *that all kinds of matter consist of atoms*.

译文　人们已经发现各种物质都是由原子组成的。

例2　It is reported *that the meeting will be held in June*.

译文　据报道,这个会将在六月份举行。

2. It ＋ be ＋形容词＋ that 从句

这类句子一般不宜按原文句子的结构顺序译,而一般将主语从句和主句译成并列句。

例　It is quite natural *that man's flight into outer space has been treated as the most sensational news of the age*.

译文　人类飞往外层空间被视为当代最轰动的新闻,这是很自然的事。

3. Wh-引导的主语从句

Wh- 引导的主语从句放在句首时,一般按原文句子结构的顺序译。

例1　*What has happened* is no news to me.

译文　发生的事我已经听说了。

例2　*Whatever he saw and heard on his trip* gave him a very deep impression.

译文　他此行的所见所闻都给他留下了深刻的印象。

3.3.2　宾语从句的翻译

1. 用 that、what、how 等引起的宾语从句一般不需要改变它在原句中的顺序。

例1 Then one found it difficult to believe *that one would fall all the way down to the center of the earth without gravity*.

译文 当时人们感到难以相信要是没有引力人就会一直掉到地球中心。

例2 I told him that *because of the last condition, I'd have to turn it down*.

译文 我告诉他,由于那最后一个条件,我只得谢绝。

2. it 用作形式宾语而宾语从句做真正宾语时,一般可按原顺序译,it 省略不译。

例1 I made it clear to them that *they must hand in their papers before 10 o'clock in the morning*.

译文 我向他们讲清楚了的,他们必须在上午十点前交论文。

例2 We believe it true *that the sun is really a small star among the heavenly bodies*.

译文 我们相信,在天体之间太阳只不过是一颗小星星。

有时也可以将 that 引起的从句提前。

例 I regard it as an honor *that I am chosen to attend the meeting*.

译文 我被选参加会议,感到十分荣幸。

3. 做介词宾语的宾语从句的翻译。

英语中的介词 except、but、besides 等后面如果跟有宾语从句,常常可以译成并列句的分句,用"除了……""除……之外""若非……"等词译出;介词 in 之后有宾语从句,往往可译为原因状语从句。

例1 His account is correct except *that some details are omitted*.

译文 除了有些细节未提到之外,他的叙述正确。

例2 He would have helped us *but that he was short of money at the time*.

译文 若不是他那时没钱,他会帮助我们的。

例3 Criticism and self-criticism is necessary *in that it helps us to find and correct our mistakes*.

译文 批评与自我批评很必要,因为这样做有助于我们发现并改正错误。

4. 英语中的宾语从句被特别强调时可放在句首,形成倒装句。翻译时要根据汉语的习惯灵活处理。

例1 *What the country thinks and worries about* we should think and worry about.

译文 我们应该想国家之所想,急国家之所急。

例2 *What I have learned from him* I'll never forget.

译文 从他那儿学到的东西,我将终生难忘。

3.3.3 表语从句的翻译

1. 表语从句一般可按原顺序译。

例1 Things are not always *as they seem to be*.

译文 事情并不总是如其表象。

例2 What he emphasized over and over again was *that, no matter who it is, they'll do what they should do*.

译文 他所再三强调的就是,不管是谁,他们也要做他们应该做的。

2. 在"That(This)is why…""This is what…"等句型中既可先译主句也可先译从句,可依汉语习惯灵活处理。

例 1 *This is why* heat can melt ice, vaporize and cause bodies to expand.

译文 这就是为什么热能使冰融化,使水蒸发,使物体膨胀的原因。

例 2 *That is why* practice is the criterion of truth.

译文 实践是检验真理的标准,这就是理由。

例 3 *This is what* is meant by "failure is the mother of success" and "a fall into the pit, a gain in your wit".

译文 ……所谓"失败是成功之母","吃一堑长一智",就是这个道理。

3.3.4 同位语从句的翻译

同位语从句的翻译大致可分为以下几种情况。

1. 保持原来的语序。

例 1 He expressed *his hope that he would come over to visit China again*.

译文 他表示希望能再来中国访问。

例 2 An obedient son, I had accepted my father's *decision that I was to be a doctor*, though the prospect interested me not at all.

译文 作为一个孝顺的儿子,我接受了父亲的决定,要当医生,虽然我对这样的前途毫无兴趣。

2. 将同位语从句译为定语从句或"的"字结构。

例 1 We are not investigating *the question whether he is a spy*.

译文 我们不是正在调查他是不是间谍的问题。

例 2 They were very suspicious of *the assumption that the earth was round*.

译文 对于地球是圆的这种假设,他们很怀疑。

3. 把同位语从句译成一个独立的句子,并在前面加上"即""这"等词或在从句所修饰的词之后加冒号或破折号。

例 1 *The fact that the gravity of the earth pulls everything towards the center of the earth* explains many things.

译文 地球引力把一切东西都吸向地心这一事实解释了许多现象。

例 2 I have come to *the conclusion that it would be unwise to accept his proposal*.

译文 我已得出结论:接受他的建议是不明智的。

4. 将同位语从句中的动作名词转译为动词。

例 1 He ignored the doctor's *advice that he should stay in bed*.

译文 医生建议他卧床休息,他对此置之不理。

例 2 However, the writing of chemical symbols in the form of an equation does not give any *assurance that the reaction shown will actually occur*.

译文 但是,将化学符号写成反应式,并不意味着所表示的反应确实会发生。

例 3　She wanted her children to feel loved and lovable, creative and imaginative, imbued with *a sense that there was magic in the world and beauty even in the face of adversity*.

译文　她想让她的孩子们感受到爱并变得可爱,富于创造和幻想,深信即使面临不幸,世上也会有奇迹和美好。

除了从句作同位语,单词或短语也可以作同位语,单词或短语作同位语的翻译大致有以下几种情况。

1. 说明身份称号的同位语往往放在专有名词后面,汉译时一般放在前面。

例 1　If something happens, you may ask *Mr. Zhang, the dean of our department*, for help.

译文　如果有什么情况,你可以找我们的系主任张先生来帮忙。

例 2　We've probably all experienced that sudden "pop" of awareness, what *Belleruth Naparstek, author of Your Sixth Sense*, defines as the ability to know things in a way that leaps over normal cognition and perception.

译文　我们或许都经历过那种意识的突然"爆发"。《第六感》的作者 Belleruth Naparstek 将其定义为一种超越普通的认知、感知方式来认识事物的能力。

2. 限制性同位语以及用形容词、数词等做进一步说明的同位语往往放在被修饰的词语后面,汉译时一般无须改变位置。

例 1　That suggestion was put forward by *his former colleague, a famous scientist*.

译文　那个建议是由他以前的同事,一位著名的科学家提出的。

例 2　The founder and chairman *Bill Gates, the man behind the phenomenally successful "Windows" systems*, is to set up an on-line information service available to millions of computer-users.

译文　它的创建者和总裁比尔·盖茨,这位使"Windows"系统极为成功的幕后人,打算为千千万万的电脑用户建立在线信息服务。

3. 原文中的有些同位语,汉译时往往需要加"是""即"等词加以扩充或加破折号、冒号等。

例 1　At last, we reached our destination, Guilin.

译文　我们终于到达了目的地——桂林。

例 2　The centerpiece is called *the computer*, *the processor*, or usually *the central processing unit*.

译文　中央部分,即计算机或处理器,通常也称为中央处理器。

3.4　英语长难句的翻译

要准确而完整地理解并翻译英语中的长句,就要根据句中的标点符号和连接词及关联词进行语法结构分析,抓住一支多干的主句与从句,从语法和意思上去理解他们之间的关系。首先,要找出全句的主语、谓语和宾语,从整体上把握句子的结构;然后,找出句中所有的谓语结构、非谓语动词、介词短语和从句的引导词;接着,分析从句和短语的功能,分析词、短语和从句之间的相互关系,在这期间,要注意句子中的插入成分,以及一些固定搭配词组等。选用适当的翻译方法,如顺序法、倒序法、时序法、拆分法以及重组法等按原意及汉语的表达习惯将原句准确而完整地表达出来。

英语习惯于用长句子表达比较复杂的概念。因此,英译汉时,要特别注意英语和汉语之间的差异,将英语的长难句分解,翻译成汉语的短句。

3.4.1 顺序法

如果英语长句所叙述的内容基本上按动作发生的先后顺序安排,或者按逻辑关系安排,这样的顺序符合汉语习惯,因此可以按原文顺序译出,这样的方法叫顺序法。当然,有时我们也可以加上一些必要的词语来衔接前后语气。

例1 ①How these two things — energy and matter — behave,②how they interact one with the other, and ③how people control them to serve themselves make up the substance of two basic physical sciences, physics and chemistry.(注:本句中的①②③为笔者所加,在"长句的翻译"这部分中的其他例句也采用这种方式对句子进行分解,后面不再一一说明。)

在这个长句中三个以 how 开头的从句①How these two things — energy and matter — behave,从句②how they interact one with the other 以及从句③how people control them to serve themselves 构成了整个句子的主语,后面的谓语和宾语顺序也符合汉语习惯,所以这个句子就可以直接采用顺序法。

译文 能和物质这两种东西如何起作用,它们如何相互影响,人们如何控制它们使之为自己服务,这些问题构成了两门基础自然科学——物理和化学的主要内容。

例2 Feeling empowered rather than helpless, they also do better in school, achieve more at work, and cope better with stress.

这个句子的主语是 they,谓语是三个并列的动词词组 do better in school、achieve more at work 及 cope better with stress。分词短语 feeling empowered rather than helpless 做句子的状语。这个结构与汉语的结构没有太大区别,所以我们就可以采用顺序法。

译文 他们觉得自己有能力,从来不会束手无策,因而他们在学校里成绩也更好,工作中成就更大,对压力也更能应付自如。

3.4.2 倒序法

当英语长句的叙述层次与汉语习惯相反,按原文词序翻译会造成概念模糊、译文不通时,就要逆着原文顺序翻译。这种方法叫倒序法,也叫逆序译法。

例1 ①Various machine parts can be washed very clean and will be as clean as new ones ②when they are treated by ultrasonics,③no matter how dirty and irregularly shaped they may be.

这个长句的主句是①Various machine parts can be washed very clean and will be as clean as new ones。此外,这个句子还有一个时间状语从句②when they are treated by ultrasonics 和一个让步状语从句③no matter how dirty and irregularly shaped they may be。根据汉语"先发生的事先叙述"以及"让步状语在前结果在后"的习惯,这个句子可用倒序法译出。翻译时,时间状语从句转换为条件状语从句。

译文 ③各种机器零件无论多么脏,形状多么不规则,②如果用超声波处理,①就可以洗得非常干净,甚至干净得像新零件一样。

例2 ①And he knew how ashamed he would have been②if his girlfriend had known③his mother④and the kind of place where he was born,⑤and the kind of people among whom he was born.

这个句子是由一个主句①And he knew how ashamed he would have been,一个条件状语从句②if his girlfriend had known③his mother④and the kind of place where he was born,⑤and the kind of people among whom he was born组成。其中①And he knew how ashamed he would have been 是主句,也是全句的中心内容。按照汉语"条件在先,结果在后"的习惯,这个句子可用倒序法译出。尤其是 had known 的宾语③his mother④and the kind of place where he was born,⑤and the kind of people among whom he was born 更需要先译出。根据强调程度的不同,译为"⑤他出生在这类人中间,④出生在这样的地方,③他有这样的母亲",然后用"这些"一词概括前面三项内容,读起来比较通顺,符合汉语习惯。这个句子中 had known 的宾语③his mother④and the kind of place where he was born,⑤and the kind of people among whom he was born 也可以按照原来的顺序译为"③他有这样的母亲,④出生在这样的地方,⑤他出生在这类人中间",但译出的汉语"条件在前,结果在后"的整体顺序还是和英语句子不同。

译文1 ⑤他出生在这类人中间,④出生在这样的地方,③他有这样的母亲,②这些如果让他女朋友知道了的话,①他明白有多丢人。

译文2 ③他有这样的母亲,④出生在这样的地方,⑤他出生在这类人中间,②这些如果让他女朋友知道了的话,①他明白有多丢人。

3.4.3 时序法

时序法是指原英语句子涉及不同时间,翻译成汉语时可以按照事件发生的先后顺序来处理,先发生的事情先说,后发生的事情后说。

例1 Dr. Smith resumed the activities of anti-cancer experiment begun in 1975 and financed by the Federal government as soon as he snapped from his original disappointment at repeated failures, which had resulted in its forced suspension.

译文 史密斯医生于1975年开始着手由联邦政府资助的抗癌实验。他由于屡遭失败而感到沮丧,被迫终止了实验工作。现在他一重新振作起来,便立即恢复了抗癌实验活动。

这个翻译按照时间顺序娓娓道来,并且把原句拆分成三个句子,简单清晰,一步步踏实跟进。读者极易把握整个事件的来龙去脉与前因后果。

如果不按照时间顺序来翻译,就会容易译成这样的句子"史密斯博士恢复了始于1975年由联邦政府提供资助的抗癌实验活动。他以前由于屡遭失败感到很失望并导致被迫中止了实验。现在他重新振作起来了。"分析一下可以看出,这三个句子的主要内容在第一个句子。后面的两个句子似乎只是在起补充说明的作用。整体内容显得松散、不紧凑。读者对事情发生的先后顺序不能把控,整个句子给人的感觉是"东一榔头,西一棒槌",缺乏整体意识和全局观念。

例2 Cosmopolitan Shanghai was born to the world in 1842 when a British warship, slipping unnoticed into the mouth of the Yangtze River, reduced the Wusong Fort and took the city without a fight.

译文 1842年,一艘英国军舰潜入长江口,攻占了吴淞炮台,不发一弹就占领了上海。从此上海变成了一座国际性城市。

按照英语表达习惯,重要的信息如结果、观点、态度等内容要放在句子的前面表达,然后附上原因、条件、事实等予以说明补充。汉语则习惯从侧面说明,从外围着手,由远及近,最后点出重点信息内容。汉语参考译文按照事情发生的先后顺序翻译,不仅体现了汉语"先发生的事情在前,后发生的事情在后"的顺序,还按照汉语习惯恰当体现突出了本句话的重点内容,即整个事件的结果——"从此上海变成了一座国际性城市"。如果按照原来的顺序译成"1842年上海变成了一座国际性城市。在那年,一艘英国军舰潜入长江口,攻占了吴淞炮台,不发一弹就占领了上海。"读起来翻译腔十足,不符合汉语的表达习惯。

3.4.4 拆分法

有时,英语长难句中的主句与从句或分词短语及介词短语等与修饰的词之间的关系不是很密切,各具有相对的独立性。这时,可根据汉语多短句的特点,把从句或短语分开来译,译成独立的句子。这种译法叫拆分法。采用这种译法时,为了使语气连贯,有时可适当增减词语。

例1 ①Human beings have distinguished themselves from other animals, and in doing so ensured their survival, ② by the ability to observe and understand their environment and then either to adapt to that environment or to control and adapt it to their own needs.

这个句子的主要成分是①Human beings have distinguished themselves from other animals, and in doing so ensured their survival,后面的②即by短语做状语,修饰动词have distinguished。在by短语中动词不定式短语to observe and understand their environment, to adapt to that environment, to control and adapt it to their own needs用来修饰ability。我们不能按原文结构译成"人类通过观察和了解周围环境的能力,通过适应环境的能力,通过控制环境或根据自身的需要改造环境的能力把自己和其他动物区别开来,在这样做的过程中人类生存了下来"。通过应用拆分法,增补"人类""他们"和"人类",衔接表现人类活动和繁衍生息内容的各个部分,使得整个句子不再拗口,并且前后一致,浑然一体。

译文 人类把自己和其他动物区别开来。与此同时,人类还具备了观察和了解周围环境的能力。他们要么适应环境,要么控制环境,或根据自身的需要改造环境。人类就这样一代代地生存下来。

例2 ①It is a picture ②of cheating among top students at top schools, ③of habits

④that take root in elementary school, bud in high school and flower in college, ⑤ of parents ⑥ who care more about their children's success than about their moral development, and⑦of a problem⑧that is more likely to get worse than to get better.

这个句子的主干非常简单,即① It is a picture。后面的四个并列介词结构② of cheating among top students at top schools, ③ of habits that take root in elementary school, bud in high school and flower in college, ⑤of parents who care more about their children's success than about their moral development,⑦of a problem that is more likely to get worse than to get better 都是修饰名词 picture 的。其中还有三个定语从句:第一个 that 引导的定语从句修饰名词 habits;who 引导的定语从句修饰 parents;第二个 that 引导的定语从句修饰 problem。如果我们按照原文结构把这些所有的定语全部放在 picture 的前面,译成"这是一幅好学校中……,作弊陋习扎根于……,父母……,作弊问题……的画面",就显得句子太长,不太符合汉语的习惯。

译文 这是一幅好学校中优秀生作弊的画面,作弊这一陋习在小学扎根,在中学萌芽,在大学开花。我们看到:父母关心子女的成功胜过关心对他们的道德培养,作弊问题很可能恶化而不是好转。

3.4.5 重组法

重组法也叫综合法。这种方法是指译者在准确地领会和把握了原文的基础上,打破原文的结构,用自己的话准确地表达原文的信息、含义和精神风貌。

例1 The Conservative Party was hard hit when War Minister John Profumo was involved in a moral scandal that furnished the British press with headlines for weeks.

原文是一个主从复合句,时间状语从句 when War Minister John Profumo was involved in a moral scandal that furnished the British press with headlines for weeks 中还包含一个定语从句 that furnished the British press with headlines for weeks。如果照搬这个结构可译成"当国防大臣……卷入一件……给英国报刊……提供……新闻的有伤风化的丑闻的时候,保守党受到了沉重的打击。"

这样的句子分不清主次,不符合汉语习惯,读起来翻译腔十足。分析一下,可以看出该句的重心放在主句上,而用 when 引导的从句来提供背景材料。翻译时,可先翻译背景部分,再翻译重心部分,突出重点。用"这件事"三个字指代背景部分,并将原来的被动结构换成主动结构,原来的定语从句也从语义内容出发,先行译出。这样一来,本句翻译原则上按照汉语"先发生的在前,后发生的在后"这样的时间顺序排列,总体基本上采用重组法来翻译本句话。

译文 国防大臣约翰·普罗富莫卷入了一件有伤风化的丑闻,一连数星期占据了英国各大报刊的头条,这件事使保守党受到了沉重打击。

例2 When Mr. and Mrs. Dursley woke up on the dull, gray Tuesday our story starts, there was nothing about the cloudy sky outside to suggest that strange and mysterious things would soon be happening all over the country.

译文 我们的故事开始于一个晦暗、阴沉的星期二,德思礼夫妇一早醒来,窗外浓云低垂的天空并没有丝毫迹象预示这地方即将发生神秘古怪的事情。

如果按原文的句式翻译,译文会佶屈聱牙。原文是个主从复合句,从句是时间状语从句,这个时间状语从句中还套着一个关系副词省略 when 的表示时间的定语从句(when)our story starts,用于修饰 Tuesday。译时若译成定语,句式会比较生硬,因为 Tuesday 的前面还有两个定语 dull 和 gray,直译就成了"晦暗、阴沉的、我们的故事开始的星期二",这样的表达非常别扭。译者首先将状语从句中的定语从句 our story starts 作为该句的主句译出("我们的故事开始……"),将状语从句中的介词短语(on…)作为其状语("于……")。这样一来,这部分被译成"我们的故事开始于一个晦暗、阴沉的星期二"。然后译者又将原文时间状语从句中尚未译出的部分顺势译成一个短句:"德思礼夫妇一早醒来"。经过这样的处理,状语从句部分就翻译形成两个并列的短句。最后,再译原文的主句。这种译法把典型的英语树状结构转换成了汉语流水句结构。这个多重定语的句式,经过重组,保留了原文浅显易懂的文风。

课后练习

I. 定语从句翻译练习

1. A sentence, which is a special combination of words, expresses the idea of some state of affairs, real or imagined.

2. *Time* singled out 24 men and women responsible for scientific breakthroughs, inventions and innovations that led to such things as the atomic bomb, the airplane, television and the World Wide Web.

3. The Wright brothers, whose flying machine made the world a smaller place, and Albert Einstein, whose theory of relativity expanded our view of the universe, are among *Time Magazine's* picks as the 20th century's greatest minds.

4. If it did not work, the American people, who are pragmatic by nature, would likely have abandoned it long ago.

5. They invented the slingshot, with which they could throw rocks faster and farther.

6. Early men had no way to save meat, which was only good when fresh.

7. They needed clothing to protect them from the thorny bushes through which they ran in pursuit of game.

8. The ambassador, who had long been interested in Asian affairs, was flattered.

9. He is the best reader who consumes the most knowledge and converts it into character.

10. At the beginning of the American Civil War, it went badly for the North, the soldiers of which were untrained and unready, though they had a bigger population and a greater wealth.

Ⅱ. 状语从句翻译练习

1. Although seriously wounded, he flatly refused to quit the battle line.
2. A man thinking or working is always alone, let him be where he will.
3. Once you are married, there is nothing left for you, but to be good.
4. Sometimes when I thought he was sad, he would suddenly smile with tears.
5. When the plane arrived, some of the detectives were waiting inside the main building while others were waiting on the airfield.
6. If *Hamlet* was really written by Marlowe, as many have argued, then we have underestimated Marlowe's genius.
7. She spoke to me as if she knew me.
8. The silkworm is such an animal of such acute and delicate sensation that too much care cannot be taken to keep its habitation clean, and to refresh it from time to time with pure air.
9. They have not proceeded far before they perceived a bear making toward them with great rage.
10. I criticized him, not because I hate him but because I love him.

Ⅲ. 名词性从句的翻译

1. 主语从句、宾语从句与表语从句翻译练习

(1) It is very good for your health that you do exercises every morning.

(2) It is a blessing that we do not know what is going to happen.

(3) Nowadays it is understood that a diet which contains nothing harmful may result in serious disease if certain important elements are missing.

(4) It is necessary that we work out a plan to cope with the present economic crisis.

(5) It was decided that they (the former Italian colonies) should remain under the British military rule for the time being, and that if the four powers could not agree within a year as to their disposition, the matter would be referred to the United Nations General Assembly.

(6) I believed strongly that it is in the interests of my countrymen that British should remain an active and energetic member of the European Community.

(7) I also told him how appealing I found the offer.

(8) Men differ from brutes in that they can think and speak.

(9) I have found since that time there are countless people over the country willing to commit themselves in the same way, without thinking of personal reward.

(10) No one wished it to be known that he failed to see the wonderful clothes.

(11) He's had an operation, that's why he is absent.

(12) This is because people engaged in changing reality are usually subject to numerous limitations;…

(13) This is how the student movement broadened out into a nationwide movement

for a war of resistance against foreign invaders.

(14) It is just as Confucius said, "Is it not a delight that friends should visit afar?"

(15) "If I have seen farther than other man, it is because I have stood on the shoulders of giants."(Newton)

2. 同位语从句翻译练习

(1) A US surgeon has embedded under his skin tiny computer chips that can automatically transmit personal information to a scanner, a technology that may someday be widely used as a way to identify people.

(2) Betsy Dresser, professor in endangered species at the University of New Orleans, who led the team that produced the world's first test-tube gorilla five years ago, said interspecies transfer has important implications for the preservation of threatened animals.

(3) People in ancient times held a belief that the earth was flat and that the rock of Gibraltar marked the end of the earth.

(4) The announcement that a new airport was to be built nearby aroused immediate opposition.

(5) The report that the area was dangerous was ignored by the residents.

(6) On top of this, our society reinforces these traits by the systems it has created to produce athletes—a system that is characterized by limited responsibility and enormous privilege.

(7) Skin tests have been developed that can detect flaws in the skin cells of patients with Alzheimer's, an illness that normally is diagnosed with certainty only after death through an autopsy.

(8) When a victim suffers a major burn—one in which at least 20 percent of the skin is lost—damage usually extends far beyond the burn site.

(9) The scientists' argument that cigarette smoking may increase one's chances of developing lung cancer was not well received in some quarters.

(10) If you are curious about the south, the south you didn't see in *Gone with the Wind*, read a book by historian C. Vann Woodward.

Ⅳ. 英语长难句翻译练习

1. The surgeon, who requested anonymity, said he decided to test the chip himself after seeing rescuers at the World Trade Center disaster site write their names and Social Security numbers on their arms so they could be identified in case they were injured or killed at the site.

2. Although the system has been in development for a couple of years, company officials said they were uneasy about implanting the chips in people until recently, fearing a backlash from civil libertarians and others.

3. The paradox I have discovered, in writing and reading the writing of others, is that the more you respect and focus on the singular and strange, the more you become aware of the universal and the infinite.

4. The growing body of knowledge about viruses and their interactions with your body may eventually lead to ways of preventing and curing colds, as this knowledge already has produced treatments for flu and many serious complications of colds.

5. People can drink what they want, but if they are going to spend up to 10,000 times more per gallon for bottled water as opposed to what comes from the tap, they have a right to know what's in the water, where it's from, and that's absolutely pure.

6. Most houses and commercial structures that were constructed after 1980, when Japan's building code had its last major revision, are still standing.

7. Although Hawaii is located in the tropical zone, its climate is comfortable because of the ocean currents that pass its shores and winds that blow across the land from the northeast.

8. But we know much less about what work contributes to the psychological well-being, which is more difficult to be aware of, but it is of even greater importance and can decide whether a person will live a full life or an empty one.

9. During the 1980s, despite continuing anxiety in the Crown Colony about its future after the reasserting of Chinese sovereignty in 1997, Hong Kong surpassed the U.S. as the biggest outside investor on the mainland; in 1992 it injected a record of 39.6 billion into the Chinese economy.

10. It was our view that we could be effective in both the tasks outlined by the President, that is, of ending hostilities as well as making a contribution to a permanent peace in the Middle East, if we conducted ourselves so that we could remain in permanent contact with all of these elements in the equation.

第4章 汉译英应注意的几个问题

4.1 概　　述

汉英语言转换技巧从本质上都可归结于英语表达的技巧。一般说来,中国学生对汉语原文的理解不会有太大的困难,关键在于掌握英语的语言规律和表达方法。汉英翻译也可以用前面讲过的英汉翻译技巧与方法,本章主要侧重分析对比汉英两种语言的共同点和主要差异,并以此为基础,探讨一下汉英句子翻译该注意的几个问题。

4.2 汉英翻译应注意的几个问题

4.2.1 主语的处理

英汉两种语言中对主语的看法分歧很大。汉语不太强调主谓,因为它的大多数句子是话题结构,对主语的要求非常松。但英语中主语和谓语的关系一定要有直接的逻辑关系和语法搭配关系,而且作为句子的中心,是句子不可缺少的部分。

刘宓庆总结了英语的主语有以下功能要点:

(1)英语主语对全句具有全面密切的关系,它是谓语讨论或描写、叙述的对象。(2)英语主语一般处于句子的主位,即句子的句首成分,也就是第一个全局性主要功能成分(句首状语除外,在语流中一般也可伴随停顿)。(3)在相当普遍的情况下,处于主位的也可以是一个本身并没有什么所指,但是在形式上不可缺少的代词"it"。这个形式主语特别能说明英语主语的"不可或缺性"。(4)英语主语与谓语动词关系极其密切。由于主语决定动词的数,实际上也就决定了它与动词谓语的形态和数的一致,由此而构成了SV搭配。因此,主语实际上又是决定SV形式的依据,而SV搭配则是英语句法架构的核心,构成一种提携机制。[①]

而汉语主语有以下特点:

(1)汉语主语对全句并不具有全面密切的关系,虽然它们被提到了句子的主位。它们可能是施事者,也可能是受事者,还可能只是与施事行为有某种关系或参与其事的与事者。

---

① 刘宓庆:《翻译教学:实务与理论》,北京:中国对外翻译出版公司,2003年,第107-108页。

句子中这些主语在形式上可以"并列",形成双主语。(2)汉语的主语可以是时间、地点(方位)、工具(材料)、方式(情状)等,这些成分都可以居于主位,成为主位词。我们称之为主位词的"周遍性",可以譬喻为"轮流坐庄"。①

现在,越来越多的人接受了一种新的语言类型分类,认为"汉语经常采用主题-述题的句式,主语的句法功能弱,有时还不容易识别,但这并不影响我们对句子意思的理解;英语主语的句法功能强,几乎都采用主语-谓语的句式,主语是整个句子最关键的成分"②。

还有语言学家归纳了英汉语言结构的差异,认为"英语多用非人称词类做主语;汉语多用人称代词做主语"③。

总之,汉语的主语虽然是陈述的对象,但非必要成分,非常灵活,可以省略、隐含,或者作为无主句,直接没有主语。几乎各种类型的词汇和语言单位都可以来担任主语;而英语主语的语法要求则非常严格,只能由名词(或代词)或具有名词语法功能的语言单位(如动词不定式、动名词、名词性从句)来充当。许多情况下,汉英主语不能"对等"翻译,而是需要根据情况添加主语,也可以保留原来的主语,有时候需要选择主语或者做适当调整变化。概括说来,主语的处理可以根据情况来添加、保留、变化或选择句子成分。

4.2.1.1 主语的添加

汉语中的无主句或省略主语的句子比较多,但在英语中,主语不可或缺,所以翻译时必须补充主语,以符合英语行文的语法要求。

例1 环境好,图书设备充足,有良师益友指导启发,当然有很大的帮助,但是具备了这些条件,也不一定能保证一个人在学问上就有成就。

译文 You cannot be sure to succeed in learning even if you have got all the favorable conditions such as good environment, sufficient books and equipment, as well as instructions and enlightenments from scholarly mentors and beneficial friends, which are of great help, though.

这两句话中,汉语和英语的叙事角度、表达方式及逻辑推理顺序都有很大区别。在汉译英时,打乱了汉语的语序,重组成地道的英语。在这里,英语没有保留原来的汉语主语,而是添加了表示泛指的主语 you 或 one。

例2 又下大雨了,只好待在家里。

译文 It was raining heavily, so we had to stay at home.

英语中用 it 表示天气,所以前半句增加 it 当主语。根据说话的内容,可以添加隐含的主语 we。

例3 活到老,学到老。

译文 One learns as long as one lives.

只有人才能学习知识,所以添加表示泛指的主语 one。

例4 我们请来一位新教师,长得挺帅,中等个头。

译文 We employed a new teacher. He was handsome and medium-sized.

---

① 刘宓庆:《翻译教学:实务与理论》,北京:中国对外翻译出版公司,2003年,第111页。
② 陈树元,刘锦华:《大学英语疑难解答丛书——翻译分册》,天津:天津大学出版社,2001年,第140页。
③ 许建平:《英汉互译实践与技巧》,北京:清华大学出版社,2000年,第241页。

这个句子可以把后半部分处理成定语从句,翻译成 We employed a new teacher who was handsome and medium-sized,也可以像参考译文一样,找出"长得挺帅"的逻辑主语"新教师"并且断开句子,翻译成两个独立句子,有两个独立主语。

4.2.1.2　主语的保留

英语以主谓结构的句子为主,汉语也有一定数量的主谓结构的句子,它们中不少主语也是由名词、名词性短语或者代词充当的。所以许多汉语句子的主语(话题)可以直接用作英语句子的主语。英译时,保留汉语句子的主语应该是最理想、最便捷的方法。

例1　中国地大物博,人口众多,中国人过去常常以此为傲。

译文　China is a country with vast territory, rich resources, and a large population, of which the Chinese people were always proud before.

例2　无锡是南方江苏省的一个小城,位于南京和上海之间。

译文　Located between Nanjing and Shanghai, Wuxi is a small city in southern China's Jiangsu Province.

例3　政府应该提供资助给难民。

译文1　The government should sponsor(subsidize) the refugees.

译文2　The government should provide financial support for people who are suffering from disasters.

例4　故宫是北京现在最大、保存最完好的宫殿,始建于1406年,历时14年建造完成。

译文　The Forbidden City is the largest and best-preserved palace in China, the construction of which began in 1406 and took 14 years.

4.2.1.3　主语的变化与选择

1. 汉语中的主语在英语中变为非人称类主语

如:我因事进城去了。初学者很容易把这句话译为:I went to the town on business. 这样说当然不能算错。但用物做主语,才算地道的英语,才算漂亮的译文。下面的译文值得我们学习:

Business took me to the town.

用上述这种句型的动词有 make、enable、remind、prevent、show、bring、keep 等。类似的例句还有:

例1　每一位客人请携带一件礼物以便交换。

译文　It is requested that every guest should bring a gift with him for exchange.

例2　你吃了这药就会好些。

译文　This medicine will make you feel better.

例3　他有钱,什么都可以做。

译文　His wealth enables him to do anything.

例4　我国各族人民每年都要热烈庆祝十月一日的国庆节。

译文　National Day is enthusiastically celebrated on Oct. 1 by the Chinese people of all nationalities every year.

例5　中美已经建立了外交关系。

译文　Diplomatic relations have been established between China and the United States of America.

2. 汉语无主句译成英语后加非人称类主语

汉语中,有的句子只有谓语部分而没有主语部分,这样的句子叫无主句。这是汉语中特有的一种句型。而英语里,句子一般都有主语,而且英语句子以物做主语的情况居多。

（1）表示事物存在、出现的无主句,可以译成被动句,原来的物变成主语。

例1　这儿将修建更多的居民大楼。

译文　More apartment houses will be built here.

例2　去年发现了一种稀有元素。

译文　A rare element was found last year.

（2）某些表示要求、规定的无主句,也往往可以译成被动句,原来的物变成主语。

例1　必须保证八小时睡眠。

译文　Eight hours' sleep must be guaranteed.

例2　必须立即终止这种讨厌的噪音。

译文　The unpleasant noise must be immediately put to an end.

（3）出于连贯需要,选择一个合适的主语。

英语中有一条修辞原则叫平行一致原则,也就是说相邻的几个句子在结构上要求保持一致。所以有时候需要选择一个词同时做相邻的几个句子的主语。

例1　自十九世纪末,中国开始举办师范教育。1949年中华人民共和国成立之后,在各级政府的重视和关心之下,中国师范教育进入前所未有的发展阶段。

译文　Teacher education began in China toward the end of the 19th century. Since the founding of the People's Republic of China in 1949, it has undergone unprecedented development thanks to solicitude and support of the central and local governments.

汉语表达时相邻的几句话主语可以跳跃变化,这样的表达不会有什么问题。但是在英语中,出于上下文连贯的考虑,相邻的两句,如果说同一个话题,尽量用相同的主语。把第一句中的"中国开始举办师范教育"翻译成"师范教育开始在中国举办",就和下半句的主语一致了。①

例2　居里夫人是世界上最伟大的女科学家之一,人们将永远把这位镭的发现者铭记心中。

译文　Madame Curie is one of the world's greatest women scientists and will always be remembered as the discoverer of radium.

受到谓语动词表达上的限制,并列谓语前后分别用主动态和被动态,但整个句子只用了同一个主语"居里夫人",相对简单顺畅,也符合英语平行结构的要求。

例3　陈竹竹幼年失母,她的继母冷酷无情,竹竹在七岁时,每天上学都没有鞋穿,没有书包用,下雨时,由于没有伞,只能不上学。

译文　Chen Zhuzhu lost her mother when she was only a few years old, and was brought up by her step-mother who was very severe to her. At seven, she went to school

---

① 蔡基刚:《大学英语翻译教程》,上海:上海外语教育出版社,2003年,第153页。

every day without shoes or bag. As no umbrella was given to her, she was obliged to stay at home if it rained heavily.

因为句子太长,所以采用了断句分译的方法来翻译这个汉语句子,把原来的一个句子断成三个句子。翻译时出于上下文连贯的考虑,三个句子分别用了"Chen Zhuzhu""she"和"she"做主语,虽然后两个是代词,但指代的都是"陈竹竹"这个女孩。三个句子都是围绕这个人物出发来讲事情的,符合英语平行一致的原则。

(4) 由于信息重要性的不对称,翻译时需要主语有所变化。

汉语对主语的要求不像英语那么要求严格,可做主语的东西相对随意一些。但英语要求主语是重要的,像汉语中的机构性主语、时间性主语和泛指性主语在英语中一般不宜做主语。碰到这样的主语需要调整变化。

例 1 人们把《论语》译成了多种文字。

译文 *The Analects of Confucius* has been translated into many languages.

例 2 20 世纪 50 年代初期,这里拳击很盛行。

译文 Boxing was gone in for / popular here in the early 1950s.

例 3 由中国把印刷术传入欧洲。

译文 Printing was introduced into Europe from China.

4.2.2 谓语的处理

英语句子的主要成分是主语和谓语,有时再加宾语,形成主-谓-宾的基本句式。主语选择好后更主要的任务是选择恰当的谓语来表明主语的动作、性质或状态。主谓语一旦确立,整个句子的框架也基本固定了,而谓语有很大一部分又是用动词来体现的,所以说动词的选择也很关键。陈宏薇提出了以下一些谓语动词选择的原则,翻译时可以借鉴。

(1) 所选择的谓语应在人称和数上与主语保持一致;
(2) 所选择的谓语必须保持时态上与原文语义的吻合;
(3) 所选择的谓语必须与主语在逻辑上搭配得当;
(4) 所选择的谓语必须与宾语搭配得当;
(5) 原文若是由形容词短语、名词性短语、数量词或介词短语做谓语,译文中常常采用系表结构做谓语;
(6) 原文若有几个动词同时出现,译文则可选择一个主要动词做谓语,其他动词用其他们形式;[①]
……

4.2.2.1 谓语结构的翻译

1. 简单谓语结构的翻译

简单谓语结构是指由单个动词做谓语的情况。对于这样的结构可以采取以下三种方法。

---

① 陈宏薇:《汉英翻译基础》,上海:上海外语教育出版社,1998 年,第 102 页。

(1) 对应翻译

尽管汉语和英语的谓语有不少的差异,但还有许多共同之处。刘宓庆认为,汉英翻译中能做到主谓对应的情况也不少见,一般可以达到35%至40%。在对语境不加限制的主谓搭配中,对应式实现率可达60%。① 因此,汉英翻译中主谓语对应的情况较为常见,可把汉语的谓语直接译为英语的谓语。

例1 苏州自唐朝以来就有"鱼米之乡"的美称。

译文 Suzhou has enjoyed a reputation as "a land of milk and honey" ever since the Tang Dynasty.

例2 说普通话有利于不同种族、地区人民之间的信息传递和文化交流。

译文 The use of Mandarin can contribute to information transmission and cultural exchange between ethnic groups and people in different places.

例3 中国进行载人航天研究的历史可以追溯到1970年代初,后因故被搁置。

译文 The research of manned spaceflight missions dates back to the early 1970s in China, but the program was suspended for some time.

例4 中国已成为举世公认的"第一杂技大国"。

译文 China has been universally acknowledged as "the best country of acrobatics".

(2) 调整与选择

汉语和英语之间的差异使得汉英句子谓语结构之间的对应只能是相对的,有时相对的对应也难以达到。这样的情况只能适当调整谓语结构,才能符合英语句法。一般说来,汉英翻译中,要根据逻辑语法关系和英语主谓搭配习惯等调整谓语结构。常见的主要是主动语态与被动语态的调整,把汉语主动形式的谓语结构转换为英语的被动结构。下面例句的谓语结构形式上是主动的,但具有被动的意义,要调整为英语被动的谓语结构。

例1 这座桥将在今年年底建成。

译文 The construction of the bridge will be completed by the end of this year.

例2 这个问题要搞清楚。

译文 The issue should be made clear.

例3 哪里可以和你接头?

译文 Where can you be reached?

例4 这个问题正在研究。

译文 The problem is now being studied.

例5 来宾请出示入场券。

译文 Visitors are requested to show their tickets.

关于汉语被动句的翻译,可参见本书4.2.2.2节语态的选择与调整。

根据英语的表达习惯或谓语搭配特征,英译谓语结构时,要根据英语动词与主语和谓语的搭配方法,选择恰当的谓语动词。在选择动词的时候,我们要把动词和宾语作为一个整体来考虑。同样的一个汉语动词与不同的宾语搭配,其译法不尽相同。如:"介绍"一词在下面的句子中要分别用不同的英语词来对应。

---

① 刘宓庆:《汉英对比与翻译(修订本)》,南昌:江西教育出版社,1992年,第68页。

例1　我来**介绍**一下我们公司的产品。
译文　Let me *say something about* the main products of our company.
例2　如果不是老师的**介绍**，他不会得到那个职位。
译文　If the teacher *had* not *recommended* him, he would not have gotten the position.
例3　我来给你**介绍**个女朋友好不好？
译文　Would you like me to *find* a girlfriend for you?

如果不考虑上下文或动词与宾语的搭配，仅仅靠汉英词典的帮助是不会译出好的译文的。

(3) 谓语动词的增补

汉语句子的谓语结构十分简约，形容词等可以单独做谓语，而谓语有时还可以依靠语义的连接来省略，其他许多成分也如此，这种省略毫不影响句子的意义。这样的句子常常舍去一切不影响语义表达的细节，在口语中更为常见。但英语句子必须有谓语，不可或缺，由系表结构或动词来充当。英译时，要根据上下文的语义和句法特点增补或完善译文的谓语结构。

例1　"说我？那当然，过去够意思，可以把人逗得如痴如醉。如今，变了，不是我，是人，喜怒哀乐天天变。"

这个汉语句子包括了五层意思，句中多处省略了谓语，也有主语、定语和状语的省略（均见下面补充中的黑体字）。英译时，要补充这些缺省的成分。该句需要补充的部分以及相应的英译如下：

"**你说的是**我吗？那当然，**我**过去是够意思的。**我**可以把人逗得如痴如醉。如今，**情况**变了。不是我变，而是人变了，人们的喜怒哀乐天天变。"

译文　"You mean me? Well, yes, I think I could make people dance to my tune. But today it's another story. It's not me but others who have changed. People's moods change every day."

例2　爱去不去。

这句话暗含的意思是"我不管（在乎）你去不去"。补充完整后可以翻译成：

I don't mind whether you go or not.

2. 特殊谓语结构的翻译

(1) 连动式谓语结构的翻译

连动式谓语是指句子谓语由两个或两个以上的动词（或动词性短语）连接使用所构成的语法结构，连接使用的动词或动词性短语都与句中的同一主语发生主谓关系，表示动作的接续或语义上相互关联的动作。在语法形式上，连动式的两个或两个以上的动词或动词性短语之间处于并列的关系，但在语义功能上，有些连动式表示并列的语义关系，有些连动式则表示偏正的语义关系。一般来说，可采用两种方式翻译：一是把多个动词或动词短语转化为英语的并列谓语结构；二是选择其中之一作为句子的谓语动词，其他动词则以不定式、分词或介词短语等形式译出，以表达条件、方式、因果、假设和目的等逻辑关系。

1) 把多个动词或动词短语转化为英语的并列谓语结构。

如果各个动词或短语是并列关系，一般可译成两个或多个英语动词或短语，用 and

连接。

例1 他的朋友阻止道："不可性急。"

译文 His friend checked him and said: "Hold your horse."

例2 唐太宗李世民在位期间，社会秩序稳定，人民安居乐业。

译文 During the reign of Li Shimin (599 – 649), or Emperor Taizong, the society enjoyed good order and people lived and worked in peace and contentment.

例3 唐太宗从谏如流，选贤任能，充分发挥贤者能人的德才之长。

译文 Emperor Taizong followed good advice with an open mind and selected honest and talented people as his courtiers and ministers.

2) 有主次之分的动词或短语，翻译时要有所体现。

如果几个动词有主次之分，那么主要动词与次要动词之间就有对应的逻辑连接关系。英译时，一般将主要动词译为英语的谓语动词，将其他动词译作从句、不定式、分词、介词（短语）等。

例1 那晚天黑得伸手不见五指。

译文 The night was so dark that you could hardly see your hand in front of your face.（其他动词译成结果状语从句）

例2 他请假去桂林看朋友了。

译文 He asked for leave to go to Guilin to see his friend.（其他动词译成不定式）

例3 他走进屋内，向四方看了一周，便一屁股坐下来，张开口腔喘气。

译文 He walked in, glancing around and taking a seat, gasping.（其他动词译成现在分词）

例4 他就政府工作中的问题代表国务院作了诚恳的自我批评。

译文 On behalf of the State Council, he made a sincere self-criticism in regard to problems existing in governmental work.（其他动词译成介词短语）

(2) 兼语式谓语结构的翻译

汉语兼语式就是指身兼宾语和主语两种职务的语言成分，它一方面是前面动词的宾语，同时又是后面动词、形容词和名词的主语，比如，"我叫他给我拿本书"中的"他"，既是动词"叫"的宾语，又是"给我拿本书"的主语，这是汉语中一个比较特殊的语言现象。"兼语"一词能清晰表达该语言现象是一种"身兼两职"的语言成分。根据情况，汉语兼语式谓语结构一般有以下几种处理方法。

1) 英译时将兼语式中的第二个动词译做英语的宾语补足语（用不定式、介词短语、形容词、分词或名词来充当）。

例1 虚心使人进步，骄傲使人落后。

译文 Modesty helps one to go forward, whereas conceit makes one lag behind.

例2 中国共产党是能够领导农民走上社会主义道路的。

译文 The Chinese Communist Party is capable of leading the peasants along the socialist road.

例3 我们必须保持房间整洁。

译文 We must keep the room clean and tidy.

例4 他觉得房子在摇动。

译文 He felt the house shaking.

例5 我们选他当班长。

译文 We selected him our monitor.

2) 利用英语中表示"致使""促成"意义的动词,翻译汉语兼语式谓语。

例1 老师的话会使孩子们高兴的。

译文 The teacher's words will please the children.

例2 巨石隆隆作响,常常把他们从睡梦中惊醒。

译文 The rumbling stones would often startle them at midnight.

3) 兼语式的第一个动词为"表扬""称赞""埋怨""责怪""批评"等时,往往可将第二个动词译成英语中表示原因的短语或从句。

例1 指挥员表扬他勇敢。

译文 The commander praised him for his bravery.

例2 那个皇帝因为大兴土木,生活日趋骄奢而受到批评。

译文 That emperor was criticized for starting a lot of unnecessary construction projects and living in an extravagant way.

4) 有些兼语式结构出现在主语中充当句子的一个成分,这种兼语式结构可以译成一个以具有动词意义的名词为中心词的短语。

例1 他支援偏远地区的孩子赢得同事们的高度赞扬。

译文 His support of the children in the remote areas won him high praise from his colleagues.

例2 祖父死了就把人间一切爱和温暖带走了。

译文 My Grandpa's death would put an end to all the love and warmth in this world.

5) 很多情况下,兼语式的英译需根据上下文和英语的习惯来灵活处理。

例1 我劝你少管闲事。

译文 You'd better mind your own business.

例2 人家今天不仅是同他谈话,还喊他做朋友,答应请他喝酒。

译文 Not only had the gentleman talked to him, he had called him a friend and promised him a meal.

例3 网络使人们能更便捷获得资料。

译文 Internet made it more convenient for people to get information.

例4 正是努力让他有把握通过考试。

译文 It is his efforts that make him sure of passing the exam.

4.2.2.2 语态的选择与调整

汉语和英语之间的差异使得汉英句子谓语结构之间的对应只能是相对的,有时这种"相对"也难以达到。这样的情况只能适当调整谓语结构,才能符合英语句法。一般说来,在汉英翻译中,要根据逻辑语法关系和英语主谓搭配习惯等调整谓语结构。常见的主要是主动语态与被动语态的调整,把汉语各种形式的被动句转换为英语的被动结构或者主动结构。传统意义上,汉语的被动结构主要表示不幸或不愉快的事情,但由于受英语等印欧语言的影响,其使用范围已经扩大,没有太多的限制了。英语被动语态可以用于各种不同的场合。

汉语的被动句主要用于强调施动者,并且常常是把主事者说出来。英语的情况正好相反,在说不出、不愿说或不必说出施动者时使用被动句,有很多英语被动句中的施动者并不出现。

汉语被动句的结构大致可以归纳为两大类:有标记词的被动句和无标记词的被动句。

根据具体情况可以把汉语被动句的翻译分为四种情况:(1)无标记词的被动句译为英语被动句;(2)有标记词的被动句译为英语被动句;(3)有标记词的被动句译为英语主动句;(4)无标记词的被动句译为英语主动句。

(1) 无标记词的被动句译为英语被动句。

有一类句子看起来是主动句,但实际上有被动的含义,句中的主语是谓语的逻辑宾语。实际上,有时用这种结构是为了强调或侧重动作的承受者。

例1 中国人民解放军是中国共产党**创建和领导**的。

译文 The People's Liberation Army (PLA) *is established and led* by the Communist Party of China.

例2 中华人民共和国成立之后,黄河治理与开发虽然已经**取得**不少进展,但今后的任务还十分繁重。

译文 Great progress *has been made* in training and developing the Yellow River since the founding of the People's Republic of China in 1949, but there remains a lot more work to be done in the future.

例3 中国民间也**开展了**保护野生动物的各种活动。

译文 A series of non-governmental initiatives for the protection of wildlife *have been launched* in China.

有时用这种结构是出于礼貌或没必要说出动作的执行者。

例4 请您表演。

译文 You *are requested to* give a performance.

例5 **希望**你认真一点做。

译文 You *are wished* to do it more carefully.

例6 关于这个问题,这里**已经谈得**不少了。

译文 Enough *has been said* here of this question.

(2) 有标记词的被动句译为英语被动句。

关于带有"被""遭""受"等被动标签的汉语被动句,可以直接翻译成英语的被动句。汉语中能够显示被动结构的词有"被""受""给""由""让""叫""为……所""加以""予以"等。这种结构只需按照对应的英语被动结构翻译出即可。

例1 那种思想体系已为全国人民**所接受**。

译文 That ideology *has been accepted* by the people of the whole country.

例2 印刷术是由中国**传入**欧洲的。

译文 Printing *was introduced into* Europe from China.

例3 总统的医疗保险提案广**遭批评**。

译文 The President's Medicare proposal *has been* widely *criticized*.

例4 房子被洪水冲走了。

译文 The house *was washed away* by the flood.

(3) 有标记词的被动句译为英语主动句。

并不是所有的汉语被动句都必须译为英语的被动句,有时汉语的被动句也可以译为英语的主动句,因为英语有些词或结构虽然形式上为主动,但却带有被动的含义,表达被动的意义。

例1 你应为这事受到责备。

译文 You *are to blame* for the accident.

例2 他应该受到表扬。

译文 He *deserves/is worth* praising.

例3 那群年轻人不愿意被人管着。

译文 Those young men are not willing to *be under other's control*.

(4) 无标记词的被动句译为英语主动句。

英语中一些动词如 sell、wash、clean、burn、cook 等与副词如 well、easily、perfectly 等连用,描绘事物的品质和状态。还有一些动词如 look、smell、taste、sound、feel、prove 等与形容词如 good、true、wonderful 等连用表示事物特性。虽然这些句型形式上是主动的,但从逻辑上分析实际上是表达了被动的意义。将汉语中无标记词的被动句译为英语主动句,既能实现意义的转换,又能用地道的英语实现形式的对应。

例1 那本书很畅销。

译文 That book *sold well*.

例2 花很好闻。

译文 The flower *smells wonderful*.

例3 这支笔写起来流畅。

译文 The pen *writes smoothly*.

例4 良药苦口。

译文 Good medicine *tastes bitter* to the mouth.

一些汉语的固定表达法可以译成英语的被动结构"It be ＋ adj.（p.p.）＋ that…"。例如：

例1 众所周知,火药是中国古代的四大发明之一。

译文 *It is well known that* gunpowder is one of the four inventions of the ancient Chinese people.

例2 应该说,情况基本正常。

译文 *It should be said that* the situation is basically sound.

例3 据说那场事故是由于玩忽职守而造成的。

译文 *It is said that* the accident was due to negligence.

例4 人们认为(相信)大多数的突发死亡都是由心脏受损引起的。

译文 *It is believed（thought，considered）that* almost all sudden deaths are caused by damage to the heart.

例5 普遍认为音乐有助于人们放松自己。

译文 *It is generally（usually）accepted（agreed, recognized）that* music can help people relax themselves.

例 6 据估计,20%~30%的乙肝病毒感染者能够从治疗中获益。

译文 *It is estimated that* 20%-30% of persons with HBV infection could benefit from treatment.

例 7 不可否认的是,母亲是我们生命中最重要的人。

译文 *It cannot be denied that* Mother is the most important person in our life.

例 8 众所周知,在这个地区煤的重复利用率很低。

译文 *It is well-known that* the coal's utilization rate is low in this area.

4.2.2.3 时态的选择

仅仅有正确恰当的动词而不考虑时态往往是英语初学者常犯的毛病。实际上,时态的选择也是一个不容忽视的问题。这是因为英语中的时态是汉语没有的,这是两者的差异。英语是综合性语言,其标志为词的曲折变化形式;而汉语为分析性语言,靠"着""了""过"来表达不同的时间关系。

例 1 战争期间碰到这样的年景,很多人肯定会死去,很多人会逃荒要饭,很多人会被迫卖儿卖女。

译文 During the war time, years like these *would have meant* certain death for many people. Many *would have become* beggars and others *would have been* compelled to sell their children.

例 2 我们今天早上谈论你来着。你写的书很糟糕。

译文 We *were talking about* you this morning. Your book *is terrible*.

例 3 ——你的作业做完了吗?
——没有,我昨天一整天都帮妈妈干厨房活来着。

译文 ——*Have you finished* your homework?
——No, I *was helping* my mother in the kitchen all day yesterday.

4.2.3 状语从句的翻译

在很多情况下,我们可以根据汉语复句中使用的关联词,找出对应的关联词,从而译出对应的状语从句。

例 1 只要他一进屋,她就不说话了。

译文 She fell silent whenever he came into the room.

例 2 世上无难事,只要肯攀登。

译文 Nothing is too difficult if you put your heart into it.

但是由于英汉两种语言在表达形式上总是存在差异,所以汉语句子各个部分间的关联词有时候与英语的关联词在字面或者位置上并不一一对应。

例 1 孩子们现在应该做作业,可他们却在玩电子游戏。

译文 The children are playing video games when they should be doing their homework.

例 2 这种床头台式时钟收音机发出的声音相对于其如此小的体积来说固然十分出

色，但它们仍无法与高级的音响系统相提并论。

译文 While the bedside tabletop clock radio produces extraordinary sound for such a small device, it is still no match for a full-fledged audio system.

汉英语言还有一个重要差别表现在句子各个部分的连接方式。英语主要是形合，即运用连接词语把句中各部分的逻辑关系明确表示出来；汉语主要是意合，即逻辑关系隐含在句中，不一定需要连接词语。汉译英时我们可以酌情添加必要的连接词语，使用状语从句等。

例 1 人不犯我，我不犯人。

译文 We won't attack others unless we are attacked.

例 2 不到黄河不死心。

译文 Until all is over, ambition never dies.

例 3 种瓜得瓜，种豆得豆。

译文 As you sow, so will you reap.

此外，英语还使用带有动作含义的名词充当役使主语。使用这种造句法有助于我们简化译文的结构，在汉译英时将某些汉语的复合句译成英语的简单句。

例 1 一看到那棵大树，我就会想起童年的情景。

译文 The sight of the big tree always reminds me of my childhood.

例 2 恕我孤陋寡闻，对此关系一无所知。

译文 My total ignorance of the connection must plead my apology.

4.2.4 分词与分词短语

分词是英语特有的非谓语形式之一，包括-ed 分词和-ing 分词两种，其中-ing 分词又包括现在分词和动名词。"英语中的分词尤其是分词短语有着极强的表达功能，在很多情况下能够以简洁、紧凑的形式包含丰富的内容。在汉译英中，恰当使用分词结构能够使英译文的表达简洁明了"。[①] 例如，下面这句话的译文可以有两种。

他往四周看了看，意识到有人一直在跟着他。

译文 1 He *looked around* and realized that someone had been trailing him all along.

译文 2 *Looking around*, he realized that someone had been trailing him all along.

这两种译文都算不错的译文，但译文 2 明显比译文 1 简洁明快。我们还可以从下面的例句来体会一下用分词或分词短语的妙处。

例 1 那个年轻人正在讲课，他不时地停下来看看笔记。

译文 The young man is giving a lecture, pausing now and then to refer to his notes.

例 2 百闻不如一见。

译文 Things seen are mightier than things heard.

例 3 他预测读那本书会得到不少乐趣。

译文 He anticipated getting much pleasure from the reading of that book.

---

① 陈树元，刘锦华：《大学英语疑难解答丛书——翻译分册》，天津：天津大学出版社，2001 年，第 121 页。

例 4　在确定电话号码无误后,我又打了电话。

译文　Making sure I had the right number, I phoned again.

4.2.5　介词与介词短语

英语的介词有丰富的表达能力,这是汉语所无法比拟的。它们既符合一定的规则,又有很大的灵活性,确实是英语学习的一大难点。在汉译英的过程中有意识地充分发挥介词的作用对于提高译文水平大有好处。有很多的汉语动词可以用英语介词来表达。

例 1　昨天的会你参加了吗?

译文　Were you at the meeting yesterday?

例 2　尽管他处在异地他乡,但他为人乐观开朗,温文尔雅。

译文　Although in a new land, he was cheerful and of a friendly nature.

更值得我们重视的是英语介词短语的用法,它由介词＋名词＋介词构成,是汉译英值得重视的地方。类似的介词词组有:

at the sound of…	(一听见……)
at the thought of…	(一想起……)
at the sight of…	(一看见……)
at the smell of…	(一闻到……)
at the mention of…	(一提起……)
in search of…	(寻找……)
with the intention of…	(目的是……)
for the sake of…	(为了……)
on behalf of…	(为了……的利益;代表)

例 3　我谨代表我和我的同事向您表示感谢。

译文　I thank you on behalf of my colleagues and myself.

例 4　他们看到两个小孩跳舞,全都笑起来。

译文　They all laughed at the sight of the two kids dancing.

有时,我们可以用介词短语来表示与主语有关的某个方面、方式或方位。

例 5　这两台机床的结构和外形虽不相同,但其工作效率却非常相似。

译文　These two machine tools, though different in structure and shape, are very similar in efficiency.

例 6　每辆车的后视镜背面都装有一台红外线接收机和发射机。

译文　Each car has an infra-red receiver and transmitter fixed behind the rear-view mirror.

4.2.6　词的增减

为了使译文符合英语的语法结构和表达习惯,在汉译英时,我们有时要增加一些词,如代词、冠词、连接词、介词以及必要的背景解释性词语。

4.2.6.1 增加代词

例 1 如果母亲由于工作的缘故,没有多少时间照看孩子,孩子们就会失去某些极为宝贵的东西。

译文 Children will lose something of great value if their mothers hardly have time to look after *them* because of their employment.

例 2 交出作文之前,必须读几遍,看看有没有要修改的地方。

译文 Before handing in your composition, you have to read it over and over again and see if there is anything in *it* to be corrected or improved.

4.2.6.2 增加必要的冠词

例 1 望远镜是用于观测远处物体放大了的图像的仪器。

译文 *A* telescope is *an* instrument for seeing magnified images of distant objects.

例 2 孩子的教师和监护人正在研究孩子的情况。

译文 *The* teacher and *the* guardian of the lad were discussing his case.

4.2.6.3 增添必要的连接词

例 1 老师在等我,我得走了。

译文 The teacher is expecting me, *so* I must be off now.

例 2 岁月不等人。

译文 Time *and* tide wait for no men.

例 3 我把这件衣服洗了,你好穿上。

译文 I'll wash the dress *so that* you can wear it.

例 4 留得青山在,不怕没材烧。

译文 *So long as* the green hills remain, there will never be a shortage of firewood.

4.2.6.4 增加必要的介词

例 1 他们星期天要去爬香山。

译文 They will go to climb the Fragrance Hill *on* Monday.

例 2 他白天学习晚上看电视。

译文 He studies in the day and watches TV *at* night.

例 3 他是个身材瘦长的青年,双肩微微下垂,长着一头粗糙蓬乱的黑发。

译文 He was a tall, lanky young man *with* slightly drooped shoulders and an unruly mop of coarse dark hair.

4.2.6.5 增加必要的背景解释性词语

例 1 三个臭皮匠,赛过诸葛亮。

译文 Three cobblers with their wits combined equal Zhuge Liang *the mastermind*.

例 2 班门弄斧。

译文 Showing off one's proficiency with the ax before Lu Ban *the master carpenter*.

例 3 新中国成立后,他回国做了一名大学老师。

译文 After the founding of People's Republic of China *in 1949*, he came back to China as a college teacher.

4.2.7 汉语长难句的翻译

汉英两种语言句子的结构有明显不同。汉语是意合型语言,句子一般结构比较松散,主句与从句之间,从句与从句之间缺乏应有的连接,没有连接词把它们之间的逻辑关系明显地表现出来,恰似一根竹子,一节之后又生一节,有人形象地把汉语句式称为"竹式结构"。而英语是形合型语言,句子结构比较严谨,长句宛如大树,有树干、树枝、树叶,树干就是句子的主句,树枝和树叶就是句子的从句、短语,即修饰成分。各个分句和成分之间的逻辑关系比较明显,所以英语句式被称为"树式结构"。整个句子由一个鲜明的主谓结构形成主干,其余部分无论有多复杂,都依属于这个主干之上。因此,在翻译时,需要采用一些变通手段,来实现竹式结构与树式结构之间的转换。汉语长句子,尤其是流水句,在翻译成英语时,需要根据意思译成几个英语句子,即需要恰当断句。在翻译时,有时还需将原文的主次信息对应译文的主干和从属部分,做到分清主次,从而使译文主次分明,结构严谨,简洁连贯。

4.2.7.1 恰当断句

不少语言学家认为汉语的句界是模糊的,因为汉语句子是话题——评述型的。也就是说只要评述没有结束,句子可以一直下去,其间的意思只用逗号分开,呈流水句的形式。而英语不同,其句子是主语——谓语型的,不管对主语的说明有没有完,一个句子主谓结构全了就可以断掉。断句常见的有下面两种情况。

1. 汉语中一逗到底的流水句,要分析里面有几层意思,再进行恰当断句。

例1 大凡在四十岁的年龄,中国文化人传统观就是写自传的年龄了,远的不说,近百年内的就有好几本如《四十自述》一类的名著,散文里边便有俞平伯《中年》一篇,径直讲了中年是说不清楚的东西。——《扬子晚报》

译文 According to the traditional mentality of Chinese men of letters, it is time for a man in his forty to write an autobiography. In this century alone, we have seen several famous autobiographies like *A Self-Portrait at the Age of 40* published. Especially worth mentioning in the autobiographical essays is Mr. Yu Pingbo's *Middle Age* in which he tells directly that middle age is something indescribable.

原文是个超长句,至少有三层意思:第一层是传统的观点;第二层是近百年的例子;第三层是举例俞平伯的散文《中年》的主要内容。英语不能用一句翻译,要按意思断开来译。[①]

例2 乔羽说:"钓鱼可分三个阶段:第一阶段是吃鱼;第二阶段是吃鱼和情趣兼而有之;第三阶段主要是钓趣,面对一池碧水,将忧心烦恼全都抛在一边,使自己的身心得到充分休息。"(2001年TEM8试题)

这句话结构很工整,"第一……;第二……;第三……",条理非常清晰,可以按照原文的结构切分为四个部分。第一部分"钓鱼可分三个阶段"总括全句,接下来分三句娓娓道来。

---

① 蔡基刚:《大学英语翻译教程》,上海:上海外语教育出版社,2003年,第176页。

译文 Fishing falls into three stages. The first stage is just for eating fish. The second stage is for both eating fish and for enjoying the pleasure of fishing. The third stage is mainly for the pleasure of fishing, facing a pool of green water, one casts aside all anxieties and worries and enjoys a good rest, both mental and physical.

2. 在由若干小句组成的汉语流水句中,常在句中变换主语。英译时可把由不同主语组成的句子译成不同的英语句子,这样就把原来的汉语长句子翻译成几个英语句子。

例1 大学一年级俞平伯、余冠英两先生教我国文,一位教读本,一位教作文,都亲切而严格,有一次余先生指出我把爬山虎写成紫荆的错误,但又要我多写几篇给他看。(王佐良,《想起清华种种》)

译文 As a freshman, I was taught Chinese language and literature by Professor Yu Pingbo and Professor Yu Guanying in reading and writing respectively. They were both encouraging and rigorous with me. Once Professor Yu Guanying pointed out that I had mistaken creepers for redbuds and encouraged me to write more for practice.（陈永国、何宏华,等译）

这个长句子根据主语的变化断成三句来译。第一句承前而来,所以以"我"作为主语。第二句实际上根据上一句添加了主语"他们",指"俞平伯、余冠英两先生",指出了他们的特点"亲切而严格"。第三句以"余冠英先生"的具体行为证明了他们的"亲切而严格"。

例2 小马也就是十二三岁,脸上很瘦,身上可是穿得很圆,鼻子冻得通红,挂着两条白鼻涕,耳朵上戴着一对破儿帽。(老舍,《骆驼祥子》)

译文 Little Ma was not more than twelve or thirteen. His face was very thin, but his clothes were very bulky. His nose, red with cold, was running. On his ears, he wore a pair of tattered earmuffs.

原文是一个流水句,介绍了"小马"及其外貌特征,包含了四个不同话题的分句,各分句之间无关联词语来表明它们之间的关系。翻译时,按各分句不同的话题拆分:年龄、脸与身子形成的对比、鼻子、耳朵,将整个句子译成相应的四个句子,层次清楚,同时也保持了各层次的相对独立性。

4.2.7.2 分清主次

汉语中许多流水句结构如竹竿,一节一节地延伸下去。汉语复句中往往不用关联词,而是接二连三出现动词。从形式上看,它们都是平等的,没有主从、偏正之分;从逻辑上分析,分句之间也有主从之分。但是英语不同,它的句子结构是树状结构,它有独立句表达重要的信息,有各种从句和各种短语表示次要的信息。当几个相关的事情或动作在一起时,主要内容用一个主句作为主干,其他信息用从句、短语形式作为分支往上"挂"。因此,在翻译时,不要随意断句,而要分清它们之间的主次逻辑关系,找到句子的重心,将其作为主句,然后其他次要的意思根据它们和主句之间的逻辑关系,用非限定性动词短语、介词短语,或增加从属关联词,或通过其他各种从句形式来处理。

1. 表示原因的部分,一般应从属于表示结果的部分

例 教室太吵,宿舍太闷,走到外面,校园里的树林中,小河边,假山旁,芳草上全是同学知己,一个个手捧书本,口中念念有词。

译文 As the classroom was too noisy and the dorm too stuffy, I went outdoors, only to find fellow students everywhere—in the woods, by the brook, beside the rockery, and on the lawn, all with books in their hands and reading the texts aloud. (蔡基刚,用例)

原文是典型的汉语结构,句中有好几层相关的意思。前两句是原因:教室太吵,宿舍太闷。后一句是结果:走到外面。汉语一句一句下去没有主次顺序,而翻译时要反映出来,将表原因的部分翻译成 as 引导的原因状语从句。

2. 表示方式或状态的部分,一般应从属于表示行为或动作的部分。

例 其后走过三个人,都有四五十岁光景。手摇白纸扇,缓步而来。

译文 Behind him came three men, all about forty to fifty years old. Fanning themselves with white paper fans, they walked slowly.

对比一下就会发现,这两个汉语句子很松散随意,第二个句子还省略了主语。分析这两句话的意思,可以提取出其中的主要信息"其后走过三个人,……缓步而来"。这三个人是什么样子(四五十岁)和"缓步而来"的时候是什么状态(手摇白纸扇)都是主要动词的补充,只能担当状语成分。

3. 表示方法和手段的部分,应从属于表示目的的部分。

例 剪纸的方法一般有两种:一种是"剪";一种是"刻"。这两种方法在使用工具与制作方式上有所不同。

译文 There are actually two paper cutting methods:one is "cutting" and the other is "carving". They are based on different tools and working techniques.

这段话主要介绍剪纸的两种方法。"工具与制作方式"是区别两种方法的关键,是手段而已。

4. 表达结果的分句或短语,一般应译作从属部分。

例 独有这一件小事,却总是浮在我眼前,有时反更分明,教我惭愧,催我自新,并且增长我的勇气和希望。(鲁迅,《一件小事》)

译文 Yet this small incident keeps coming back to me, often more vivid than in actual life, teaching me shame, spurring me on to reform, and imbuing me with fresh courage and fresh hope. (杨宪益、戴乃迭,译)

"教我……""催我……"与"并且增长……"这三个短语,虽然看起来与前面的是并列关系,但从叙述的逻辑看是体现了"一件小事"对"我"的深刻影响,是整个事件的结果,英语中用现在分词短语来翻译。

5. 背景情况描述部分,一般应从属于结论部分。

例 1914 年,南开学校成立新剧团,采用西方写实主义的方法反映社会现实问题,成为中国现代戏剧的先驱者之一。

译文 The new drama society in Nankai School, founded in 1914, portrayed the social ailments in the Western realistic approach and became one of the pioneers of the modern Chinese drama.

从形式上看,原汉语句子中的三个短句无法判断主次。汉语是意合型的语言,需要根据意思判断几个短句之间的关系。在整个句子中,"1914 年南开学校成立新剧团"是背景情况介绍,起补充说明的作用。这样的信息在英语中不能担当主句,可以用从句或分词短语的形式翻译出来。整个句子的主要信息是新剧团做了什么事情,所以这部分内容担当英语句子的主句。

课后练习

Ⅰ．主语的处理翻译练习

1. 我脑中突然闪过一个念头。
2. 2019年,英国的国民生产总值增加了1.4%。
3. 走上一段阴暗的仄仄的楼梯,进到一间有一张方桌和几张竹凳,墙上装着一架电话的屋子,再进去就是我的朋友的房间,和外间只隔一幅布帘。
4. 中国在对外贸易、引进外资和技术方面实行开放,不久便会使她的经济改观。
5. 如图所示,看电视的人越来越少,而上网的人越来越多。

Ⅱ．谓语的处理翻译练习

1. 所有的师生员工都得参加运动会。
2. 工作带来的幸福比人们意识到的要多。
3. 专门成立了一个工作组来调查这个案件。
4. 诸如在哪儿住、吃什么、买什么等这些生活的每个方面都是由我们的工作所决定的。
5. 如果不能将书按时归还图书馆,就得按规定罚款。

Ⅲ．状语从句翻译练习

1. 他起床、穿衣、洗脸,然后去了食堂。
2. 气球浮在空中,就像船浮在水上一样。
3. 他来得越早,我越高兴。
4. 种子不会因为有石头和草皮挡住它的路而抱怨。
5. 那天的温度太高,没有一个人愿待在大街上。

Ⅳ．分词与分词短语翻译练习

1. 仔细揣摩,他发现那个所谓的乐天派有点儿悲观。
2. 看到他们很忙,我们匆匆地告辞了。
3. 他开垦荒地并建造房屋,竭尽全力帮助家庭。
4. 在入学后不久,那个年轻人很快适应了大学生活。
5. 如果受到惩罚,他们就不会合作了。

Ⅴ．介词与介词短语翻译练习

1. 他一眼就选了那双鞋。
2. 在调查过程中,他们发现了各种各样的问题,并纠正了很多错误。
3. 对他们不利的是他们没有足够的证据证明他们是无辜的。
4. 出人意料的是那个口才很好的年轻人落选了。
5. 一接到电话,那医生连早饭也没吃就赶往医院去了。

Ⅵ．词的增减翻译练习

1. 这幅中国画的特点是多用写意。

2. 不言而喻,如果没有和平共处,那么持久和平将是短暂的,甚至是难以实现的。

3. 令人深为满意的是,我们知道中华人民共和国对邻国的一贯政策是和平与友谊。

4. 吃完饭,客人们将餐巾放在餐桌上,然后起身站起来,男士帮女士挪开椅子。

5. 虽然他一个人住在这幢空房子里,但他忙于研究工作,一点儿也不感到孤独。

6. 3 月 4 日英国食品标准局在其官方网站公布消息称,如果汽水同时含有防腐剂与作为抗氧化剂的维生素 C 这两种成分,将可能产生相互作用生成苯,而苯又是致癌物。

Ⅶ. 汉语长难句翻译练习

1.《孙子兵法》不仅是中国的谋略宝库,在世界上也久负盛名;8 世纪传入日本,18 世纪传入欧洲,现今已翻译成 29 种文字,在世界上广为流传。

2. 这条蜿蜒曲折的古交通线,把古老的中国文化、印度文化、波斯文化、阿拉伯文化和古希腊古文化连接起来,促进了东西方文明的交流。

3. 上海大剧院由法国一家著名的公司设计,总建筑面积为 62 803 平方米,总高度为 40 米,分地下 2 层,地面 6 层,顶部 2 层,共计 10 层。

4. 改革开放以来,中国经济建设取得了巨大成就,但经济增长主要是依赖资源的高投入来实现的,对此付出了巨大的资源和环境代价。

5. 改革开放以后,中国更是进入了一个前所未有的高度商业化的时代,满眼是市场,到处是商人,各地商人经商的风格各不相同。

6. 中国人民银行为国务院组成部分,是中华人民共和国的中央银行,是在国务院领导下制定和执行货币政策、维护金融稳定、提供金融服务的宏观调控部门。

7. 民航机队规模不断扩大,中国民航拥有运输飞机 754 架,其中,大中型飞机 680 架,均为世界上最先进的飞机。

8. 中药主要来自天然药和加工品,包括植物药、动物药、矿物药及部分化学和生物制品药。

9. 北京奥运会的口号是"同一个世界,同一个梦想",集中体现了奥林匹克精神的实质和普通价值观——团结、友谊、进步、和谐、参与和梦想,表达了全世界在奥林匹克精神的感召下,追求人类美好未来的共同愿望。

10. 松是黄山最奇特的景观,百年以上的黄山松就数以万计,已命名的有多达近百株,多生长于岩石缝隙中,盘根错节,傲然挺拔,显示出极顽强的生命力。

第5章 旅游文本

5.1 对照阅读与思考

5.1.1 对照阅读与思考1[①]

原文 杭州素以风景秀丽著称。700年前,意大利旅行家马可·波罗曾称誉它是"世界上最美丽华贵之城"。境内西湖如明镜,千峰凝翠,洞壑幽深,风光绮丽。湖上有彩带似的苏堤、白堤飘落其上。三潭印月、湖心亭、阮公墩三个小岛鼎立湖中。岳庙、西泠印社、曲院风荷、平湖秋月、花港观鱼、柳浪闻莺等风景点,均在湖之周围。环湖耸立的山峰,千姿百态。山上多岩洞,如玉乳洞、紫来洞、黄龙洞、紫云洞、石屋洞、水乐洞、烟霞洞等,洞内景色优美,且多古代石刻;山间多泉,以虎跑、龙井、玉泉为佳,九溪十八涧则以"叮叮咚咚水,弯弯曲曲路"著称。此外,还有灵隐寺、六和塔、保俶塔、净慈寺、韬光、云栖等名胜古迹。市属3市2县境内,北有超山,西有天目山。溯钱塘江而上,有富阳鹳山,桐庐瑶琳仙境,桐君山严子陵钓台,建德灵栖三洞,新安江三岛湖等名胜,形成一个以西湖为中心的广阔旅游区。

译文 Hangzhou has a reputation for its scenic beauty. About 700 years ago, Marco Polo, perhaps the most celebrated Italian traveler, called it "the finest and most magnificent city in the world". Hangzhou's West Lake is like a mirror, embellished all round with green hills and deep caves of enchanting beauty. The Su Causeway which runs from north to south and the Bai Causeway which runs from east to west look like two colored ribbons floating on the water. The three islets named "Three Pools Mirroring the Moon", "Mid-lake Pavillion" and "Ruangong Mound" stand in the lake, adding much charm to the scene. Famous beauty spots around West Lake include Yue Fei Temple, Xiling Seal-Engraving Society, Breeze-Ruffled Lotus at Quyuan Garden, Autumn Moon Over the Calm Lake, and several parks like "Viewing Fish at the Flower Pond" and "Orioles Singing in the Willows". Hill peaks tower around the lake and amaze the visitor with the ever-changing aspects of their beauty. Scattered in the adjacent hills are scenic caves and caverns, such as Jade-Milk Cave, Purple Cloud Cave, Stone House Cave, Water

---

[①] 卢敏主编:《英语笔译实务2级》,北京:外文出版社,2004年,第240页;第253页。

Music Cave and Rosy Cloud Cave, most of which have many stone sculptures carved on their walls. Also among the hills one finds springs everywhere, perhaps best represented by Tiger Spring, Dragon Well Spring and Jade Spring. The place called Nine Creeks and Eighteen Gullies is well known for its twisting paths and murmuring streams. Other scenic sites of historical interest include the Monastery of the Soul's Retreat, Pagoda of Six Harmonies, Baochu Pagoda, Monastery of Pure Benevolence, Taoguan Temple and a scenic path known as Bamboo-lined Path at Yunxi. The beauty spot in the vicinity of Hangzhou from a vast area for tourists with West Lake at its center. To the north of Hangzhou stands Chaoshan Hill, and the west Mount Tianmu. Going up the Qiantang River one finds oneself at Stork Hill near the Terrace where Yan Ziling, a hermit of the Eastern Han Dynasty, loved to go fishing by the Fuchun River in Fuyang City. Nearby are the Yaolin Wonderland in Tonglu County, Tongjun Hill and the three Lingqi Caves in Jiande City, and finally the Thousand-Islet Lake at the source of the Xin'anjiang River.

对比阅读上面两段话并思考下列问题：
1. 本段属于什么文体，你认为这样的文体该如何翻译？
2. 指出本段翻译的难点，分析原文如何处理这些难点。
3. 请简单评述一下这段译文处理手段有哪些优缺点。

5.1.2 对照阅读与思考2

原文 A famous American John Muir said in 1898: "The Grand Canyon … as unearthly in the color and as grandeur in the quantity of its architecture as if you had found it after human being's extinction on some other star."

Like Muir, those of us who stand along the rim are prompted to wonder about the unearthliness and the forces it created and are still changing this place.

After more than 100 years of study, many things are still obscure. Today visitors come by thousands — no matter the common people or the great ones — all in a spirit of marvel. Travelers come from every state of the Union, from every country in Europe and Asia, pilgrims to a shrine that is the same as the creed.

From the depth of the canyon comes welling silence. Seldom can you hear the roar of the river. You cannot catch the patter. Like applause, from the leaves of the cottonwoods on the shelf-like plateau below you, for all sounds are swallowed in this gulf of space. "It makes one want to murmur." A woman once whispered to her companion. This silence is not the silence of death; rather, it is a presence. It is like a great piece of music. But music made by man works up to a climax and ceases; the Grand Canyon is all climax, a chord echoing into eternity.

译文 美国名人约翰·缪尔曾在1898年说过："（科罗拉多河的）大峡谷……它的色彩和构造的宏伟多样是世上绝无仅有的，就像是人消亡以后在别的星球上发现的东西。"

和缪尔一样，站在大峡谷边缘的人们顿时对这里的超凡脱俗，对那种创造并仍在改变这个地方的神奇力量感到惊奇。

　　经过了100多年的研究,仍有许多未解之谜。今天,成千上万的游客——不管是普通人还是大人物——来到后都赞叹不已。他们来自美国的各州,来自欧洲和亚洲的每一个国家,就像朝圣者一样虔诚地来到这座神殿。

　　峡谷深处静寂无声。我们很少听见河水的咆哮声或下面壁架式高原上的棉白杨发出的鼓掌般的啪啪声。因为这一切声音都被这深渊的空间吞没了。一位女游客对同伴说,"它让人禁不住低声细语。"这种寂静不是死一般的沉寂;相反,它是万物存在的宁静。它就像一曲伟大的乐章。人类创作的乐曲逐渐进入高潮,但也有终止的时候,而大峡谷则高潮迭起,是永远回荡不止的和音。

　　对比阅读上面两段话并思考下列问题:
　　1. 英语原文和汉语翻译的对应性是否强?给出你的观点。
　　2. 指出本段翻译的难点,分析原文如何处理这些难点。
　　3. 请简单评述一下这段译文的处理手段有哪些优缺点。

5.2　旅游文本

5.2.1　旅游文本概述

　　在本节,我们将探讨旅游文本的定义和分类,先对旅游文本进行宏观认识,然后再探讨其翻译原则。

5.2.1.1　旅游文本定义

　　旅游文本是一种典型的应用型文本,通常来讲可包括旅游指南、旅游合同、旅游宣传广告、景点介绍、导游解说词、各类告示标牌等。旅游文本为旅行者或旅游产品的消费者提供了相关的信息介绍,同时也宣传了旅游产品或旅游景点,在提供相关信息的同时,对旅游消费者的行为起到了一定的诱导作用。旅游文本通过语言、标示、图文、宣传语、导游词等不同的方式呈现出来,其主要的功能是能使读者在阅读后能熟知并了解相关旅行产品或旅行目的地的信息,以便更好地选择旅游产品,完成旅游活动,同时避免因信息不当和不对称产生的相关损失。旅游文本能使读者在阅读之后根据文本的描述采取相应的措施,并做出相应的决定。因此,旅游文本还有"诱导和宣传"的作用,又常被称作"呼唤型文体"。旅游文本的翻译质量,尤其是旅游景点介绍的翻译质量,对提升旅游景点的整体形象、吸引游客、加强旅游景点宣传等有着至关重要的作用。

5.2.1.2　旅游文本分类

　　旅游文本,根据其功能、面向对象的不同,可大致分为景点介绍、旅游产品介绍、导游词、旅游场景标识语等,下面是几类文本分别给出的示例。

　　1. 景点介绍

　　景点介绍主要是针对某一景点进行的相关介绍,这类文本常见于宣传旅游景点的材料中。

例1

中文版泰山介绍

泰山古称"岱宗""岱山",为"五岳之首",位于山东省中部,总面积426平方千米,主峰玉皇顶海拔高度1545米。泰山将历史文化、自然风光、地质奇观和谐融为一体,被誉为中国历史文化的缩影、中华民族精神的象征。1982年,泰山被国务院公布为首批全国重点风景名胜区,1987年被联合国教科文组织列为首例"世界文化与自然双遗产",泰山还拥有世界地质公园、首批国家5A级旅游景区、首批全国文明风景旅游区、首座中国书法名山等品牌和荣誉,是名副其实的中华国山、世界名山。

古人云:史,莫古于泰山。在泰山脚下发现了距今五十万年到五万年的"沂源人""新泰人"化石,以及距今六千年到五千年的大汶口文化遗址、龙山文化遗址,是华夏文明的重要发祥地。泰山自古便被视为社稷稳定、政权巩固、国家昌盛、民族团结的象征,遇有新君即位或重大事件,皇帝都要亲临或遣使封禅、祭祀泰山,形成了世界上独一无二的泰山帝王文化。泰山现有保存完好的古建筑群26处、寺庙58座、古遗址128处,是凝固的文化和精神的圣殿。现有碑碣1239块、摩崖刻石1800余处,被誉为书法艺术博物馆。东岳庙、元君庙、泰山石敢当遍布全国并向海外辐射,形成了"东岳之庙,遍于天下"的文化奇观。

《诗经》云:"泰山岩岩,鲁邦所瞻"。形成于28亿年以前的泰山杂岩群是世界上最古老的地层之一。现有知名山峰112座、崖岭98座、溪谷102条,构成群峰拱岱、气势磅礴的庞大山系。泰山河溪纵横、山泉密布,有名泉72处,山体总储水量超过30亿立方米。泰山四季分明、气候温润,年均降水量1042毫米,森林覆盖率95.8%,植被覆盖率97%,其中,百年以上的古树名木18 000余株,是活着的文物、历史的见证。泰山有高等植物1646种、哺乳类动物37种、爬行类14种、两栖类6种、鸟类284种,堪称生物多样性的天然资料库。泰山是优良的森林浴场,负氧离子瞬间峰值达到20.7万个/立方厘米,整体平均值在6 000个/立方厘米,PM2.5年均浓度为15微克/立方厘米。

"高而可登,雄而可亲。松石为骨,清泉为心。呼吸宇宙,吐纳风云。海天之怀,华夏之魂"。文化的泰山,印证着精神的纯净;自然的泰山,彰显着造化的神奇;发展的泰山,孕育着收获的希望!"创新、协调、绿色、开放、共享"的泰山,正张开宽阔的臂膀,欢迎您的到来!

例2

英文版泰山介绍

Mount Tai is located in the middle part of Shandong province, spanning two cities (Taian city and Ji'nan city), with a total area of 426 square kilometers. Mount Tai was called Daizong (means the principal mountain of China) in ancient time and then was renamed as Mount Tai. In 1987, Mount Tai was listed as Cultural and Natural World Heritage site and honored "World Geopark" in 2006. In China, Mount Tai is among the first group of "National Parks of China", one of the state 5A-class tourist attractions, and the top 10 best National Civilized Spots in China.

Mount Tai is well known for its spectacularity, grandness, elevation, width, steadiness and massiveness. The typical character of natural scenery of Mount Tai is imposing, steepy, surprising, serene, secluded, profound, and spacious. Mount Tai has various sceneries like cragged cliffs, deep canyons and gorges, grotesque peaks, strange rocks, luxuriant vegetation, flowing springs and twittering birds…. The mountain also has the unique marvelous wonders: the rising sun at dawn, the jade plate of sea of clouds, the aura appearing around Bixia Temple, rosy clouds at sunset etc.

Since ancient time, Mount Tai has been recognized as a holy and sacred Mountain and given the accolade as "Most Revered of the Five Sacred Mountains". Furthermore, Mount Tai has symbolized a peaceful life and a unified country. For thousands of years, more than a dozen emperors have paid their homage to the mountain. Vast quantities of poetry and stone inscriptions were left by emperors, poets and scholars of every era. Confucians and Taoists coexist harmoniously on the mountain. And civilians worshiped the mountain with sincere esteem. In other words, Mount Tai has become a symbol of Chinese spirit. There are also peculiar geologic structures such as three grand fracture layers, Komatiite rocks and Zuixin Stone (a swirl shaped allgovite rocks); masterpieces of ancient constructions as the Dai Temple, the Nantian Gate, the Bixia Temple; precious stone inscriptions of past dynasties such as stone inscriptions of the Qin Dynasty (about 2 200 years ago), inscriptions rocks of the Diamond Sutra, cliffs with inscriptions of the Tang Dynasty (about 1 200 years ago); ancient trees like pine trees of the Qin Dynasty, cypress of the Han Dynasty (about 1 800 years ago), locust tree of the Tang Dynasty. All the above syncretize and integrate nature scenery and human culture. 7 000 stone stairs, which runs 9 kilometers long through the mountain from the foot to the zenith, look like the axes of Mount Tai integrating earth, heaven and human as a whole and thus is a road for human beings to heaven. Because of the unique integration of human civilization and natural landscape, Mount Tai is respected by billions of Chinese people and has become famous all over the world as well as treasurable heritage of panhuman.

从以上中英文的介绍中，大家也可以体会景点介绍类文本的翻译应该抓住哪些重点。

2. 旅游产品介绍

旅游产品介绍是广告的一种，其目的是向旅游消费者宣传推介相关旅游产品，诱导消费者进行消费。因此，旅游产品介绍类文本所带有的诱导作用更强。旅游产品的介绍还可细分为几类：宣传产品本身、宣传行程安排、宣传价格优势等。

下面是一则宣传行程安排的旅游产品介绍的中英文翻译。

例

- 早5:40~7:30间，由您的专属导游负责将您从北京市内的驻地酒店接到指定集合地点。金山岭长城地处远郊长城地区。本次行程会在途中为您配备方便早餐。
- 路途花费2.5小时。金山岭长城位于北京东北140千米处，东临司马台长城，西接古北口长城，是现存长城中保存最完好的一段明长城，其秀美的风光吸引了无数前来踏青的游客。
- 您将在金山岭长城游览3小时，体会风光秀丽的长城，感受气势磅礴的文字砖。此处因地处偏远，游客不多，您可以在这里安静远足，颐养身心。
- 游览结束之后，在当地的餐厅享用午餐，午餐后返回北京，大约16:00到达北京，可在行程就近的地铁站下车。

译文
- Morning pick up from your downtown Beijing hotel by your tour guide from 5:40 am to 7:30 am. Jinshanling Great Wall is the remote and isolated section of the Great Wall. Fast breakfast will be served for you on the way.
- It takes 2.5 hours to get there. Jinshanling Great Wall is one of the best preserved parts of the Great Wall; its charms attract the hiking fans all the times. With a distance about 140 kilometers (87 miles) northeast of Beijing city, Jinshanling Section connects to the Simatai Section of the wall in the east and the Gubeikou section in the west.
- You will hike and enjoy sightseeing of the Jinshangling Great Wall for a total of 3 hours. This is the most representative part of the Chinese brick-made dragon. Very few tourists make the long trek out so you are most likely guaranteed a relatively peaceful hike.
- By the end of this hiking tour, you will have lunch at local restaurant, return to downtown and drop-off along the subway station at around 16:00 pm.

3. 导游词

导游词主要用于导游在旅客游览的过程中,向旅客传递相关旅游信息。与景点介绍不同,导游词的口语化较为明显,用语更为生动活泼,且更能吸引人的注意力。

例1 大家游览长城的时候,我们不能忘了这样一个感人的传说。在修建长城的时候,除了60岁以上的老人不用去修建长城,其他的青年都得去修建长城。苏州书生范喜良,为了逃避官府的追捕,不得不四处躲藏。有一次,他逃到了孟家花园,无意中碰到了孟姜女。

孟姜女是一个聪明美丽的姑娘,她和父母便一起把范喜良藏了起来。两位老人很喜欢范喜良,就把孟姜女许配给他做了妻子。但是,人有旦夕祸福,天有不测风云。新婚不到三天,范喜良就被官兵捉走了。后来,孟姜女千里迢迢地来到长城找丈夫。谁知,民工告诉她,范喜良已经死了。她便在长城脚下痛哭,不知哭了多久,只听"轰隆"一声,长城倒了几公里。

旅客们,请不要随地扔垃圾,也不要在城砖上乱涂乱刻。我们7点在城门集合。

例2 Now, I'd like to say a few words about our itinerary. During your stay in Huangshan city. We'll be visiting some amazing sights and scenery—Yellow Mountain and the ancient civilian buildings in Xidi and Hongcun Village of Hui-culture. The first day we'll visit the World Culture Heritage in 2000—Hongcun Village.

Now we are heading for Hongcun Village. I'd like to give you a brief introduction about it.

Hongcun Village is a primitive village, not so commercial. It's because the place is full of beautiful scenery. Hongcun Village has always enjoyed the name "a village in the Chinese painting".

4. 旅游场景标识语

旅游场景的标识语保留了标识语服务社会公共场合的功能,其主要是向游客公示旅游景点或旅游产品的价格、开放时间、入场退场等其他相关的注意事项。旅游场景标识语具有话语简洁明了、内容结构清晰的特点,让游客一目了然。

例1

门票价格:

淡季:70元(1月2月3月6月11月12月)

旺季:80元(4月5月7月8月9月10月)

开园时间:

7:30～17:30(3月1日～11月15日)

7:30～17:00(11月16日～次年2月29日)

景区最大瞬间容量:9 031人

景区游览舒适度指数:

舒适(5级):1 806人以下

较为舒适(4级):1 806～3 612人

一般(3级):3 612～5 418人

较拥挤(2级):5 418～7 225人

拥挤(1级):7 225人以上

译文

Price:

Low Season:¥70(Month 1 2 3 6 11 12)

Busy season:¥80(Month 4 5 7 8 9 10)

Open Time:

7:30～17:30 (March 1～November 1)

7:30～17:00 (November 16～ February 29)

Scenic area biggest moment capacity of 9 031 people

The scenic spot tour comfort index (unit: people):

more comfortable (level 5):less than 1 806

less comfortable (level 4):1 806-3 612

general (level 3):3 612-5 418

less crowded (level 2):5 418-7 225

more crowded (level 1): more than 7 255

除此之外,一些其他类型的文本,比如,旅游合同、菜单、旅游指南、画册等,也属旅游文本的范畴,这里不再举例。需要注意的是,旅游合同的翻译要参照法律文本的翻译规则,菜单之类的翻译要同时参考本章和后续第八章有关文化方面的翻译原则。

5.2.2 旅游文本的特点

正如上节所言,旅游文本属应用型文体,因此,旅游文本的特点也与大多应用型文本较为相似。但旅游文本又因其形式多样,使得它与一般的应用文体有一定的区别。纵观已有的研究,学者对旅游文本的定义大多都离不开其具体的文体呈现形式。陈刚从书面体和口语体的角度探讨了旅游文本的特点:"前者如旅游指南,属描写型,用词需生动形象、明白畅晓;旅游广告,属召唤型,用词需短小精悍、富有创意,句式需活泼简洁,整体具有很强的吸引力;旅游合同,属契约型,用词正式、规范、准确、程式化;旅游行程,属信息型,用词和句型需明了、简略,具有提示性;等等。后者如现编导游词,属即兴型;预制导游词,属复合型;现编+预制导游词,属即兴精制型。口语体的旅游文本,其用词特点应符合口语体和口译体的特点及规律"[①]。

从以上的讨论中我们不难看出,旅游文本在不同的展现形式上有不同的文体特点。因此,掌握这些特点,对于学习旅游文本的翻译来讲至关重要。根据上面的论述,旅游文本总体上来讲有两大不同的类型:一类是生动活泼、用词丰富又有色彩感的旅游指南、旅游广告类文体;另外一类是庄重正式、语言严谨的合同类文体。由于合同类文体通常较长、内容也较为细致,且这类文体更偏重于法律层面的语言阐释,因此本章不对旅游合同类的文体做过多讲述。下面将针对旅游指南、广告、景点介绍等共性比较强的旅游文体,按照特点,举出相关示例,供读者参考。

1. 用词简洁,重视信息传递

旅游文本的受众非常广泛,且其主要目的是宣传信息、诱导呼唤消费,因此,无论是英文文体还是中文文体,通常都不会使用特别复杂的词汇,这样一来,文本的可读性和可理解性将会更强。

例 趵突泉迎春花灯会每年正月初一至二十在趵突泉公园举办。灯会历史悠久,自唐玄宗定农历十五为元宵节以来,济南此日夜间便有在泉畔放灯的习俗;1965年在趵突泉恢复举办灯会后,便形成传统,至今已成功举办38届,已成为泉城济南一大文化品牌和冬季旅游主打项目,是江北较大灯会之一,具有较高知名度和影响力。

译文 The lantern festival lasts from the first to the twentieth day of the first lunar month in the Park. The festival dates back to the Tang Emperor Xuanzong(685-762) when people in Ji'nan started to exhibit lanterns beside the springs on the fifteenth day of the first lunar month every year. By now, the Park has successfully held 38 lantern festivals since 1965 and become one of the major lantern festival sites in northern China. The prominent subject and unique feature of each festival and the combination of lantern arts and folk culture make the festival a cultural brand of Ji'nan City and a winter resort for tourists.

我们可以看到,无论是中文还是英文,这段介绍趵突泉迎春花灯会的文本都没有使用特别复杂的词汇,这样一来读者可以非常容易读懂文字的意思,了解相关信息。这段文字也就能有效向读者宣传相关活动,吸引读者前来参观。

2. 语言描写性强,多种手法体现生动活泼的行文特点

旅游文本为了起到一定的诱导作用,经常会在行文中采用多种描写方式并行的手段,使文本读起来生动活泼,更吸引人。读者在阅读相关文本之后,便能获得共鸣,产生消费的想法。

但是,从文本研究的角度,我们也应注意到英汉两种语言中"描写性强"的呈现方式并不

---

① 陈刚:《旅游翻译与涉外导游》,北京:中国对外翻译出版公司,2004年,第310页。

是完全一样的。从汉语的角度,"描写性强"更多体现的是辞藻的华丽,以及对景象的生动渲染。而英语更愿意使用相对灵活多变的行文格式来体现较强的"描写性和生动性"。因此,我们在进行旅游文本的翻译之时,也应充分考虑英汉语言的差别,体现出不同语言下的"活泼生动"。

试比较下面的两段材料,体会英汉语言中"生动性"的不同呈现方式。

例 郁郁葱葱的峰岭之间,一条碧澄的玉带逶迤而过,这是美丽的富春江。溯源而西,便是有中国"第二漓江"之称的新安江,尽头处,有浩瀚的"千岛湖"。人们来到这里,无异于回到了大自然的怀抱,能充分享受淳朴的自然灵气。

译文 Above the Qiangtang River, the picturesque Fuchun River stretches itself through the green and luxuriant hills and is said to resemble a clear jade ribbon. Traveling up the Fuchun River, one may trace its source to the Xin'anjiang River, renowned as second only to the famous Lijiang River in Guilin of Guangxi Zhuang Autonomous Region. It completes its journey in the vast expanse of the Thousand-Islet Lake. In scenic spots like these, one returns to the arm of nature, enjoying fresh air and natural beauty.

3. 具有丰富的文化内涵

一地的景点往往是自然景观和人文景观的深入融合,这种人与自然的结合是每一个旅游目的地最为吸引人的地方。正因为此,旅游文本在做景点介绍时,也会在行文中包含一些文化因素,以求更能吸引读者。文化因素的呈现方式有很多种,有的引用古诗名篇,有的穿插趣闻轶事,有的将景点与重大历史事件相关联。

深刻了解旅游文本中蕴含的文化内涵,是做好此类文本翻译的重要前提。下面列举两个涉及文化内涵的中英旅游文本翻译。

例1 洞庭湖"衔远山,吞长江,浩浩汤汤,横无际涯。朝晖夕阴,气象万千"。

译文 Carrying the shadows of distant mountains in it and swallowing the Yangtze River, the vast and mighty Dongting Lake stretches afar. It is brilliant in the morning and gloomy at dusk, with its scenery abounding in changes.

例2 在我国最早的典籍中,即有有关这条河的记载。《尚书·禹贡》:"漆沮既从,沣水攸同",《诗经·大雅》:"丰水东注,维禹之绩",说明沣水在远古就是一条著名的河流。

译文 Records about this river can be found even in the earliest Chinese classics, which proves that the Fenghe River has been well-known since ancient times.

在比较上述两个译文时,我们也可以看出,汉语文本更愿意加入文化内涵,实现自然和人文的完美结合,以达到读起来朗朗上口,又能带有丰富内涵的效果。而在英语翻译之时,则要根据相关情况,对这类信息进行一定的取舍,以求更符合英文的行文方式。这也将是我们在后面重点讨论的内容。

5.2.3 旅游文本的翻译

在了解了旅游文本的大致概念界定以及相关文体特点后,我们可以根据已有的知识来总结一些旅游文本的翻译原则,这里主要讲解的是旅游景点介绍、宣传词、导游词等文本。

1. 充分考虑英汉语言的差异

旅游文本在英汉语言差异的体现上尤为显著。正如上节所述,旅游文本中加入了很多的文化内涵,而文化的差异在语言中会有非常明显的体现。因此,在翻译旅游文本的时候,应充分考虑英汉语言的差异,这样才能使翻译出来的文本更符合目的语读者的阅读习惯。

一般来讲,英汉语言差异在旅游文本中,主要体现在以下几个方面。

(1) 语言文化表现方式的差异

这种差异在上一节讲解旅游文本的特点时已经谈过,读者可仔细阅读上一节的相关例子,体会不同文化差异如何在翻译的时候进行权衡与体现。

(2) 修辞差异

修辞差异主要体现在汉英两种语言使用的不同修辞上。中文往往喜欢通过各种不同的修辞相结合的方式来更为生动形象地体现出描写对象的特点;而英文则比较喜欢直奔主题,并不愿意增加过多的旁支信息。因此,在翻译的时候,译者应充分权衡两种语言的修辞差异,做出更适合目的语读者的翻译文本。

例1 在我国最早的典籍中,即有有关这条河的记载。《尚书·禹贡》:"漆沮既从,沣水攸同",《诗经·大雅》:"丰水东注,维禹之绩",说明沣水在远古就是一条著名的河流。

译文 Records about this river can be found even in the earliest Chinese classics, which proves that the Fenghe River has been well-known since ancient times.

这是上一节的一个例句,原文作者两次引经据典,来体现沣水悠久的历史。但这类引用修辞如果直白翻译过去,就会造成英文读者的困惑。因此在翻译时,只需要进行相关信息的传递即可,不必对引用部分逐字翻译。但也有的翻译可以保留原文的排比。

例2 黄山集中国名山绝胜之大全,兼收了泰山的雄伟、华山的峻峭、衡山的烟云、庐山的飞瀑、雁荡山的怪石、峨眉山的清凉,因而风姿独具。

本句采用了排比的修辞方法来介绍黄山,作者采用类比的方式,利用排比的修辞,把黄山的几个特点展现得淋漓尽致。在处理这样的句子时,我们也可以使用排比的方式来进行翻译,以增加行文的气势,试读下面的参考译文。

译文 Huangshan's beauty is unique in that it blends the features of almost all the other famous mountains in China, such as the amazing grandeur of Mount Tai, the awful steepness of Mount Hua, the misty clouds of Mount Heng, the torrential waterfalls of Mount Lu, the grotesque rocks of the Yangdang Mountain, and the shy recesses of Mount Emei.

译文采用"总—分"的形式,先将黄山集大成的特点写出,接下来利用短语排比,展现原文对黄山景色的类比描写。

(3) 词句差异

汉语常常使用各种四字结构来体现语言的美和生动,同时再辅以相关的对偶、对仗等句式来增加感染力。而英语则喜欢使用浅显的词汇传递丰富的信息,再配以多变的句式以达到文采效果。因此,翻译之时要充分考虑两种语言的词句差异。

例 杭州的春天,淡妆浓抹,无不相宜;夏日荷香阵阵,沁人心脾;秋天桂枝飘香,菊花斗艳;冬日琼装玉琢,俏丽媚人。西湖以变幻多姿的风韵,令人心旷神怡。

译文 Sunny or rainy, Hangzhou looks its best in spring. In summer, lotus flowers bloom. Their fragrance brings joy to one's soul and refreshes the mind. Autumn brings with it the sweet scent of osmanthus flowers along with chrysanthemums in full bloom. In winter, the snow scenes can be likened to an exquisite jade carving. West Lake's beauty is ever changing but never fails to entice and entrance its viewers.

上面这个例子中,汉语原文采用了多个四字词语,配以对仗排比,体现出杭州四季的美。英文译文则将四字词语拆开解释,同时配以灵活的长短句,同样传递了原文所描绘的杭州之美。

2. 重视旅游文本的目的

前文曾多次提到旅游文本的目的是"宣传信息、呼唤诱导"。旅游文本传递了丰富的信息,让旅行者和消费者对旅游景点、目的地或者相关的旅游产品有非常深入的了解。同时,旅游文本还兼顾"呼唤诱导"的作用,读者在阅读完相关的旅游文本之后,应能被激起消费或行动的欲望,进而消费该旅游产品或到该目的地旅游。

根据功能理论和目的论,译者在进行翻译之时,不应只考虑原文的各项功能,而更多要考虑的是目的语读者和原语要产生的相关效果,所以,在把原文翻译成目的语之后,应充分考虑目的语读者的适应程度,以求实现原文文本的主要目的,并尽可能保留原文文本的特色,不完全断开两者的关系。

众多学者也曾对这个问题进行过深入的探讨,这里不再赘述。我们在翻译旅游文本的时候,要把旅游文本的目的谨记在心,翻译之时除了准确传递原文信息之外,还要更有效地实现原文的诱导功能,体现宣传和呼唤的双重目的,这样才能产出符合要求的旅游文本翻译。

例1 Towers, domes, balanced rocks, and arches have been formed over millions of years of weathering and erosion, and the process continues, constantly reshaping this fantastical rock garden.

译文 岁月沧桑,风化雨蚀,造就了这里奇特的山体风貌;满山"巨塔"高耸,"穹丘"浑圆,"不倒翁"摇摇欲坠,"大拱门"凌空而立,奇形怪状,浑然天成。大自然造物不尽,还在不断创造新的神奇。

仔细对比研读翻译,我们可以看出,英文原文用简洁的语言对景色进行了描写,用词短小精悍,语言句式多变,英文读者既可以从其中看到景色的美,也可以因此对该景点产生向往,想要去看一看。但如果翻译的时候只是逐字逐句地翻译成汉语,会显得非常干瘪无力,意思虽对,但完全达不到相应的宣传效果和诱导效果。因此,译者在翻译成汉语的时候,充分考虑了汉语的表达习惯,用了多个四字词语和排比描写,写出了气势,让汉语读者读完之后同样能产生共鸣和向往。这段翻译体现了对原文文本功能和目的的重视。

例2 满树金花,芳香四溢的金桂;花白如雪,香气扑鼻的银桂;红里透黄,花多味浓的紫砂桂;花色似银,季季有花的四季桂,竞相开放,争妍媲美。进入桂花公园,阵阵花香扑鼻而来。

译文 The Park of Sweet Osmanthus is noted for its profusion of Osmanthus trees. Flowers in different colours from those trees pervade the whole garden with their fragrance.

这段针对上海桂林公园的描写,汉语版本采用四字结构和排比句的句式,描写了金桂、银桂、紫砂桂、四季桂这四种花,读者读完仿佛身临其境,置身于桂林公园中,感受到花香扑鼻、芳香围绕的美丽画卷和人与自然和谐统一的山水气息。英译版本则进行了相关信息的省略,重点体现了桂林公园"noted for",以及园内"flowers in different colours"的特点,更符合英文读者的阅读习惯。这段翻译,无论是中文读者还是英文读者,在读完之后均能感受到桂林公园之美,产生想去园中体验五颜六色花朵绽放的欲望。因此,原文和译文都非常好地重视了目的人群,起到了应有的翻译效果。

总之,译者在翻译旅游文本时,一定要充分考虑目的语读者的实际情况,同时内心铭记旅游文本"宣传信息、呼唤诱导"的特点,在语言层面也要针对相关特点有所体现,以满足读者的需求,达到原文的效果。

3. 注意文化要素的权衡处理

正如前文所说,一地的景点往往是自然景观和人文景观的深入融合。因此,旅游文本的一个最大特点就是含有众多的文化要素。在翻译旅游文本的时候,如何处理这些文化要素,是每一位译者需要考虑的问题。

翻译旅游文本时常遇到的有关文化要素的问题主要集中在两个方面:一是原文所描述的文化在目的语中没有相对应的解释和描述,这个文化只存在于原文读者群体中;二是原文的文化对目的语的文化产生一定的负面影响,比如,一些宗教色彩很浓的景点介绍,翻译成另一种语言时,可能会产生文化冲突。

顾维勇曾指出:"要处理好旅游资料中大量的文化信息,译者必须要以偏向译语、侧重读者的方向为准则"[1]。这一指导思想为如何处理旅游文本在翻译时遇到的各类文化问题提供了有效思路。我们要充分考虑目的语的习惯,尽量把文化问题和文化要素翻译成目的语读者可以接受的,或者是他们喜闻乐见的各种方式。这样才能规避掉文化冲突,同时又不违背旅游文本撰写的本意和目的,即宣传信息的同时,诱导读者进行相关的消费或旅游行为。

文化信息在翻译时的处理方式有多种,常见的翻译技巧如注释、增译、类比、减译等都可以使用。在本节,我们主要讲解类比方法,并讨论如何通过类比解决上面提到的两个文化要素的处理问题。后面的"意义的添加与省略"将会涉及其他翻译技巧的具体应用,也会对文化要素的处理问题进行再次的讲解和探讨。

"类比"是一种"以此比彼"的方法,即在翻译过程中,把一种语言中难以理解和解释的文化现象,用另一种语言中类似的文化现象或语言进行解释,达到两者基本相似的目的。采用这种手法,可以解决原文和目的语之间存在的文化鸿沟,让目的语读者找到原文不好理解的文化现象在本国语言中的精准定位,同时也可以增强亲近感,达到宣传和诱导的效果。

典型的类比例子是一句针对故宫建造时间的翻译。

例 1 故宫耗时 14 年,整个工程于 1420 年结束。

这个句子的翻译,如果只是单纯地把 14、1420 这两个数字位移到英文中,虽完成了相关的翻译,但却没有起到应用的效果。西方读者对这个数字的敏感度比较低,自然也就没法在目的语中体现故宫的背景和其重大的历史意义。因此,我们在翻译这句话的时候,要针对不同的受众群体,进行相关的类比,以求达到更好的效果。

假如目的语的读者在美国,我们可以这样来翻译。

---

[1] 顾维勇:《实用文体翻译》,北京:国防工业出版社,2005 年第 83 页。

译文 1　The construction of the Forbidden City took 14 years, and was finished in 1420, 72 years before Christopher Columbus discovered the New World.

加上"72 years before Christopher Columbus discovered the New World",把故宫的建造背景与哥伦布发现新大陆进行类比,读者便可知故宫的重要性和故宫建设时间之早,这样能够更好地诱导读者的旅游行为。

假如目的语的读者在英国,我们可以这样来翻译。

译文 2　The construction of the Forbidden City took 14 years, and was finished in 1420, 14 years before Shakespeare was born.

这样因地制宜的处理方式,能够连通译文和原文的文化背景,同时发挥原文的功能和目的。

例 2　苏州境内河流湖泊密布,京杭大运河纵贯南北,苏州是著名的江南水乡。

译文　With so many rivers and lakes in it and the Beijing-Hangzhou Grand Canal through it, Suzhou is renowned as "Venice of China."

苏州作为著名景点,去过那里的人都知道,这座城市四面环水,古城被水包围。因此,在翻译苏州的相关介绍之时,必然要考虑她的这个特点,以吸引更多游客前来观光。译文在翻译的时候把苏州比作是中国的威尼斯,巧妙地处理了这个文化要素,让英文读者读完之后,能更好地了解苏州的特点,在自己的文化中找到类比。这样一来,便能吸引更多的英文读者前往苏州旅游。

此外,在一些汉英翻译中,还需要进行相关的转译,来处理文化背景要素。

例 4　刘备章武三年病死于白帝城永安宫,五月运回成都,八月葬于惠陵。

译文　Liu Bei died of illness in 223 at present-day Fengjie county of Sichuan Province and was buried here in the same year.

本句在翻译之时,将汉语文本中的"章武三年""白帝城永安宫"进行了转译,巧妙地使用了"in 223 at present-day Fengjie county"将古时间和古地名进行转译,英文读者能够对事情发生的时间和地点一目了然,同时也起到了宣传作用,有助于读者了解此地重要的历史意义和事件。

4. 虚实结合,灵活使用多种翻译技巧

在详细讨论了旅游文本的特点和主要翻译原则后,我们不难看出,旅游文本因具有用词短小精悍、行文方式活泼多变、文化背景和文化内涵丰富等特点,对翻译提出了较高的要求。在翻译旅游文本之时,不应拘泥于单一的翻译手法,应充分考虑英汉两种语言的特点,翻译的时候结合目标读者,采取"虚实结合、多法并重"的方式,有效处理景物描写、四字结构、多变句式、文化内涵等几个重要的层面,使翻译后的文本能够可读、耐读,让读者能够在读完之后了解相关的信息,产生旅游和消费的动力。

前面章节所涉及的词汇、句式,以及归化、异化等技巧,都应在翻译旅游文本时给予充分的考虑。下文重点讲述的"意义的添加与省略"也是旅游文本翻译之时必须要考虑的内容。只有多种方式并重,才能达到满意的翻译效果。

请对比以下翻译,看看译者都使用了哪些翻译手段。

例　显圣寺原名"报恩寺",位于河南省郑州市南郊。显圣寺始建于唐,因其临近驿道,香火旺盛,至清朝乾隆年间已经发展成为规模宏伟之十方丛林,在中原佛教史上有重要的地位。在清乾隆年间名,皇帝南巡至少林寺进香路过此寺,因经历了"伽蓝显圣"救驾之圣迹而将此地赐为"显圣寺",并敕令重建关帝殿。

译文 Zhengzhou Xiansheng Temple (formerly Bao'en Temple) is located in the southern suburb of Zhengzhou, the capital of Henan Province. Built in the Tang Dynasty (618–907), the temple was close to the post route and thus attracted a large number of worshippers. Then it developed rapidly and became a big public monastery till the Qianlong Period(1736-1795) of the Qing Dynasty(1636-1912). The temple has played a critical role in the history of Central China. It is recorded that when Emperor Qianlong went for an inspection and stayed in Bao'en Temple in 1737, Guan Gong, revered as Sangharama Bodhisattva in China, appeared to rescue him from stabbers. As a result, the emperor bestowed the name "Xiansheng Temple"(manifestation of divinity) on the temple, and ordered to rebuild Guandi Hall for Guan Gong.

译者在翻译上一段的时候,对相关的历史背景给予了年代的标注,并对显圣寺与乾隆的故事进行了补充,让英文读者更好地了解了寺庙的来龙去脉,同时也能够对相关的文化背景进行了解。

但是我们也应看到,译文仍有可改进之处,比如,对唐朝、清朝、乾隆年间可以进行相关的类比,对比此刻国外正在发生的事情,让读者更清晰地了解相关背景知识。同时,针对"伽蓝显圣"的解释还不到位,未能生动地向读者展示这部分的故事,只是以"Guan Gong, revered as Sangharama Bodhisattva in China, appeared to rescue him from stabbers."进行阐述。如能把这部分的故事讲得更详细一些,定会吸引更多的读者前来此地旅游。

5.3 精讲精练

5.3.1 精讲精练 1

泰山地处我国山东省的中部,绵延200多公里。泰山横亘于泰安、历城、长清三市之间,以雄伟著称,其巅峰位于泰安市北面,海拔1 545米。由于其地处东方,故被尊为五岳之首。古代帝王登基时,都要来泰山举行封神大典,祭告天地。据传夏、商、周三代就有72个君主来这里祈祷。历史上泰山封神最隆重的是汉武帝和唐玄宗。

泰山有五个游览区,登山路线有东西两路到中天门汇合,直达山顶,总路程9公里,6 566个石级。从中天门上山顶必须经过十八盘,盘道陡峭,像天梯高悬,是较险的地方。但据说此道是古代帝王所取之道,名胜古迹自然更多,所以,大多数人还是选择由此道登山。而西路登山较快,也为很多人喜欢。

盘道尽头是南天门,离泰山顶仅一公里,且山道易登。山顶有供奉女神碧霞元君铜像的寺庙。极顶称天柱峰,因建有玉皇殿,又名玉皇顶。殿门外有无字碑。据考证2 100年前,汉武帝树此碑,由于不满意那些御用文人所撰之词,就留此无字碑,以供观光者展开想象。泰山顶上有四大奇观:旭日东升、晚霞夕照、黄河金带、云海玉盘。玉皇顶东面的观日峰是观看日出的最佳之处。

　　泰山将自然景观与文化景观完美地融为一体,山上有无以计数的奇石、清瀑、古松、石桥、庙宇、亭阁、古塔、殿堂。名胜古迹数不胜数,尤其是历代文人雅士墨客所留下的石刻碑文,令游客目不暇接,叹为观止。

　　泰山的每个季节都有独特的魅力。春天,绿茵茵的山坡上,争奇斗妍的花朵到处可见。夏天,泰山的雷暴雨堪称奇观。秋天,枫树叶漫山遍野,蔚蓝色的河水川流不息。冬天,雪盖群峰松披霜,景观素雅悲壮,别有一番情趣。喜逢艳阳日,极目远眺,重峦叠嶂,尽收眼帘。但遇天阴时,环顾四周,苍茫大地,尽入云海。泰山的日出与日落,闻名遐迩。壮观的自然风景以及不可计数的历史名胜,激发了古代文人墨客为之舞文弄墨,创作了无数经典佳作。泰山历来是画家骚客所钟情的聚集地。

　　现代世界也认识到泰山的旅游价值和文化价值。早在1985年,联合国教科文组织世界遗产委员会便将泰山列入联合国"世界自然与文化双遗产名录"之中。

　　本文属景点介绍类文章,文章从多个角度介绍了泰山的风光,整体行文非常符合中文读者的习惯。文章既有平铺直叙的事实介绍,也有妙语连珠的景物描写,还有修辞叠加的虚实结合,同时文章还引用了一定的典故,增强整体的吸引力。中文读者读完这篇文章之后,会在脑海中勾勒出泰山俊美的景象,同时心生向往,产生去泰山游览的冲动。

　　在翻译这篇文章的时候,译者同样应充分考虑汉英两种语言的差别。汉语注重描写,通过许多场景和修辞结合,描写出一幅幅美丽的画卷,但英语喜欢通过词汇、句式的变化,以事实叙述为主来介绍事物。因此,我们要对原文中的一些信息做调整,删去不必要的信息,留下最为重要的部分进行翻译。同时,对于涉及重要历史事件、文化典故的部分,要酌情处理,增加相关解释。在这样的原则指导下,才能传递这篇文章的信息,吸引国外游客前来游览。

　　文章的第一段平铺直叙,对泰山的整体情况进行了介绍,前半部分翻译的时候正常叙述即可。但该段后半部分,涉及登基、封神、祭告以及夏、商、周三个朝代,翻译时应对这一部分进行相关的解释,找到对应的词组。"登基"一般翻译为 ascend the throne,"封神大典,祭告天地"可以翻译为 worship Heaven and Earth。此外,针对"夏、商、周"要加上时间年限,让英文读者更好地了解所处的时代。

　　第二段主要介绍了泰山登顶的路线。该段前半部分介绍了如何登顶,以及需要跨过多少个台阶等信息。这部分的汉语文字较为简单,但翻译成英文时,译者应对这部分进行充分的解释和拓展,把汉语的短语拓展成英文的句子。这样的翻译方式可以让英文读者更为详细和准确地获得相关信息。所以翻译成"There are five scenic spots and two main routes up the mountain—eastern and western. Both routes converge at Zhongtianmen, Halfway Gate to the Heaven, which leads to the summit. The entire journey covers 9 kilometers and 6 566 winding stone steps."。下一句主要介绍了十八盘,对这个景点进行介绍的,同时描述了它的特点,即"盘道陡峭,像天梯高悬,是较险的地方"。在处理这部分的信息时,要注意景点名称的翻译,为了兼顾英汉两种语言,可以采用翻译加解释的方式进行翻译,如翻译成 Eighteen Mountain Bends (Shibapan in Chinese),另外,后面的"盘道陡峭,像天梯高悬,是较险的地方",汉语用三个短语描述了这个地方的特点,但英文中如果都翻译出来,会显得啰唆重复,因此我们用 the most precipitous section 替代。后面两句的翻译则无太多需要特别注意的地方,译者结合相关翻译技巧进行翻译即可。

第三段是本文翻译的一个难点。该段介绍了泰山山顶的一些具体情况：前半部分的行文中多历史事件；后半部分介绍山顶四大奇观时则用了 14 个四字成语，这些部分都对翻译带来了一定的困难。我们之前在讨论旅游景点的文化现象处理时曾经谈过，针对一些重大的历史事件和重大的历史时间，可以采用解释的方式进行翻译，让读者能够明白文章所说。因此，可以将"女神碧霞元君"翻译为"Princess of the Azure Clouds, Bixia, and a Taoist deity"。接下来的"天柱峰、玉皇殿、玉皇顶"可以采用解释加注音加解释的循环方式处理，翻译为"Perched on the highest point of the mountain is Tianzhu Peak, Post to Heaven, also called the Jade Emperor Summit (Yuhuangding in Chinese) owing to the Jade Emperor Palace."。该段的后半部分介绍泰山山顶的四大奇观，需要注意的是，中文的"山顶有四大奇观"，其实指的意思是游客到达山顶后可以看到这四大奇观。因此，为了客观陈述事实，这部分需要脱离汉语的外壳，进行意译，翻译为"Up to the summit of Mount Tai, one can enjoy the four grand sceneries"。后面的四字成语，也采用同样的方式进行处理。

第四段的翻译难点则是在一些景观的说法上，该段共介绍了"奇石、清瀑、古松、石桥、庙宇、亭阁、古塔、殿堂"，翻译之时应一一对应，以展现这部分的绝美精致，吸引外国游客。其他的部分可采用多种配合的翻译技巧，完整传递信息即可。

第五段则描写了泰山在四季的不同景象。在这部分中，要注意对汉语的描写进行删减，找到重点并翻译成英文。如果不进行删减，直接翻译全文，会造成英文冗长重复，无法吸引英文读者的兴趣。经过分析，可以看出，原文所描写的泰山四季景色，其重点应为：春天花很多，山坡很绿；夏天有别的地方看不到的雷暴雨；秋天有红叶和蓝色的河水；冬天雪覆盖了植被。这样一来，在翻译的时候，可以只对这些重点进行翻译，"bright flowers covering the green slopes in spring, spectacular thunderstorms rarely seen elsewhere in summer, blue rivers running across the mountains overlaid with red maple leaves in fall, and snow-topped mountains and frosted pine trees in winter."。接下来的"喜逢艳阳日，极目远眺，重峦叠嶂，尽收眼底。但遇天阴时，环顾四周，苍茫大地，尽入云海"可以用同样的方法进行删减和重点挑选，即"晴天山峰相间，阴天景色消失在云间"，精简之后，翻译为"On a sunny day you can see the peaks rising one upon the other. On a cloudy day, the horizon disappears into a sea of clouds."。最后一部分谈到的文人墨客的文字，也同样可以采取相同的方式进行翻译。

译文　　Situated in central Shandong Province, Mount Tai stretches over 200 kilometers, pushing out its spurs into Taian, Licheng and Changqing. Its main peak, overlooking Taian city from the south, rises 1 545 meters above sea level. Because it lies in east China, where the sun rises, it is crowned as the most famous one of China's Five Holy Mountains. In ancient times, most emperors came to worship Heaven and Earth here when they ascended the throne. It is said that during the Xia, Shang and Zhou dynasties (2100 - 221BC), a total of 72 monarchs journeyed to Mount Tai for prayers. Emperor Wudi of the Han Dynasty and Emperor Xuanzong of the Tang Dynasty held the grandest ceremonies there.

There are five scenic spots and two main routes up the mountain - eastern and western. Both routes converge at Zhongtianmen, Halfway Gate to the Heaven, which leads to the summit. The entire journey covers 9 kilometers and 6 566 winding stone steps. To get to the summit by the eastern route, climbers have to scale a steep flight of Eighteen Mountain Bends (Shibapan in Chinese), the most precipitous section. However, most climbers prefer going up by this route, since it is said this used to be the one taken by royalty and hence more cultural sites and beautiful sceneries. Still many climbers ascend through the western route due to the easy scaling.

  The bends end at Nantianmen, South Gate to Heaven, only one kilometer away from the top, and a smooth climbing ahead to the summit. At the top of Mount Tai, there is a temple dedicated to Bixia, Princess of the Azure Clouds and a Taoist deity. Perched on the highest point of the mountain is Tianzhu Peak, Post to Heaven, also called the Jade Emperor Summit (Yuhuangding in Chinese) owing to the Jade Emperor Palace. A Wordless Tablet stands outside the gate. The story goes that Emperor Wudi of the Han Dynasty set up the rock 2 100 years ago, but was dissatisfied with the words his scribes produced. Therefore, he was determined to leave it to the viewer's imagination. Up to the summit of Mount Tai, climbers can enjoy the four grand sceneries: the Morning Sun Rising in the east, the Evening Sun Setting in the west, the Golden-belt of the Yellow River and the Jade Plate in the Sea of Clouds. The Sun Watching Peak east of the Jade Emperor Summit is an advantageous point to appreciate the sunrise.

  Mount Tai is a perfect combination of natural scenery and cultural heritage, boasting numerous grotesque stones, pouring waterfalls, age-old pine trees, stone bridges, ancient pagodas, temples, pavilions and halls. In particular, tourists will invariably marvel at the vast number of stone inscriptions left by famous ancient writers, scholars, and calligraphers of various dynasties.

  You can enjoy different beauty in different seasons: bright flowers covering the green slopes in spring, spectacular thunderstorms rarely seen elsewhere in summer, blue rivers running across the mountains overlaid with red maple leaves in fall, and snow-topped mountains and frosted pine trees in winter. On a sunny day you can see the peaks rising one upon the other. On a cloudy day, the horizon disappears into a sea of clouds. Mount Tai is most famous for its spectacular sunrise and sunset. Its landscape and numerous historical sites have inspired many great classics of ancient writers and calligraphers. It has long been the preferred gathering place of artists and poets.

  The modern world has also recognized the tourist and cultural values of Mount Tai. Early in 1985, Mount Tai was listed as a World Natural and Cultural Heritage Site by the United Nations Educational, Scientific, and Cultural Organization (UNESCO).

5.3.2 精讲精练 2

  Sail boats roll and excursion steamers leave their wakes on the turquoise waters of Lakes Thun and Brienz. And on the shores, in tributary valleys and on sunny ledges, you'll discover picturesque villages of richly decorated chalets and guest houses in what surely is the embodiment of Swiss-style comfort and serenity. Delight in the best local art, in castles that are silent witness to wealth gone by, and in lovingly restored hotel palaces from the early days of tourism. Deep, dark forests end at the foot of rocky peaks, while cows graze under the ancient Alpine maple trees. Mountain lake jewels reflect towering white peaks, and above it all reigns the majestic chain of Eiger, Monch and Jungfrau.

More gentle skiing can be found in the Simmental, Saanenland and Frutigland regions and on the sun terraces in many places. High peaks briefly disappear behind a feathering of snow. Mountain railways afford spectacular panoramic views that, in his day, impressed even James Bond. Ice climbing in glacier crevices gets you in touch with your inner self. Ski sailing lets you leave the ground now and then, without danger. Ski tours take you to the untouched world of mountain peaks. Dreamy villages show their homely, friendly faces along the way. Famous holiday resorts and traditional destinations such as Interlaken or Gstaad entice you with their top-level entertainment, and children are always king in Europe's playground. The Bernese Oberland makes every one of your winter fairytales come true.

Who wouldn't like to try it? Skiing and snowboarding on well-prepared pistes, runs in powder snow leaving white rooster trails in your wake, cross-country skiing against a romantic mountain background, going for walks in fascinating countryside, visiting cosy inns in rustic mountain villages and world-famous monastery churches plus special treats such as Lucerne's Chapel Bridge just about sum up winter in Central Switzerland — a holiday that leaves no wish unfulfilled.

本文是瑞士中部若干景点的合并介绍，文章中先后介绍介绍了著名的湖泊、村庄、山峰、滑雪场地、教堂等。由于瑞士旅游景点较多且四季都具有特色，而这篇文章又将多个景点、多个季节合并在一起介绍，因此文章的翻译难度较高。如何准确传递文章的意思，又能使语言活泼有趣，达到多个景点同时推介的目的，吸引游客前来观光，是译者首先要考虑的问题。

通读全文，我们可以发现，文章的第一段主要沿着著名的图恩湖和布里恩茨湖展开，以湖为出发点，延伸介绍了相关的景色，描绘了一幅人与自然和谐共生的美丽画卷。因此，在翻译这一段的时候，应充分结合汉语的特点，对景物描写的部分进行相关的扩充和再描写，以求生动地展示这幅美丽的画卷。

文章开头使用了多个动词展示湖泊的延伸和游船惬意的景色。roll、leave the wakes 使用巧妙，原文想表达的是游船在蓝色的湖水上航行，但如果这样翻译，很难体现出原文的意境，这里 roll 常常有展开画卷的景象，而 wakes 则可双关解释，一是指醒来，二是指船航行的轨迹，所以我们在翻译时，尽量要把湖面航行、舒展画卷、醒来、轨迹这几个意思结合在一起，这样就可以描绘成"游船从冬季沉睡中醒来，在碧蓝的湖水上舒展"的动态景象，在开头使用这些添加出来的意象，可以更有力地吸引中文读者。第二句中的 you'll discover picturesque villages 也是翻译时需要考虑的一个点。Picturesque 这个词一般指的就是"风景如画"。从中文的表达习惯来讲，"风景如画"是一个对景物客观的描写，但 you'll discover

则是一个主观的探寻,如果直译成中文,会造成读者的困扰,到底这个风景是人造出来的,还是景色本身就很美？因此,在这里可以省略 you'll discover,转而只客观描述这眼前的"风景如画",把 decorated 由被动转为主动,这样更符合中文读者的习惯,也更能表现出这幅美丽的画卷。下一句的"delight in…, in…, in…"是句子的主干,要表述的是游客从这几个方面都能获得愉悦。但这里如果生硬地翻译成"游客能从……中获得快乐",这样的句子很难起到吸引的作用。因此,可以把三个分句拆开,分别把"当地艺术""古老城堡""宫廷宾馆"作为叙述主体,每一个分句单独描述一下对应的景象,这样可以让读者一下子体会到三个不同景观带来的美的冲击。为了突出生动,可以把 silent witness、lovingly restored 翻译成动词。接下来的几句中,对动词 end、graze、reflect、reign 均采用了解释其含义加生动描写的方式,而不是简简单单翻译出其本身的意思。

  第二段主要介绍了冰雪旅游景点,这一段的英文描写很多部分都采用了带有被动含义的词汇,比如,can be found、get you in touch with,另外也有一些语句含有的是被动的含义,比如,Mountain railways afford 等。汉语多用主动含义,这样更能体现原文的生动形象。因此,在翻译这部分的内容时,要将这些含有被动含义的词组,巧妙地进行改写,以主动的含义加强景观的描写。此外,第一句中的"Simmental, Saanenland and Frutigland regions"对于读者并不熟悉,同时也没有准确的汉语译法,经阅读全文可以发现,这几个地方并不是特别重点的推介对象,因此可以把这部分信息省略,直接翻译为"众多地区"。第二句"High peaks briefly disappear behind a feathering of snow"则需要考虑一下将谁作为主要的叙述对象。本段主要讲的是冬季的美景,而"雪"又是冬季美景的一个重要象征,因此,这句可以把"雪"作为主体,"雪遮掩了山峰",这样翻译便与这个文章的行文风格相符。下面的几句分别以 mountain railway、ice climbing、ski sailing、ski tour 为主语。如果对这几个主语进行分析,发现 ice climbing、ski sailing、ski tour 都表现了人的动作,而 mountain railway 不是人的动作,但表达出来的意思应该是"旅客乘坐高山列车"。所以,这几句的翻译应统一叙述主体,同时配以景色描写扩充,让读者读完之后有身临其境之感。该段后半部分也应采用同样的翻译方式,保持整体行文的一致和生动。

  最后一段的翻译需要译者有非常娴熟的断句技巧。最后一段只有两句话。第一句话比较简单,第二句话用多个短语构成一个完整的句子。细读会发现,其实句子表达了几个不同的意象,描绘了不同的景观体验。可以对这些句子进行拆分翻译,以每个分句的主要描述对象为主语,拆分成不同的分句进行翻译。同时,译者还需要与上文的整体文风保持一致,继续采用描写添加的方式,将每个句子的景观景象描绘出来,让读者身临其境、受到吸引。

  译文 图恩湖和布里恩茨湖上的游船也从冬季的沉睡中苏醒过来,在碧蓝的湖水上舒展着自己的筋骨。在湖畔、在河谷、在阳光灿烂的山坡上,风景如画的小村庄也将自己的小木屋和旅店整修一新,等待着为游客提供瑞士风格的舒适和宁静。最出色的当地艺术给您带来欢乐,古老的城堡默默地诉说着自己往日的辉煌,焕然一新的宫廷宾馆见证了这里悠久的旅游历史。郁郁葱葱的森林一直延伸至怪石嶙峋的山峰脚下,奶牛在古老的阿尔卑斯山枫树下悠然自得地享用着自己的美餐。宁静的湖水映衬着白雪皑皑的雄伟山峰,蓝天白云下的艾格峰、僧侣峰和少女峰显得更加挺拔。

各地的阳光台地上为游客准备了更为平缓的滑雪场地。皑皑白雪遮住了雄伟的高山。乘坐高山列车能够欣赏到壮丽的高山美景,当年就连詹姆斯·邦德也曾被这些美丽的景色所打动。在冰河裂缝中攀冰,对每个游客来说都是一个挑战自我的机会。滑雪航行会让您不时离开地面,但是却毫无危险。滑雪游览则会带您去探索人迹罕至的高山世界,一路上,梦幻般的村庄会张开热情的双臂欢迎您的光临。因特拉肯或格施塔德等著名的度假胜地和传统的旅游目的地都会以一流的娱乐活动欢迎您的到来,而孩子们则永远是欧洲游乐场上的主角。伯尔尼高地会让每个人心中有关冬天的童话变成现实。

难道您不想尝试一下吗?沿着平整的滑道飞驰而下,在积雪覆盖的白色大地上尽情奔跑,在浪漫的高山怀抱里滑雪穿越美丽的田野,沿着迷人的乡间小路漫步,在舒适的山村酒馆里小憩,参观世界著名的修道院和卢塞恩的卡佩尔桥等景点——瑞士中部的冬季让您的假期不留遗憾。

5.3.3 意义的添加与省略

前几章的翻译技巧,大多都是基于语法层面的翻译处理,讨论在各种特定的语法状态下,如何对应处理相关的文本翻译。在实际的翻译中,我们不光会遇到一些需要在语法层面进行处理的问题,同样也会遇到一些在语义层面需要处理的问题。上文的两篇精讲精练文章,我们看到,旅游材料的翻译,不光要准确传递信息,更需要通过信息的传递,来吸引旅游者。为了吸引读者,对原文在语义上进行相关意义的增添省略,甚至重构整个译文文本,都是译者需要在翻译过程中重点考虑的处理方式。

5.3.3.1 意义的添加

意义的添加多指添加解释性的词语或内容,使得原文在译为目的语之后更能为读者所理解。由于文化、历史、地域、所处年代等因素的不同,原语的很多文字如果直接翻译成目的语,读者可能无法理解其中的特定内容,因此,翻译时要根据相关的需要,增补或解释译文中读者不懂的信息,以求达到更好的翻译效果。意义的添加根据不同场合的需要,可以采用增补、释义,以及音译加释义等多种方式实现。

1. 释义

释义是指翻译时增加对原文中出现的一些特定字词或意思进行的进一步解释,这种解释往往不是翻译必须要有的环节,也不是原文语言中固有的部分。译者可以在最大限度保留原文中的词语本意的同时,通过相关释义的方式,使原文应传递的信息得到生动形象的传递,让译文内容更为丰满,同时也让译者在理解原语的同时,习得文化上的常识。

常见的释义有针对历史特定任务、朝代、特定概念、特定名词、特定贡献、发生朝代等方面的释义。

例1 湖南省位于长江中下游南部,东经108度至114度,北纬24度至30度。因地处洞庭湖之南,所以叫作湖南。

本句的翻译,除了准确描述地理位置以外,如能在翻译之时,将"湖南"的具体含义进行解释,则能更好地传递相关的信息,让读者更加深刻地了解这个名词的含义。试比较:

译文 1　Hu'nan Province lies just south of the middle reaches of the Changjiang (Yangtze) River between 108°and 114°E longitude and 24°and 30°N latitude. As it is also situated south of Lake Dongting, the Province has the name Hu'nan.

译文 2　Hu'nan Province lies just south of the middle reaches of the Changjiang (Yangtze) River between 108°and 114°E longitude and 24°and 30°N latitude. As it is also situated south of Lake Dongting, the Province has the name Hu'nan, which means "south of the lake".

不难看出,译文2明显比译文1多了一个关于湖南的解释,这样既可以让读者明白"湖南"的含义,也能让他们同时了解"湖南"这个词中"湖"的含义,这样的翻译起到了一箭双雕的作用。

例 2　In the years of Kangxi and Qianlong, when the feudal society was approaching to its end, it was a period of economic prosperity, known as "Prosperous Period from Kangxi to Qianlong".

本句提到了三个不同的历史时间点：In the years of Kangxi and Qianlong 和 Prosperous Period from Kangxi to Qianlong。翻译时如能把这三个时间点的具体年份加上,则会让读者在理解原文的基础上,学习到相关的历史常识,更有针对性地对下文加以理解。

译文　康乾时代(1662—1772;1736—1796)形成了封建末期的一个经济小高潮,史称"康乾盛世"(1681—1796)。

例 3　桃花源始建于晋,初兴于唐,鼎盛于宋,大毁于元。时兴时衰于明清,萧条于民国,渐复于新中国成立后,大规模修复开发于1990年。

本句涉及的朝代和时间非常多,如能在翻译的过程中把各个时代全部加上,则可以更好地向国外读者传递相关信息及历史文化。因此在翻译的过程中也应采取释义法。

译文　Taohuayuan (the peach flower source) was first built in the Jin Dynasty (256–439A.D), began to take shape in the Tang Dynasty (618–709), flourished in the Song Dynasty (960–1297), and went to ruin in the Yuan Dynasty (1279–1368). With ups and downs through the Ming and Qing dynasties (1368–1911), it was almost abandoned in the times of the Republic of China (1912–1949). Its restoration was made from the year 1949 and a large-scale expansion and development began in 1990.

其他针对特定历史制度、节日文化等的释义,与上述例子大致相同。

2. 音译加释义

音译加释义的翻译方式大多用在景点名称和节日名称上。为了更好地传递中国文化,很多译者汉译英过程中,会采用直接音译的方式翻译一些具有中国特色的词语。这种翻译方式下,若能在音译的同时增加释义,则会起到更好的效果。常见的例子有：

    大观园：　Daguanyuan (Grand View Garden)
    潇湘馆：　Xiaoxiangguan (Bamboo Lodge)
    怡红院：　Yihongyuan (Happy Red Court)

蘅芜苑： Hengwuyuan (Alpinia Park)
稻香村： Daoxiangcun (Paddy-Sweet Cottage)
大观楼： Daguanlou (Grand View Pavilion)
缀锦阁： Zhuijinge (Variegated Splendor Tower)
含芳阁： Hanfangge (Fragrant Tower)
蓼风轩： Liaofengxuan (Smartweed Breeze Cot)
藕香榭： Ouxiangxie (Lotus Fragrance Anchorage)
紫菱洲： Zilingzhou (Purple Caltrop Isle)
天涯海角： Tianya-Haijiao (the end of the earth and the edge of the sea)
花港观鱼： Hua Gang Guan Yu (Viewing Fish at Flower Harbor)

3. 综合增补

综合增补是指在翻译的时候，为了使译文更容易理解，适当增加一些相关的背景知识或信息（包括朝代、社会状况、历史人物等）。这类的增补，主要是语义上的增补，补充相关的信息，让读者能更清楚地了解原文中的内容。因此，增补可以理解为在前述音译加释义以及释义等单独的方法上进行的综合处理方式。采用多种方式一起，实现意义的准确表达。

例1 三官殿里有一株茶花树，在寒冬腊月开出一树鲜花，璀璨如锦，因此又名"耐冬"。

本句的结尾有一个词"耐冬"，这个词在汉语中的意思指的是"能够忍受冬天的寒冷"，本句的翻译，要突出"耐冬"的意境，让译文读者熟知这个词，也同时要让他们懂得该词背后隐含的意思。因此，结合前文"音译加注释"的方法，本句需要综合增补相关的信息，实现意思的准确及生动转换。

译文 There is a camellia tree in the Sanguan Palace blooming fully in midwinter, so it is called Naidong, meaning it can stand bitterly cold winters.

例2 路左有一巨石，石上原有苏东坡手书"云外流春"四个大字。

增补时除增补相关的解释性信息外，往往还会增补一些历史人物的生辰，或历史事件的发生时间，以求更好地让读者理解人物或事件所处的背景。本句的翻译，如能在翻译的时候加上苏东坡的相关信息，则可让读者更好理解"云外流春"的相关意思。

译文 To its left is a rock formerly engraved with four big Chinese characters Yun Wai Liu Chun (Beyond clouds flows spring) hand-written by Su Dongpo (1037 – 1101), the most versatile poet of the Northern Song Dynasty (960 – 1127).

例3 西安的六十四米高的大雁塔是玄奘西游印度回国后的居留之地。

本句与例2一样，翻译时增补相关历史人物的信息，可以让读者更好地了解相关的背景。

译文 The 64-meter-high Dayan Pagoda in Xi'an is the place where Xuan Zang, a great monk in the Tang Dynasty, once lived after returning from India.

综合增补是意义增添中的一种综合处理方法，与前述音译加释义不同，增补可以理解为多种方法的综合体，译者在综合使用这些方法的同时，增添相关的必要信息，使译文更好地为读者所理解。

5.3.3.2 意义的省略

意义的省略往往在汉英翻译时用到。汉语喜欢旁征博引,添加许多修饰性的信息,增加阅读的趣味性,很多情况下,翻译为英文时,只需传递最为重要和最能引起读者兴趣的信息,无需将所有的信息,特别是那些生动的描写信息,传递给译文的读者。因此,对原文的内容进行必要的省略,可以更加突出译文的主题,让人一下抓住相关的信息,也避免了因生译造成的文化差异给读者带来困惑。

例1 当你步入沟中,便可见湖沼淡荡生辉,瀑布舒洒碧玉。一到金秋,满山枫叶绛红。盛夏,湖山幽翠。仲春,树绿花艳……四时都呈现出它的天然原始,宁静幽深。

本句中有多个四字词语,"淡荡生辉""舒洒碧玉""湖山幽翠""树绿花艳"和"宁静幽深"。在翻译的时候,如果把这些四字词语都原封不动地翻译出来,不但会使译文变得冗长,而且对原文意思的传递无太大作用。因此,在翻译这类句子的时候,可以采用解释性的方式,不必翻译四字词语。

译文 Mystic lakes and sparkling waterfalls captivate your eyes as you enter the ravine. The trees are in their greenest in spring when intensified by colorful flowers. In summer, warm tints spread over the hills and lake lands. As summer merges into autumn, the maple trees turn fiery-red. Splashing color through the thick forest hills… Tranquility pervades primitive Jiuzhaigou throughout the year.

例2 临河的街路,绍兴人将其称为"河沿",这种河沿在城内纵横交错,是水城的独特景观,可谓"三山万户巷盘曲,百桥千街水纵横"。

本句与上个例子类似,结尾"三山万户巷盘曲,百桥千街水纵横"在汉语中起到了点睛之笔的作用,生动形象地描绘了街路的景象。但翻译成英文之时,则无须如此繁复,将相关意思准确传递即可。

译文 The streets and roads along the rivers are called "heyan" by the locals and crisscross inside the city presenting a unique view.

意义的省略有时候也不必拘泥于单个句子,在长段文章的翻译中,也可以根据需要,批量省略一些信息,使主要的信息得到有效的传递。

例3 辛亥革命后,1925年北海辟为公园对外开放。1949年新中国成立后,党和政府对北海公园的保护极为重视,拨巨资予以修葺,1961年北海公园被国务院公布为第一批全国重点文物保护单位。

北海是中国历史园林的艺术杰作。全园占地69万平方米(其中水面39万平方米),主要由琼华岛、东岸、北岸景区组成。琼华岛上树木苍郁,殿宇栉比,亭台楼阁,错落有致,白塔耸立山巅,成为公园的标志,环湖垂柳掩映着濠濮间、画舫斋、静心斋、天王殿、快雪堂、九龙壁、五龙亭、小西天等众多著名景点。北海园林博采众长,有北方园林的宏阔气势和江南私家园林婉约多姿的风韵,并蓄帝王宫苑的富丽堂皇及宗教寺院的庄严肃穆,气象万千而又浑然一体,是中国园林艺术的瑰宝。

本文是对于北海公园的介绍,文中有多个详细描写园内景观的词汇,例如濠濮间、画舫斋、静心斋、天王殿、快雪堂、九龙壁、五龙亭、小西天等,这些词汇在翻译的过程中对整体的信息传递并无太大作用,且翻译成英文之后可能会造成读者的困惑,因此,可以采用省略的方式,对相关的信息进行精简,以求更好地传递原文的意思。试比较下述译文。

译文 Beihai was opened to the public in 1925 and in 1961 it was one of the first important cultural sites placed under protection by the State Council. The park occupies an area of 69 hectares including a 39-hectare lake. In the garden, pavilions and towers nestle amid the beautiful scenery of lakes and hills, grasses and trees. Carrying on the traditions of garden landscaping of ancient China, Beihai is a gem of garden art.

5.3.3.3 创造性翻译

在旅游文本的翻译中,不能忽略创造性翻译的地位。所谓的创造性翻译,是指在不损害原文意思的前提下,对原文的语句进行必要的重组、改写、转译、借用、概括等综合方式,同时综合利用意义的添加与取舍,让译文能更加生动、形象地传递原文意思,让译者更好地理解原文意思。

创造性翻译多用于旅游文本的翻译中,因其为综合手段的运用,下面仅举几个经典例子,供读者品味。

例1 江岸上彩楼林立,彩灯高悬,旌旗飘摇,呈现出一派喜气洋洋的节日场面。千姿百态的各式彩龙在江面游弋,舒展着优美的身姿,有的摇头摆尾,风采奕奕;有的喷火吐水,威风八面。

译文 High-rise buildings ornamented with colored lanterns and bright banners stand out along the river banks. On the river itself, gaily decorated dragon-shaped boats await their challenge, displaying their individual charms to their hearts' content. One boat wags its head and tail; another spits fire and sprays water.

例2 在四川西部,有一处美妙的去处。它背倚岷山主峰雪宝顶,树木苍翠,花香袭人,鸟语婉转,流水潺潺。这就是松潘县的黄龙。

译文 One of Sichuan's finest scenic spots is Huanglong (Yellow Dragon), which lies in Songpan County just beneath Xuebao, the main peak of the Minshan Mountain. Its lush green forests, filled with fragrant flowers, bubbling streams, and songbirds, are rich in historical interest as well as natural beauty.

例2的译文,主要采用了改写的方式,并对相关信息进行了省略。

例3 沈园位于鲁迅中路,从鲁迅祖居门前穿越中兴路往东不出二百米。沈园至今已有800多年的历史,初成时规模很大,占地七十亩之多,是绍兴古城内著名的古园林。

译文 Shenyuan Garden is a famous ancient garden in Shaoxing. It is situated on the middle section of Luxun Road, 200 meters east of Luxun's Ancestral Residence. It covers an area of more than 70 acres and it has a history of over 800 years.

例4 除了国际大都会的繁华,香港还有很多不同的面貌,例如原居民文化、殖民地建筑和露天市场等。走出市区,也可以找到自然风光。踏着绵软的沙滩,投入蓝天碧海的怀抱;沿登山径,深入浓密的山林,满目清新……初来乍到,您可能惊异于香港拥有如此迷人的自然美。

译文 Hong Kong is a city of stunning contrasts where towering skyscrapers rub shoulders with ancient temples and historic monuments. It's a living fusion of East and West that sees local people practicing age-old tai chi exercises in front of one of the world's most stunning harbors.

例 4 译文的后半部分,即为对原文的改写,既保留了原文想要传达的意思,同样也考虑了译文读者的接受方式,二者合一,将信息采用译者能够接收的方式进行了有效的传达。

课 后 练 习

第 1 部分 英译汉

Ⅰ.将下列句子翻译成汉语

1. Situated on the banks of River Yamuna, the shrine is largely made of white marble that reflects the changes of colour visible during sunset and clear, moonlit nights.

2. Tickets can be purchased at most railway stations in Switzerland, from the Matterhorn Gotthard Bahn and the Rhaetian Railways. Tickets can be booked online via the SBB, Rail Europe or Rail Ticketing. From 2009, bookings can be made online directly from Glacier Express.

3. In winter, ice crystals decorate the fountains and snow covers Basel like icing sugar.

4. Austria is wedged between seven other countries. Lichtenstein, Switzerland, and Germany are to the west. Czech Republic is to the north. Hungary is to the east. To the south are Italy and Yugoslavia.

5. There's no end to activities in this great metropolis, whether your tastes run more toward historic attractions, cultural pursuits, shopping or after-hours partying.

6. From the 15th to 25th of April every day, when the "Peony Festival" is held, all the peonies in the city are luxuriant with dazzling colors.

7. The vast movements of the earth's crust created a vast land of Australia, isolated it and positioned it across the tropical and temperate climatic zones.

8. Of course your journey through Scotland may not take you this way, but wherever you go you're in for a treat.

9. Rich in glorious scenery, filled with prolific wildlife, and dotted with pretty villages, the Shannon Erne Waterway is the longest navigable waterway in Europe, and is a paradise for nature lovers, boating enthusiasts and those who prefer the quiet life,

10. You can party dusk in the bars of Brunswick Street, or dance till dawn in bars in the city's lantern-lit laneways, secret apart from the spill of coloured light under brass doors.

Ⅱ.段落翻译

课后练习 1

This summer, let the Disney magic linger with a stay at the park's fabulous hotels. Both the Hong Kong Disneyland Hotel and the Disney's Hollywood Hotel will be making a splash with all kinds of fun summer activities for the whole family. Let the kids design their own summer fashions like sunglasses and visors, or get down and groove to the calypso beat with whacky water games. You can even go for a swim with Goofy! And outdoor bars will make sure refreshing poolside beverages are always in reach. Now take a closer look with our photo gallery! And check out our latest hotel offers.

课后练习2

The site for the Palace Museum was in the inner court, and the museum was composed of the museum of antiques and the library. On October 10, 1925, the grand inauguration ceremony of the Palace Museum was held in front of the Palace of Heavenly Purity, and those who attended included government officials and representatives from cultural, military, business and academic circles. The ticket price was cut from one *yuan* to five *jiao* for the first two days after the founding. Huge numbers of visitors came to have a look at the Forbidden City that had been closed to the outsiders for centuries. The previous imperial palace was crowded with visitors in the two days. People were especially interested in the exhibition of the palace history, so that the exhibition hall got overcrowded. The Forbidden City, an architectural and historic treasure, became the common wealth of the entire Chinese nation after being transformed from the imperial palace to the Palace Museum. Upon the founding of the Palace Museum, there used to be a suggestion that the gallery of cultural relics be incorporated into the museum, and the original outer court and the inner court be integrated. However, the plan hadn't been carried out until September 1947 when the gallery was finally incorporated into the Palace Museum. The handover work was accomplished in March 1949, and the outer court and inner court came to one under the Palace Museum. Since then, the Forbidden City has been under the integrated protection and administration. Nowadays, the Palace Museum welcomes millions of visitors as a world-class museum. It has been the fruit of efforts from several generations of people. This will write down a brilliant record in the Chinese history.

第2部分 汉译英

Ⅰ. 将下列句子翻译成英语

1. 这里千峰竞秀,有奇峰72座,其中天都峰、莲花峰、光明顶都在海拔1 800米以上,拔地擎天,气势磅礴,雄姿领秀。
2. 沧浪亭位于人民路的南端,是苏州最古老的的园林之一。
3. 青城山地质地貌独特,植被茂密,气候适宜,林木葱翠,层峦叠嶂,曲径逶迤,古观藏趣。
4. 雾凇之美,美在壮观,美在奇绝。
5. 游客乘着竹筏游览九曲溪,仿佛置身于画卷之中,如古诗所云:"武夷风景堪称奇,胜似人间仙境"。

6. 被誉为"国色天香"的牡丹,色彩斑斓,雍容华贵,历来被称作"花中之王"。

7. 寒山寺,位于苏州阊门外枫桥镇上,距城约 3.5 千米,初建于 501 年至 519 年,原名妙利普明塔院。

8. 天镜平涵,快千顷碧中,浅浅深深,画图得农桑景象;云屏常峙,看万峰青处,浓浓淡淡,回环此楼阁规模。

9. 长沙这座从远古走到现代的湖湘首邑,虽然历经数千年的风雨沧桑,仍不失古朴美丽的都市风采。

10. 境内怪峰林立,溶洞群布,古木参天,珍禽竞翅,山泉潺潺,云雾缭绕。

Ⅱ. 段落翻译

课后练习 1

太和殿俗称"金銮殿",始建于明代永乐十八年,原名奉天殿,建成后曾屡遭焚毁。嘉靖四十九年重建后改称皇极殿。清代顺治二年改称太和殿,康熙三十四年重建。太和殿面阔十一间,63.96 米,进深五间,37.17 米,建筑面积为 2 377 平方米,重檐庑殿顶,高 35.05 米,连三台通高 37.44 米。殿前檐七间装隔扇门,两稍间装槛窗,后檐明次三间安隔扇门,其余为砖墙。隔扇心为三交六棱花,绦环、裙板雕刻蟠龙,为防止隔扇边挺、抹头接榫处走闪,以鎏金面页固定,装饰极为华丽,称为金扉金锁窗。檐下斗栱,上层檐单翘三昂九踩溜金斗栱,下层单翘重昂七踩溜金斗栱,为斗栱中等级最高的形制。檐角走兽十个,为屋脊装饰等级最高之孤例。其建筑规模、装饰等级均为现有古建筑之首。

课后练习 2

湘西地区位于沅江上游,武陵山地,境内多山、多水,一月平均气温为 4～5 ℃,七月平均气温为 26～28 ℃,可称之为夏无酷暑,冬无严寒的气候,且多雨、潮湿,年降水量在 1 200～1 400 毫米。西部山区盛产杉木,这些都对地区民居形制的形成产生影响。湘西地区为苗族、土家族及汉族杂居地区,苗族有 57 万人,多居于花垣、凤凰两县,吉首、古丈次之。土家族有 67 万人,聚居在永顺、龙山、保靖等县。另外,区内汉族约占半数。长期以来,苗、土、汉族的民居建筑形式相互融合,形成地区特色。

第6章 商品说明书

6.1 对照阅读与思考

6.1.1 对照阅读与思考1

原文：蜂花粉是蜜蜂采集植物花粉后加入花蜜和蜜蜂唾腺分泌物混合而成的产物，它从采集到加工全由蜜蜂自己完成，是一种纯天然的营养保健品。根据蜜蜂所采集的植物品种的不同，蜂花粉也分为许多种，主要的品种有油菜花粉、茶花粉、荷花粉、虞美人花粉、玉米花粉、葵花粉、荞麦花粉等。不同品种的蜂花粉有不同的颜色，但形状大多为扁圆颗粒状，并带有蜜蜂后肢嵌挟的痕迹。每种蜂花粉带有该种植物特有的清香，味道稍甜而略带苦味。个别品种的蜂花粉，如荞麦蜂花粉气味和味道较为特殊，但其营养价值较高。

译文 Bee pollen is a product of bees by their mixing collected plant pollen with floral nectar and their salivary secretions. All procedures involved are solely undertaken by bees, ensuring the pollen's purely natural and healthy quality. There is a variety of bee pollen corresponding to the plant species collected; they are mainly rape pollen, corn pollen, camellia pollen, sunflower pollen, corn poppy pollen, buckwheat flower, and so on. The colors of pollen vary with species, and most are shaped like oblate granule, with gipped race by bees' hind legs. Bee pollen bears a characteristic fragrance of the source plant, sweet with a little bitterness. Certain species such as buckwheat pollen, with special flavor and smell, is richer in nutrition.

对比阅读上面两段话并思考下列问题：
1. 汉语原文是什么类型的文体？其中的长句翻译是怎么处理的？
2. 这段话的翻译难点主要集中在哪几方面？
3. 请简单评述一下这段译文的处理手段有哪些优缺点。

6.1.2 对照阅读与思考2

原文：
Configure the printer
Configuring the fax time, date, and header settings is required to use the fax feature.

The easiest method is to use the **HP Fax Setup** from the computer.

(1) From the printer control panel, press the Setup button, and use the arrow buttons to select the **System setup** menu. Press **OK**.

(2) Use the arrow buttons to select the **Time/Date** menu, and then press **OK**.

(3) Use the arrow buttons to select the 12-hour or 24-hour clock, and press **OK**. Now use the keypad to enter the current time:

- 12-hour clock: Use the arrow buttons to move past the fourth character. Select **1** for a.m. or **2** for p.m. Press **OK**.

- 24-hour clock: Press **OK**.

(4) Use the keypad to enter the current date. Use two digits to specify the month, day, and year. Press **OK**.

(5) Use the arrow buttons to navigate to **System setup**, and press **OK**.

(6) Use the arrow buttons to select the **Fax setup** menu, and then press **OK**.

(7) Use the arrow buttons to select the **Fax header**, and press **OK**.

(8) Use the keypad to enter your fax number and company name or header, and press **OK**.

NOTE: The maximum number of characters for the fax number is 20. Use up to 25 characters for the company name.

译文

配置打印机

必须配置传真时间、日期和标题设置才能使用传真功能。通过计算机设置 HP 打印机的传真功能最为简便。

(1) 从打印机控制面板上，按"设置"按钮，然后使用箭头按钮选择"系统设置"菜单。按 OK。

(2) 使用箭头按钮选择"时间/日期"菜单，然后按 OK。

(3) 使用箭头按钮选择 12 小时制或 24 小时制时钟，然后按 OK。使用数字键盘输入当前时间：

- 12 小时制时钟：使用箭头按钮移过四个表示时间的字符。选择 1 表示上午或 2 表示下午，单击 OK。

- 24 小时制时钟：按 OK。

(4) 使用数字键盘输入当前日期。使用两位数指定月、日和年。按 OK。

(5) 使用箭头按钮导航到"系统设置"，然后按 OK。

(6) 使用箭头按钮选择"传真设置"菜单，然后按 OK。

(7) 使用箭头按钮选择"传真标题"，然后按 OK。

(8) 使用数字键盘输入传真号码和公司名称或抬头，然后按 OK。

注意：传真号码的最大字符数为 20。公司名称最多使用 25 个字符。

对比阅读上面两段话并思考下列问题：

1. 这段英文原文有什么特点？汉语译文和原文有什么异同？
2. 这段话的翻译难点主要集中在哪几方面？
3. 请简单评述一下这段译文的处理手段有哪些优缺点。

6.2 商品说明书

6.2.1 商品说明书概述

商品说明书的覆盖范围很广,从工业装置的说明到一般机械或家用电器的操作简介,以及其他各商品使用说明、服务须知等均属于此范围。

6.2.1.1 商品说明书的定义

商品说明书,也可称为产品说明书、使用说明书、操作手册、用户手册等,是一种为产品使用者或消费者提供信息的应用文体,是产品标识的重要组成部分,是一种以说明为主要表达方式,关于物品的用途、规格性能、特征、使用和保养方法等知识的文书材料。商品说明书主要用文字、符号、标志、标记、数字及图案等来表示,其主要功能是传播知识和指导消费,有助于消费者更好了解产品的特点,熟悉产品的性能,掌握产品的使用方法,避免因选择或使用不当造成不必要的损失。许多产品说明的内容都标在产品或产品的包装上,让人一目了然。商品说明书在介绍产品的同时,也宣传了企业,因此,它也往往兼有广告宣传的性质。从这种意义上说,商品说明书是在推销产品,扩大品牌知名度。所以,在国际贸易中,商品说明书的翻译质量至关重要。

6.2.1.2 商品说明书的内容结构

不同商品的说明书内容及特点不尽相同,说明书的结构也因产品的性能、用途等方面的不同而有所不同。商品说明书结构相对固定,通常包括标题、正文、署名三部分。标题部分需列出商品的具体名。一般来说,正文内容涵盖以下几个部分:(1)商品的特征、功能和成分;(2)安装/使用/服用/饮用/食用的方法;(3)注意事项;(4)主要性能、指标及规格等。署名部分一般由厂商、经销商、电话、传真、网址、地址、邮编等信息构成。

各类商品的性质和用途不同,商品说明书的方法及内容也各不相同。商品说明书按其形式可分为手册式说明书、插页式说明书、标签式说明书和印在包装上的说明书。手册式说明书以手册的形式向消费者提供文字说明材料,同时还带有照片和插图。许多家电产品(如电视机、冰箱、空调等)的说明书,通常是手册式说明书。插页式说明书附带在商品包装盒或包装袋里,用单页纸印上有关产品的信息。许多药品、化妆品等都用这类商品说明书。标签式说明书是指附在商品包装或直接附在商品上的纸或其他材料制成的标签。最常见的是衣服、鞋帽上的说明书。印在包装上的说明书是指直接印在商品的外包装上的说明书,许多食品的文字说明书就属此类。熟知不同题材说明书的语言及内容会有助于我们的翻译。下面是一些表达准确、语言简明规范的说明书翻译实例。

1. 手册式说明书

手册式说明书以手册形式向用户提供从几页到几十页不等的文字说明材料,有些还带有照片和插图,能详细而全面地提供与商品有关的信息。手册式说明书有很多是家电类商品的说明书,主要用于帮助使用者掌握该产品的操作方法,包括用途、产品规格、操作须知、维护及保养等。

（1）对用途的说明

例　The oven is intended for domestic cooking only.

译文　本款微波炉仅供家庭烹饪使用。

（2）对产品特点的说明

例　Simple construction, easy operation and maintenance.

译文　结构简单，操作容易，维修方便。

（3）操作说明

例　Switch the appliance on by pressing the switch lock and pushing the ON/OFF button upwards.

译文　按下开关键并把开/关按钮向上推，便可启动本设备。

（4）安全警示说明

例1　Before use, check that the power is well connected and that the grill trivet and grill/roasting pan are properly installed.

译文　使用前，请检查电源连接是否正确，烤架和烤盘是否安装到位。

例2　Remove the batteries from the appliance if you are not going to use it for quite some time.

译文　长时间不使用本设备，请取出电池。

（5）故障排除

例　Trouble: The shaver does not work when the ON/OFF button is pressed.
Solution: Replace the batteries, if the shaver still does not work, see "Guarantee & Service".

译文　问题：按下开/关按钮后剃须刀不启动。
解决方法：更换电池，如果剃须刀仍然不能启动，请参阅"保证及维修服务"。

（6）维护及保养

例1　When the intelligent oven is faulty or is not working properly due to other causes, please take the intelligent oven to the facilitator to repair.

译文　如果智能烤箱出故障或由于其他原因不能正常工作，请把烤箱送到服务商处维修。

例2　When the intelligent oven is faulty, do not use the parts from an unspecified manufacturers. This will cause harm to the user or pose a potential danger.

译文　如果智能烤箱出故障，不得使用非指定制造商提供的零件，否则会对用户造成伤害或造成潜在的危险。

2. 印在包装上的说明书

食品类的文字说明书属于印在包装上的说明书，包括产品名称、商标、主要成分、食用方法、保健作用、保质期、存放方法等。

（1）食品成分

例　配料：牛肉、水、糖、盐、苹果醋、黑胡椒粉、味精、三聚磷酸钠、大蒜粉、洋葱粉、水解玉米蛋白、柠檬酸、亚硝酸钠。

译文 Ingredients: beef, water, sugar, salt, apple cider vinegar, black pepper crashed, monosodium glutamate, sodium tripolyphosphate, garlic powder, onion powder, hydrolyzed corn gluten protein, citric acid and sodium nitrite.

(2) 食用方法

例 直接食用。

译文 Ready to be served.

(3) 保健作用

例 长期使用本产品,可以美容养颜强身健体,提高免疫力,延缓衰老。

译文 Regular use of this product will bring forth a stronger body, improved immunity, better skin and slower aging.

(4) 保质期

例 保质期至2019年10月31日。

译文 Best before Oct. 31, 2019。

(5) 存放方法

例 放在干燥阴凉处,开封后三日内吃完。无须冷藏。

译文 Store in a cool, dry place. Please consume within 3 days after opening. No refrigeration required.

3. 插页式说明书

药品和化妆品说明书都属于插页式说明书。药品说明书是载明药品重要信息的法定文件,是选用药品的法定指南。药品说明书的内容应包括药品的品名、规格、生产企业、药品批准文号、产品批号、有效期、主要成分、适应症或功能主治、用法、用量、禁忌、不良反应和注意事项等。中药制剂说明书还应包括主要药味(成分)性状、药理作用、贮藏等。一般说来,化妆品说明书的内容包括主要成分、主要功能、使用人群、使用方法、注意事项,有的还包括图示等内容。

(1) 主要成分/药品性状(Description/General Description)

例 Simvastatin is a white to off-white, nonhygroscopic, crystalline powder that is practically insoluble in water, and freely soluble in chloroform, methanol and ethanol.

译文 辛伐他汀(舒降之®)是一种白色至灰白色、不吸湿的结晶粉末,几乎不溶于水,易溶于氯仿、甲醇和乙醇。

(2) 功能主治/适应症[Indications/Indications and Usage/Major (Principal) Indications/Uses/Action and Use]

例

Reductions in Risk of CHD Mortality and Cardiovascular Events

In patients at high risk of coronary events because of existing coronary heart disease, diabetes, peripheral vessel disease, history of stroke or other cerebrovascular disease, Zocor is indicated to:

- Reduce the total mortality by reducing CHD deaths.
- Reduce the risk of non-fatal myocardial infarction and stroke.
- Reduce the need for coronary and non-coronary revascularization procedures.

Hyperlipidemia

Zocor is indicated to:

- Reduce elevated total cholesterol (total-C), low-density lipoprotein cholesterol (LDL-C), apolipoprotein B (Apo B), and triglycerides (TG), and to increase high-density lipoprotein cholesterol (HDL-C) in patients with primary hyperlipidemia (Fredrickson type Ⅱa, heterozygous familial and non-familial) or mixed dyslipidemia (Fredrickson type Ⅱb).
- Reduce elevated TG in patients with hypertriglyceridemia (Fredrickson type Ⅳ hyperlipidemia).
- Reduce elevated TG and VLDL-C in patients with primary dysbetalipoproteinemia (Fredrickson type Ⅲ hyperlipidemia).
- Reduce total-C and LDL-C in patients with homozygous familial hypercholesterolemia as an adjunct to other lipid-lowering treatments (e.g., LDL apheresis) or if such treatments are unavailable.

Adolescent Patients (10-17 years of age) with Heterozygous Familial Hypercholesterolemia (HeFH)

Zocor is indicated as an adjunct to diet to reduce total-C, LDL-C, and Apo B levels in adolescent boys and girls.

译文

降低冠心病死亡率和心血管事件的风险

对于存在冠心病、糖尿病、外周血管疾病、中风史或其他脑血管疾病、冠心病、风险高的患者,舒降之®可:

- 通过减少冠心病死亡数来降低总死亡率。
- 降低非致命性心肌梗死和中风的风险。
- 减少冠状动脉和非冠状动脉血运重建术的需要。

高脂血症

舒降之®适用于:

- 降低总胆固醇、低密度脂蛋白胆固醇、载脂蛋白B和甘油三酯,并增加原发性高脂血症或混合性血脂异常患者的高密度脂蛋白胆固醇。
- 降低高甘油三酯血症患者的甘油三酯。
- 降低原发性异常脂蛋白血症患者的甘油三酯和超低密度脂蛋白。
- 作为其他降脂治疗(例如,低密度脂蛋白单采血液成分术)的辅助手段,或者单独使用,可降低纯合子家族性高胆固醇血症患者的总胆固醇和低密度脂蛋白。

对于杂合子家族性高胆固醇血症的青少年患者(10~17岁)

舒降之®可辅助饮食,用于降低青少年的总胆固醇、低密度脂蛋白胆固醇和载脂蛋白B的水平。

(3) 用法用量 [Dosage and Administration/ Route of Administrations/ Administration/ Direction for Use/ Method of (for) Administration/ Application and Dosage/ Mode of Application/ Dosage/ How to Use]

例　The dosage range is 5-80 mg/day. In patients with CHD or at high risk of CHD, Zocor can be started simultaneously with diet. The recommended usual starting dose is 20 to 40 mg once a day in the evening. For patients at high risk for a CHD event due to existing CHD, diabetes, peripheral vessel disease, history of stroke or other cerebrovascular disease, the recommended starting dose is 40 mg/day. Lipid determinations should be performed after 4 weeks of therapy and periodically thereafter.

译文　推荐剂量范围为每天5～80mg。对于冠心病患者或冠心病高风险患者，舒降之®可结合标准的降胆固醇饮食，建议起始剂量20～40mg，晚间一次服用。对于由于存在冠心病、糖尿病、外周血管疾病、中风史或其他脑血管疾病会导致冠心病事件高风险的患者，建议起始剂量为每天40mg。应在治疗4周后进行脂质测定，之后定期进行。

(4) 禁忌(Contraindications/Restrictions on Use)

例

Zocor is contraindicated in the following conditions:
- Hypersensitivity to any component of this medication.
- Active liver disease, which may include unexplained persistent elevations in hepatic transaminase levels.
- Women who are pregnant or may become pregnant. Serum cholesterol and triglycerides increase during normal pregnancy, and cholesterol or cholesterol derivatives are essential for fetal development.
- Nursing mothers. It is not known whether simvastatin is excreted into human milk; however, a small amount of another drug in this class does pass into breast milk. Because statins have the potential for serious adverse reactions in nursing infants, women who require treatment with Zocor should not breastfeed their infants.

译文

禁忌：
- 对本品任何成分过敏者禁用。
- 活动性肝脏疾病或无法解释的血清转氨酶水平持续升高者禁用。
- 怀孕或可能怀孕的妇女禁用。正常妊娠期间血清胆固醇和甘油三酯增加，胆固醇或胆固醇衍生物对胎儿发育至关重要。
- 哺乳期妇女禁用。目前尚不清楚辛伐他汀是否会排泄到乳汁中；然而，这一类药中的另一种药物确实会少量进入母乳。由于他汀类药物可能会对哺乳期婴儿产生严重的不良反应，因此需要接受舒降之®治疗的女性不应该母乳喂养婴儿。

(5) 不良反应[Adverse Reaction(s)/Unwanted(Untoward) Reaction(s)/Side-Effect(s)/Unwanted(Undesirable) Effects/Side Reaction(s)/By-Effects]

例　The following additional adverse reactions have been identified during postapproval use of simvastatin: pruritus, alopecia, a variety of skin changes (e.g., nodules, discoloration, dryness of skin/mucous membranes, changes to hair/nails), dizziness, muscle cramps, myalgia, pancreatitis, memory impairment, paresthesia, peripheral neuropathy, vomiting and anemia, rhabdomyolysis, hepatitis/jaundice, hepatic failure, depression. An apparent hypersensitivity syndrome has been reported rarely which has included some of the following features: anaphylaxis, angioedema, lupus erythematous-like syndrome, polymyalgia rheumatica, dermatomyositis, vasculitis, purpura, thrombocytopenia, leukopenia, hemolytic anemia, positive ANA, ESR increase, eosinophilia, arthritis, arthralgia, urticaria, asthenia, photosensitivity, fever, chills, flushing, malaise, dyspnea, toxic epidermal necrolysis, erythema multiforme, including Stevens-Johnson syndrome.

译文 在批准使用辛伐他汀(舒降之®)后,已发现以下其他不良反应:瘙痒、脱发、各种皮肤变化(如结节、变色、皮肤/黏膜干燥、头发/指甲变化)、头晕、肌肉痉挛、肌痛、胰腺炎、记忆障碍、感觉异常、周围神经病变、呕吐和贫血、横纹肌溶解症、肝炎/黄疸、肝功能衰竭、抑郁症。其中,包括下列一项或多项症状的明显的过敏反应综合征罕有报道:过敏反应、血管性水肿、红斑狼疮样综合征、风湿性多肌痛、皮肌炎、血管炎、紫癜、血小板减少、白细胞减少、溶血性贫血、抗核抗体阳性、血沉增快、嗜酸性粒细胞增多、关节炎、关节痛、荨麻疹、虚弱、光敏性、发热、寒战、潮红、不适、呼吸困难、中毒性表皮坏死松解症、多形性红斑,包括史提芬强生症候群。

(6) 注意事项[Warnings and Precautions / Warning(s) / Precaution(s) / Caution(s)/ Special Note/N. B/ Note / Important / Important for the Patients]

例

Myopathy/Rhabdomyolysis

Simvastatin, like other statins, occasionally causes myopathy manifested as muscle pain, tenderness or weakness with creatine kinase (CK) above ten times the upper limit of normal (ULN). Myopathy sometimes takes the form of rhabdomyolysis with or without acute renal failure secondary to myoglobinuria, and rare fatalities have occurred. The risk of myopathy is increased by high levels of statin activity in plasma. Predisposing factors for myopathy include advanced age (≥65 years), uncontrolled hypothyroidism, and renal impairment.

All patients starting therapy with simvastatin, or whose dose of simvastatin is being increased, should be advised of the risk of myopathy and told to report promptly any unexplained muscle pain, tenderness or weakness. Simvastatin therapy should be discontinued immediately if myopathy is diagnosed or suspected.

Liver Dysfunction

Persistent increases (to more than 3X the ULN) in serum transaminases have occurred in approximately 1% of patients who received simvastatin in clinical studies. When drug treatment was interrupted or discontinued in these patients, the transaminase levels usually fell slowly to pretreatment levels. The increases were not associated with jaundice or other clinical signs or symptoms. There was no evidence of hypersensitivity.

It is recommended that liver function tests be performed before the initiation of treatment, and thereafter when clinically indicated. Patients titrated to the 80-mg dose should receive an additional test prior to titration, 3 months after titration to the 80-mg dose, and periodically thereafter (e.g., semiannually) for the first year of treatment.

The drug should be used with caution in patients who consume substantial quantities of alcohol and/or have a past history of liver disease.

译文

肌病/横纹肌溶解症

与其他他汀类药物一样,辛伐他汀(舒降之®)偶尔会引起肌病,表现为肌肉疼痛、压痛或虚弱,并伴肌酸激酶升高,超过正常上限的十倍。伴或不伴继发于肌红蛋白尿的急性肾衰,由此发生的致命性事件极少。血浆中高水平的他汀类药物活性增加了肌病的风险。肌病的易感因素包括高龄(≥65岁)、未控制的甲状腺功能减退和肾功能损害。

所有开始使用辛伐他汀治疗或其辛伐他汀剂量增加的患者应告知肌病的风险,并告诉他们及时报告任何无法解释的肌肉疼痛、压痛或虚弱。如果确诊或怀疑肌病,应立即停用辛伐他汀治疗。

肝功能障碍

在临床研究中接受辛伐他汀的患者中约1‰发生血清转氨酶持续增加(超过正常上限的3倍)。当这些患者中断或停止药物治疗时,转氨酶水平通常缓慢下降至治疗前水平。转氨酶增加与黄疸或其他临床症状无关。没有超敏反应的证据。

建议在开始治疗前做肝功能检查,此后在临床指示时进行。剂量调整至80 mg的患者应在治疗前,并在使用80 mg剂量后3个月接受另外的测试,并在其后接受治疗的第一年定期(例如,每半年)做肝功能检查。

对于服用大量酒精和/或有过肝病史的患者,应谨慎使用该药。

(7) 包装(Presentation /Packing /Package /Packs/Supply/Supplied/How Supplied / Mode of Issue/ Forms of Issue/ Package for Use/ Availability)

例 Box containing one 100 mg bottle.

译文 每盒一瓶,每瓶 100 mg。

(8) 储存(Storage)

例 Store medicine carefully. Keep away from children.

译文 注意保存,勿让儿童接触。

(9) 其他(Others)

许多英文说明书常设其他项目。例如,shelf life 储藏期、expiry date 有效期、permission No. 许可号、manufacturer 生产者、reference 参考。

4. 标签式说明书

衣服鞋帽的说明书属于标签式说明书,其内容主要包括产品作用、使用方法、注意事项等。

(1) 产品作用

例

- These sleek joggers feature our ABC (anti-ball crushing) engineering and sweat-wicking Warpstreme™ fabric, making them an obvious choice for recreation or travel.

- Warpstreme™ fabric is four-way stretch.
- Wear the drawcord out or hide it inside for a flat waistband.
- Hidden media and coin pockets.
- Secure back pocket to store your essentials.

译文
- 这款时尚的运动裤采用我们的 ABC(防起球)工程技术和吸汗排汗的 Warpstreme™ 织物,使其成为休闲或旅行的不二之选。
- Warpstreme™ 织物可多方位拉伸。
- 拉绳可拉出来也可隐藏在里面当腰带。
- 隐藏口袋可装媒体播放设备和硬币。
- 安全后袋可存放必需品。

(2) 洗涤方法

例 Machine wash cold inside out. Gentle cycle with like colors. Only non-chlorine bleach. Tumble dry low, cool iron if needed. Do not iron decoration.

译文 冷水机洗,反面洗涤。与颜色相近的衣服一起轻柔机洗。只可非氯漂白。低温转笼干燥,必要时可低温(100 ℃)熨烫。请勿熨烫装饰物。

(3) 注意事项

例 The unique appearance of this garment is intended. It may change as a result of washing and wear. Follow care instructions.

译文 此款服装的外形经过精心设计,可能会因洗涤或穿着而发生变化。请参照保养须知。

句型是语言结构的要素,无论是英译汉还是汉译英都离不开句型。熟悉英文商品说明书中的常见句型与文体特点对翻译该类文本十分必要。

6.2.2 商品说明书的特点

根据英国翻译理论家纽马克的文本分类法,商品说明书属于信息型加呼唤型文本,既有提供商品信息的主导功能,也有推销商品的辅助功能。翻译商品说明书可以依据文本类型理论,恰当灵活地运用不同翻译方法,确保译文为消费者理解和接受,使消费者能够安全顺利地使用产品。所以,了解商品说明书的文体特点有助于准确规范、清晰简练地翻译商品说明书。

1. 多使用专业词汇

商品说明书属于信息类文体,以客观地说明商品的特色、使用方法和工作原理等为主,因此,不可避免地会出现专业词汇。

例 1 The type CYJ 15-18-18 oil pumping machine is of simple and compact construction.

译文 CYJ15-18-18 型抽油机的结构简单紧凑。

例 2 It is an antibiotic which is active against a wide range of gram positive and gram negative organism.

译文 它是一种抗生素,能抵抗各种革兰氏阳性和革兰氏阴性细菌。

例3 立刻关闭阀门。

译文 Close the valve immediately.

例4 CC-15 型冲床主要用于冲孔、落料、弯曲和剪切等冷冲工艺。

译文 CC-15 press is mainly designed for cold working operations, such as punching, blanking, bending, cutting and so on.

2. 语言规范,描写性强

商品说明书属于正式文体,其行文规范,有固定的格式和要求。有的说明书由于项目较多,以条款式书写。条款式说明书将各项内容排列得十分清楚,同时还要凭借良好的描述才能达到效果。就说明书所属的教范英语而言,"好的描述"是指:"(1)具有科学的思维逻辑,即能使语言描写富于层次感和程序性,使读者见文即能循序渐进地理解或弄明白某一机械的结构原理和操作程序、某一事务的经办手续和注意事项、某一活动的进行常规和有关规定,等等。(2)具有生动的形象效果,即能使语言描写不停留在抽象的推理或说理、说明上,使读者见文即能产生某种实感,因此教范英语一般都是写实的。(3)具有明白、畅晓的说服力,即语言必须简练、通俗,避免铺叙、婉曲,以及不必要的修辞格"[①]。

下面的例子是某豪华运动型汽车的部分说明书,表现了信息准确这个特征。该例描写性强,语言规范。

例 Designed for steep slopes of 45 degrees, for rivers with a depth of 58 cm and for motorways without speed limits.

- Hill climb capability: 100 percent or 45 degrees
- Fording depth: up to 580 mm (with air suspension)
- Overhang angle: 27 degrees
- Lateral tilt: up to 35 degrees (static 45 degrees)

译文 (本车)为翻越 45 度斜坡、跨越深达 58 厘米河滩和穿梭于快车道而特别设计。

- 最大爬坡度:100%或 45 度
- 涉水深度:580 毫米
- 纵向通过角:27 度
- 安全侧倾角度:35 度(静止时 45 度)[②]

3. 简洁明快,通俗易懂

商品说明书中省略句十分普遍,这与其简洁明了的文体特征息息相关。商品说明书的内容以客观描述和介绍产品的使用安全、工作原理、技术参数、结构、安装调试、操作和维护等为主,因此,各种说明书通常使用的句子要比其他类型的科技文简短一些,多用短句;同时,在表述上还要尽量实现清楚、简洁和准确的原则。因此,商品说明书会较多使用非谓语动词结构,也会用到省略句。

例1 Contraindications: None known.

译文 禁忌:尚未发现。

例2 Free of sugars, starch, yeast, and preservatives.

[①] 刘宓庆:《文体与翻译》(增订版),北京:中国对外翻译出版公司,1998 年,第 440-441 页。

[②] 傅敬民:《实用商务英语翻译教程》,上海:华东理工大学出版社,2011 年,第 179 页。

译文 不含糖、淀粉、发酵剂和防腐剂。

例 3 If swallowed, get medical help or contact a Poison Control Center right away.

译文 如误饮本品,请即寻求医生帮助或联系中毒控制中心。

商品说明书,特别是在其指示说明部分,会频繁使用祈使句,而且大多省略主语。祈使句常常用来表示强调、命令、警告,在给予指示时直截了当、简洁有力,能突出主要信息,能体现"指示、叮嘱、告诫"等语义功能,能使消费者快速获取有关信息并按其说明去做,因而在产品的使用方法和注意事项等说明书中会大量使用祈使句。

英语中常用的祈使句型包括以下几种。

(1) 情态动词

情态动词包括 may, can, should, must, can't, shouldn't, mustn't 等。

例 If struck extremely hard, the glass may break or weaken, and could at a later time, shatter into many small pieces without apparent cause.

译文 如果受到猛烈撞击,玻璃可能会破碎或变得易碎,或可能会在某个时间无缘无故碎成许多小碎片。

(2) Do not

例 1 Do not heat the intelligent oven without food.

译文 不能加热空(没放食物的)智能烤箱。

例 2 Do not attempt to open the device other than as instructed in this guide.

译文 请按本手册说明打开手机,切勿尝试其他方法。

(3) Please (do)

例 Please provide your name, address, telephone numbers and proof of purchase.

译文 请提供下列资料:您的姓名、地址、电话号码及购买凭证。

(4) Never (do)

例 Never use insect repellents on wounds or irritated skin.

译文 切勿将驱虫剂喷在伤口或发炎的皮肤上。

汉语中也有不少祈使句。

例 1 只能过滤凉自来水。

译文 Please filter cold tap water only.

例 2 请勿将滤水壶放在阳光直射处。

译文 Do not expose your water filter to direct sunlight.

英语商品说明书有时为了达到简单明快的目的,会使用被动语态。被动语态具有不指明动作的施动者、强调事件本身的过程以及使句子结构紧凑的特点。这正好符合英文说明书的要求。英文说明书中大量使用被动语态,不仅语言客观简洁,而且可以使读者的注意力集中在受动者这一主要信息上。中文商品说明书一般要求使用主动语态,英汉互译时要根据情况作语态转换。

例 产品可根据用户需要采用柜式、立架式、卧式、地面摆放及与其他电源柜内置式等各种使用形式。

译文 The products can be installed in several types such as cabinet, vertical racks, horizontal racks, ground placement and installed with other kinds of power supply cabinet according to user's requirements.

汉语也有不少简洁明快的例子。

例 给电池充电约需 2 小时。

译文 It takes about two hours to fully charge the battery.

另外,说明书有时候也会采用实物照片、结构图、表格等手段,使描写的内容更直观明晰、形象生动、重点突出。

这些英语常用句型,可以在翻译汉语商品说明书的时候予以借鉴。同样,在将英语说明书译成汉语时也要考虑体现出汉语说明书相应的特点。

6.2.3 商品说明书的翻译

商品说明书的翻译需要遵循三个原则。

1. 内容简洁明晰,语言通俗易懂

商品说明书为了告诉读者关于产品如何使用的信息,所以一般要求简洁明晰,通俗易懂。

例 1 将修护洁面乳均匀涂抹于脸部和颈部,由下往上轻轻打圈按摩,用化妆棉或温水洗净,早晚各一次。

译文 Apply morning and night cleanser to the face and neck, massage upwards with circle moment. Rinse well with water or cotton pad.

上述例句中汉语原文相对较长,虽然不会造成误解,但翻译时如果按照原来的顺序和句型翻译,英语句子中就会有三个动词连用,中间的修饰词使得句子冗长不堪。采用断句的方式,同时适当调整一些词的顺序,便使得英文读起来顺畅、地道、简洁、易懂。翻译时保留祈使句。

例 2 请按说明书使用,如不慎入眼,即用清水彻底清洗;若有皮肤不适或敏感,请停止使用;请勿放在阳光照射及高温处;请置于儿童接触不到的地方。

译文 Apply according to the instruction. For careless contact with eyes, please rinse with water thoroughly. Stop using immediately for any skin discomfort or allergic evidence. Keep away from sun and heat. Keep out of reach of children.

原文是祈使句,虽然语言并不复杂,但有两个条件句"如不慎入眼"和"若有皮肤不适或敏感"。如果翻译成英语条件句,就会出现两个复合句。译文首先采用断句法,分成五个简单句。用"for careless contact with eyes"和"for any skin discomfort or allergic evidence"两个介词短语表达原来的两个条件句,既简单又地道,还清晰易懂。"请勿放在阳光照射及高温处"也没有直接译成"Do not place in the sunshine and heat",而是用反笔译法,把汉语里从反面来表达的句子,译文中从正面来表达,译成"Keep away from sun and heat"。这几个句子的翻译过程中,还采用了断句译法。第一句中的"请按说明书使用,如不慎入眼,即用清水彻底清洗"被分译成两句,这样翻译后的英文句子更简洁明快,直截了当。

例 3 Directions: Wet hair and lather. Rinse thoroughly. For extra moisturization to prevent split-ends, use regularly Pantene Pro-V Treatment Moisturizer.

译文 用法:打湿头发,加水轻揉洗发露起泡后洗发,再以清水冲洗即可。每次洗发后,使用潘婷 PRO-V 营养润发露,能加倍滋润头发,预防头发开叉。

这是潘婷 PRO-V 营养润发露的说明书,英文原文相对更简单。"lather"一词在字典中的意思是"起泡沫",但翻译成汉语时补充了"加水轻揉洗发露起泡后洗发"更符合常识,更清楚明了。

例 4 Do not spray on naked flame. Do not pierce or burn, even when empty. Do not inhale. Keep out of the reach of children. For external use only.

译文 不要喷在明火上。不要刺穿或点燃空瓶。不要吸入。放在儿童接触不到的地方。仅限外用。

这是某止血粉的使用注意事项,英语原文简单易懂,基本都用了祈使句,而汉语翻译也是按照原文直译成祈使句,把原来的意思传达得清楚明白。

例 5 It is recommended that the dosage be reduced at night.

译文 建议夜间剂量酌减。

原文中的 it 是形式主语,真正的主语是后面的从句。译文把握了原文的意图,表明句子要强调的是客观事实,强调疗法的普遍性,因此译成无主句。整个句子简洁明了,通俗易懂而又不失原意。

例 6 不可与其他药品混合使用。

译文 Mixture of this medicine with others is forbidden.

产品说明书的读者关注的是产品本身,是事物的发生和存在,而并不太在意谁是这个动作的实施者。而被动语态可以把实施者弱化或隐藏起来,从而使句子简单但符合英语习惯。

2. 行文准确规范,突出描写重点

翻译条款类说明书时,也应按照原文的条款式书写,以便从语言形式和内容上达到对等。同时,在翻译过程中应该确保概念、定义准确无误,实事求是地反映产品的实际情况,这在专业术语的翻译中表现得尤为明显。商品说明书上经常出现一些专业词语,它们具有相对固定性,在翻译时候用直译法直接翻译成目的语中意义对等的单词、词组即可。商品说明书的翻译除了要求内容准确,结构和行文规范外,同时还强调其技术性特点,突出强调重点。商品说明书有其专业范围,在翻译时会呈现出高度的专业性。专业术语语义具有严谨性和单一性,因而反映的信息更加准确。尤其是商品说明书涉及的成分、数据、公式和使用方法等更是要求翻译准确无误,保持技术和知识的传播性。在翻译时,不得随意更改、漏译、误译,必须忠实于原文。下面的例子是关于辛伐他汀与其他药物的相互作用。

例 CYP3A4 Interactions

Simvastatin is metabolized by CYP3A4 but has no CYP3A4 inhibitory activity. Therefore it is not expected to affect the plasma concentrations of other drugs metabolized by CYP3A4.

When simvastatin is used with an inhibitor of CYP3A4 (e.g., as listed below), elevated plasma levels of HMG-CoA reductase inhibitory activity can increase the risk of myopathy and rhabdomyolysis, particularly with higher doses of simvastatin.

Itraconazole, ketoconazole, and other antifungal azoles

Macrolide antibiotics erythromycin, clarithromycin, and the ketolide antibiotic telithromycin

HIV protease inhibitors

Antidepressant nefazodone

Grapefruit juice in large quantities (＞1 quart daily)

Concomitant use of these drugs and any medication labeled as having a strong inhibitory effect on CYP3A4 should be avoided unless the benefits of combined therapy outweigh the increased risk. If treatment with itraconazole, ketoconazole, erythromycin, clarithromycin or telithromycin is unavoidable, therapy with Zocor should be suspended during the course of treatment.

Lipid-Lowering Drugs That Can Cause Myopathy When Given Alone

The risk of myopathy is increased by gemfibroziland to a lesser extent by other fibrates and niacin (nicotinic acid) (≥1 g/day).

Cyclosporine or Danazol

The risk of myopathy/rhabdomyolysis is increased by concomitant administration of cyclosporine or danazol particularly with higher doses of simvastatin.

Amiodarone or Verapamil

The risk of myopathy/rhabdomyolysis is increased by concomitant administration of amiodarone or verapamil with higher doses of simvastatin.

Digoxin

In one study, concomitant administration of digoxin with simvastatin resulted in a slight elevation in digoxin concentrations in plasma. Patients taking digoxin should be monitored appropriately when simvastatin is initiated.

Coumarin Anticoagulants

In two clinical studies, one in normal volunteers and the other in hypercholesterolemic patients, simvastatin 20-40 mg/day modestly potentiated the effect of coumarin anticoagulants: the prothrombin time, reported as International Normalized Ratio (INR), increased from a baseline of 1.7 to 1.8 and from 2.6 to 3.4 in the volunteer and patient studies, respectively. With other statins, clinically evident bleeding and/or increased prothrombin time has been reported in a few patients taking coumarin anticoagulants concomitantly. In such patients, prothrombin time should be determined before starting simvastatin and frequently enough during early therapy to ensure that no significant alteration of prothrombin time occurs. Once a stable prothrombin time has been documented, prothrombin times can be monitored at the intervals usually recommended for patients on coumarin anticoagulants. If the dose of simvastatin is changed or discontinued, the same procedure should be repeated. Simvastatin therapy has not been associated with bleeding or with changes in prothrombin time in patients not taking anticoagulants.

译文

与CYP3A4相互作用

辛伐他汀通过CYP3A4代谢,但没有CYP3A4抑制活性。因此,它不会影响通过CYP3A4代谢的其他药物的血浆浓度。辛伐他汀,特别是对于较高剂量的辛伐他汀,与含有有效的CYP3A4抑制活性的药品(如下)联合使用时,升高的血浆还原酶抑制活性水平可增加肌病和横纹肌溶解的风险。

  伊曲康唑、酮康唑和其他抗真菌唑类

  大环内酯类抗生素、红霉素、克拉霉素和酮内酯类抗生素泰利霉素

  HIV蛋白酶抑制剂

  抗抑郁药奈法唑酮

  大量葡萄柚汁（每天＞1夸脱）

  除非联合治疗的益处超过增加的风险，否则应避免同时使用这些药物和任何标记为对CYP3A4具有强烈抑制作用的药物。如果用伊曲康唑、酮康唑、红霉素、克拉霉素或泰利霉素治疗是不可避免的，则应在治疗过程中暂停使用辛伐他汀治疗。

  与其他单独应用能引起肌病的降脂药物的相互作用

  吉非罗齐增加了肌病的风险，其他贝特类和烟酸（烟酸）（≥1克/天）的风险较小。

  环孢菌素或达那唑

  伴随使用环孢菌素或达那唑，同时与高剂量的辛伐他汀合用，可增加肌病/横纹肌溶解症的风险。

  胺碘酮或维拉帕米

  胺碘酮或维拉帕米，同时与高剂量的辛伐他汀合用可增加肌病/横纹肌溶解症的风险。

  地高辛

  在一项研究中，同时给予地高辛与辛伐他汀导致血浆中地高辛浓度略有升高。当服用地高辛的患者开始服用辛伐他汀后，应适当监测。

  香豆素抗凝血剂

  在一项由健康志愿者参与和另一项由高胆固醇血症患者参与的两项临床研究中，每天服用辛伐他汀20～40 mg能中度提高香豆素抗凝剂的抗凝效果：以凝血酶原时间国际标准化比率（INR）计，健康志愿者组的凝血酶原时间从基线1.7秒延长到1.8秒，高胆固醇血症患者组从2.6秒延长到3.4秒。对于其他他汀类药物，一些服用香豆素抗凝剂的患者同时报告了临床上明显的出血和/或凝血酶原时间的增加。对于使用香豆素抗凝血剂的患者，应该在使用辛伐他汀之前测定其凝血酶原时间，并在治疗初期经常测量，以保证凝血酶原时间无明显变化。一旦记录下稳定的凝血酶原时间，应建议患者在服用香豆素抗凝血剂期间定期监测凝血酶原时间。如果调整辛伐他汀剂量或停用，应重复以上步骤。辛伐他汀治疗与未服用抗凝血剂的患者的出血或凝血酶原时间的变化无关。

  3. 把握语言力度，意识文化差异

  由于文化的不同和语言的差异以及不同民族对同一事物的不同心理感受，一种语言中的特殊概念在另一种语言中常常会出现语义上的空缺及理解上的背向。

  例1 它保持了酱香浓郁、典雅细致、协调丰满、回味悠长等贵州茅台的特点。

  译文 It possesses the unique style and flavor and is an extensively enjoyable drink.

  汉语有时会追求节奏感，喜欢抑扬顿挫的四字成语，强调语言的可读性和感染力。"酱香浓郁、典雅细致、协调丰满、回味悠长"是汉语中形容白酒口感的常用说法，而西方人喜欢简洁明快，所以推崇"简洁是语言的灵魂"。在英语中，没有这样特殊复杂的形容酒的口感的用法，若将其直译出来，英语读者一定觉得啰唆多余，无法达到和汉语一样的效果，这样的翻译不是合格的翻译。有人尝试将中文里这种特殊的说法"一般化""概括化""简单化"，译为

"is an extensively enjoyable drink",既让英语读者感觉清楚明了,又让译文显得十分简洁。

由于说明书对广告具有辅助作用,虽然语言要做到通俗易懂,但适当时候可以运用一些文学语言,以完成其广告效应,达到推销产品的效果。下面的四个例子就处理地恰当合理,可作为翻译的范例。

例 2　A nourishing beverage for all ages. An excellent gift in all seasons.

译文　本品适宜于四季饮用,是老少皆宜的营养饮料,也是馈赠亲友之佳品。

例 3　In your hands you hold the world's finest beef jerky! Only the very best, most flavorful cuts of pure lean beef are used to create our Soft & Tender style jerky. Seasoned to perfection in our blends of herbs and spices, our Jerky is slowly mesquite smoked to deliver a mouth-watering taste, unmatched by any other beef jerky available, anywhere.

译文　精选牛肉干,让你唇齿留香!选用纯正瘦肉,口感饱满,肉质酥嫩。配以多种药草和香料,果木熏烤,至臻风味令人垂涎欲滴,实为牛肉干极品!

例 4　This lipstick gives true sophisticated color that stays on and stays smooth. Lips stay supple, even though the look is matte.

译文　亚色唇膏,色泽雅致,质地丰润,易于涂匀,并润泽双唇,效果持久。

上面这三个例子中的英文句子和用词相对简单,而汉语却用了不少四字成语,读起来朗朗上口,很有画面感,大大提高了产品的吸引力,达到了吸引顾客的效果。

例 5　我厂生产的羊绒衫具有色调雅致、手感柔滑、舒适轻便、做工精细等特点,受到国外消费者的热烈欢迎。

译文　Our cashmere sweaters, characterized by their elegant colors, soft feel, light weight, and excellent workmanship, have gained popularity with consumers abroad.

这个例子中,"羊绒衫受到国外消费者的热烈欢迎"是这个句子的主要信息,"色调雅致""手感柔滑""舒适轻便"和"做工精细"是"受欢迎"的原因,是次要信息。虽然可以把这些合在一起译成原因状语从句,但整个句子显得冗长且啰唆。把汉语中的主谓结构在英语中转换成"形容词+名词"的偏正结构,语言级别又低了一等,既比较地道,又相对简单明了,更主要的是符合英语简洁为美的原则。

6.3　精讲精练

6.3.1　精讲精练 1

宏伟烧驴肉

驰名华夏大地的山东名吃宏伟烧驴肉,系 14 代真传产品,制作考究,工艺严谨,刻意创新,加工精细,以中国毛驴之乡 3~4 岁疆岳精选驴肉为原料,配以 20 几种名贵佐料及香料,经腌制蒸煮等祖传工艺和科学新方法加工而成。本产品味透骨髓、形色鲜美、肉嫩味纯,是馈赠亲朋好友、居家旅游之上品。

本产品采用铝塑包装,常温下保质10个月。经科学鉴定,驴肉具有多种营养成分,其脂肪含量比牛肉、猪肉低19.6%~59.1%,是典型的高蛋白、低脂肪食品。另外,本品还含有多种维生素、氨基酸,具有滋补和食疗价值……

主要成分:驴肉、碘盐、大料、肉蔻、丁香等。

保存方法:常温条件下存放,无须冷藏。

食用方法:开袋即食。

生产日期:见封口。

保质期:2019年3月21日。

卫生许可证:鲁卫食字30020376。

执行标准:Q/HWS001—2015。

这个产品介绍语言特点很典型。第一段只有两句话,其中第一句内容丰富,含有较多的四字成语。翻译时需要认真分析、恰当断句,并且需要分清主次,在英语句子中恰当使用主句、从句和短语。第一句话主要讲了以下几层意思:第一层意思是讲该产品历史悠久,传承了14代之久。在强调历史悠久的同时还要传达其他信息,如强调货真价实的"真传"和颇有名气的"驰名";第二层意思用"制作考究""工艺严谨""刻意创新"和"加工精细"几个四字成语讲它的生产工艺好。这几个词除了"刻意创新",其他几个词"制作考究""工艺严谨"和"加工精细"是近义词,共同表达了该产品的加工工艺"精细"与"考究"。比较地道地表达食品加工的英语动词是 processed,与之搭配的副词是 finely。可以选择这个搭配作为句子的主要动词,其他部分如用了什么佐料和方法等,可以翻译为方式状语,用英语短语表达,也可以把"以中国毛驴之乡3~4岁疆岳精选驴肉为原料"译为短语配合这组动词。这样句子就翻译成"It is made of three-to-four-year-old choice donkeys from Yopurga County, a place famous for raising donkeys in China, and cooked with more than 20 kinds of herbs and spices, using scientific and traditional methods such as steaming and braising handed down in the family from generation to generation",但是,这样一来,整个句子显得非常啰唆冗长。所以,综合考虑来看,可以把前半句采用断开句子的方式翻译成"It is made of three-to-four-year-old choice donkeys from Yopurga County, a place famous for raising donkeys in China",再和后面句子"本产品味透骨髓……"的前半句结合。后面句子中的"味透骨髓、形色鲜美、肉嫩味纯"虽然从字面上看有两个"味",但这两个词的意思不同,第一个"味"是指闻起来味香,第二个"味"是指尝起来味道好,所以翻译时要分别处理成不同的词。综合考虑来看,可以译成"Seasoned to perfection with blends of more than 20 herbs and spices, Hongwei Donkey Meat is cooked with scientific and traditional methods such as steaming and braising to deliver delicious flavor, attractive/beautiful color, tender quality and pure taste"。为了让句子连贯,还增加了表示总结性的起连接作用的介词短语"with these qualities"。

第二段句式相对简单,但需要注意几个词语的翻译,如"常温",正确的译法应该是 room temperature,而不是 normal temperature,因为 normal temperature 是相对于 abnormal temperature 而言的。例如,一个人的正常体温(normal temperature)一般是36.2~37.2 ℃,如果发烧了,体温达到39 ℃,这个温度就是非正常体温(abnormal temperature)。"滋补(品)"应译为 a health tonic,而不应是 a healthy tonic。下面的例句摘自 *Collins* 字典:

Britons are spending twice as much on health tonics as they were five years ago…

其他如"保质期""开袋即食"等词汇的翻译需要结合英语用法,才能确保表达地道。"保质期"一般译为 best before 或 best by,但也有译为 best used by、good until 或 better if used by。但包装上的文字一般要求越简单越好,所以这三种不太常见。偶尔也可见"sell by"的说法,但这个一般是物流上用的,表示要求此日期前销售完。通常来讲,商品到失效期还有一些时间,一般用来促销。"开袋即食"有人译为"Ready to eat""Open it and help yourself""Open and eat it""Ready to eat when opened"。这几种译法都是站在人的角度,好像是发号施令,让人按照指令打开袋子吃东西,或者是作为主人招待客人,招呼客人随意吃东西。这样的译法都不符合原文的初衷,正确而地道的译法应该是"Ready to be served"。

译文

A Brief Introduction of Hongwei Donkey Meat

Hongwei(which means "grand") Donkey Meat, a traditional delicacy well-known in Shandong and even all over China, is finely processed with innovation and fourteen generations' experience. It is made of three-to-four-year-old choice donkeys from Yopurga County, a place famous for raising donkeys in China. Seasoned to perfection with blends of more than 20 herbs and spices, Hongwei Donkey Meat is cooked with scientific and traditional methods such as steaming and braising to deliver delicious flavor, attractive/beautiful color, tender quality and pure taste. With these qualities, the meat is a best gift for friends and an ideal refreshment/snack at home and on journey.

Packed with aluminium plastic materials, Hongwei Meat can be kept as long as 10 months at room temperature. It has been scientifically proved that it is very nutritious, with fat lower than that in beef or pork by 19.6%-59.1%. As a typical high-protein, low-fat food, Hongwei Meat also contains vitamins and amino acid and thus can be used as a health tonic and a diet therapy…

Main ingredients: donkey meat, iodized salt, aniseed, nutmeg, cloves, etc.
Storage means: Store at room temperature, no refrigeration required.
Directions: Ready to be served.
Production date/Manu. date: see seal.
Best before/by March 21, 2019.
Health permit No.: Luweishizi 30020376.
Executive standard: Q/HWS001—2015.

6.3.2 精讲精练 2

Care of Your Microwave Oven

1. Turn the oven off and remove the power plug from the wall socket before cleaning.
2. Keep the inside of the oven clean. When food splatters or spilled liquids adhere to

oven walls, wipe with a damp cloth. Mild detergent may be used if the oven gets very dirty. The use of harsh detergent or abrasives is not recommended.

3. The outside oven surfaces should be cleaned with a damp cloth. To prevent damage to the operating parts inside the oven, water should not be allowed to seep into the ventilation openings.

4. Do not allow the Control Panel to become wet. Clean with a soft, damp cloth. Do not use detergents, abrasives or spray of cleaners on the Control Panel. When cleaning the Control Panel, leave the oven door open to prevent the oven from accidentally turning on. After cleaning, touch the STOP/RESET Pad to clear display window, or make sure the oven timer is set to off position.

5. If steam accumulates inside or around the outside of the oven door, wipe with a soft cloth. This may occur when the microwave oven is operated under high humidity conditions and in no way indicates malfunction of the unit.

6. It is occasionally necessary to remove the glass tray for cleaning. Wash the tray in warm sudsy water or in dishwasher.

7. The roller ring and oven cavity floor should be cleaned regularly to avoid excessive noise. Simply wipe the bottom surface of the oven with mild detergent, water or window cleaner and dry. The roller ring may be washed in mild sudsy water or dishwasher. Cooking yapours collect during repeated use but in no way affect the bottom surface or roller ring wheels. When removing the roller ring from the cavity floor for cleaning, be sure to replace it in the proper position.

8. When it becomes necessary to replace the oven light, please consult a dealer to have it replaced.

这是一篇英文家电操作类说明书,具有这类说明书的语言特色。

在这个说明书中,祈使句的使用非常普遍,全文约三分之二的句子为祈使句。开头的"Turn the oven off and remove the power plug from the wall socket before cleaning.(清洗微波烘箱前,须关闭烘箱,并拔下插头。)",直截了当,开门见山地告诉使用者第一步先干什么。文中类似的句子有13句,一直到最后还是以祈使句收尾,告诉使用者要"please consult a dealer to have it replaced.(请向有关厂商查询后更换。)"。除了祈使句之外,还大量使用被动语态句式及情态动词+be 的谓语构成句式。"The use of harsh detergent or abrasives is not recommended."一句并没有指出具体谁来做这个工作,不强调动作的施加者,只是突出强调不能用"烈性清洁剂或研磨剂"。情态动词+be 的谓语构成句式一共出现了六次,以"should"和"may"这两个情态动词为主,体现了委婉客气的语气,让人容易接受。

除此之外,家电及操作类的说明书还条理清晰,逻辑性强。对于操作步骤的陈述,步骤之间是并列还是承接关系,必须表达得清楚准确,否则极易造成用户的误解,造成损失。此类英文说明书逻辑条理性强,主要体现在大量使用时间、条件状语句,以及表示行为先后的连词等方面。例如:After cleaning, touch the STOP/RESET Pad to clear display window, or make sure the oven timer is set to off position.

英文家电操作类的说明书之所以语句简洁，原因之一是在分析解释时使用一些标识语。一般来说，常用的标识语有几种类型：(1)名词或名词短语，常用于零件或配件的说明；(2)动词或动词短语（动名词或动名词短语），常用于操作键的说明或操作过程的说明；(3)介词，也常用于操作键的说明，如"on"表示"开"，"off"表示"关"，"backward"表示"后退"，"forward"表示"前进"等。[①] 这个说明书没有使用介词，但是 STOP/RESET Pad 也是明确指示的操作键，可以直接翻译出来，直截了当，一目了然。

译文 擦完之后轻按停止/复位键以消除显示窗上的显示或确保定时计归零。

此外，翻译这段话需要注意几个句子的翻译与理解。"When food splatters or spilled liquids adhere to oven walls, wipe with a damp cloth. Mild detergent may be used if the oven gets very dirty. The use of harsh detergent or abrasives is not recommended"一句在翻译时可将前两句中的"when"与"if"从句分别灵活地译为假设条件句和时间状语句；而第三句中的被动态"is not recommended"可译为"最好不要……"。

"This may occur when the microwave oven is operated under high humidity conditions and in no way indicates malfunction of the unit."此句中"in no way indicates malfunction of the unit"根据字面意思可以翻译成"这根本不是烘箱出故障了"，这样整个句子译成"这种情况在温度高和烘箱不是出故障的时候都可能产生"，读起来不仅令人费解，还翻译腔十足。通过仔细分析，把句子译得符合汉语表达习惯。"不是出故障的时候"换种说法就是"烘箱正常运转"。所以句子译成了"这种情况在烘箱正常运转和温度高的时候都可能产生"。

译文

微波烘箱的维护

1. 清洗微波烘箱前，须关闭烘箱，并拔下插头。
2. 保持烘箱内部清洁。如溅出的食物或溢出的液体积在烘箱壁上，请用湿布擦去。烘箱较脏时，可以使用中性洗剂。最好不要使用烈性清洁剂或研磨剂。
3. 请用微湿布来清洗微波烘箱表面部分，为防止损伤烘箱内的操作部分，不要让水分由通风口渗入。
4. 要防止弄湿控制面板，如果潮湿，则请用柔软湿布抹擦，不能用洗涤剂、研磨剂或衣垢喷雾剂等擦洗控制面板。擦洗控制板时请将炉门打开，以防止不小心启动烘箱。擦完之后轻按停止/复位键以消除显示窗上的显示或确保定时计归零。
5. 如有水蒸气积在烘箱内或炉门周围，可用软布擦净。这种情形在烘箱正常运转和温度高的情况下都可能产生。
6. 必须经常清洗玻璃盘，可用温肥皂水清洗或将其置于洗碗机内清洗。
7. 必须经常擦洗轴环和烘箱壁以避免产生噪音，请用软性洗剂、水或擦窗剂擦洗烘箱底面并擦干。而轴环则可用温肥皂水清洗。烘箱在重复使用过程中会积聚蒸汽，但绝不会影响烘箱底面或轴环。从箱底取下轴环清洗后必须妥善放回原位。
8. 如需要更换炉灯，请向有关厂商咨询后更换。

---

① 张光明等：《英语实用文体翻译》，合肥：中国科学技术大学出版社，2009年，第218页。

6.3.3 英语中数字的用法与写法

数字的用法与写法各国并不统一,就是英语国家也不尽相同。英语中大致统一的用法如下。

1. 句首

数字出现在句首时,一般用英语单词。

Two weeks ago the United Nations officially declared Somalia's food crisis in several parts of the country, with millions of people on the brink of starvation.

Forty percent of respondents said they do think the SCHIP expansion might lead to government-run health care.

但是,句首为纯数字(后不跟名词)时,常用阿拉伯数字。

300 decreased by 100 is 200.

238 is the total number of protons and neutrons in uranium-238.

2. 句中

英美等国很多出版社在排版时遵循一条原则,即1至10用单词表示,10以上的数目用阿拉伯数字。有的英美出版社规定100以下的数字应该用英文单词写出来,不可用阿拉伯数字代替。

Matter exists in three states: solid, liquid and gas.

That table measures ten feet by five.

There are 203 310 voters on the electoral rolls.

当一句话中出现许多个位数字(或包括一些十位数字)时用阿拉伯数字表示,或都用英文单词表示。

The traditional pattern of classroom experience at the college level brings the professor and a group of 20 to 30 students together for a 45-to-50-minute class session 2 or 3 times a week.

The hydrocarbons containing up to four carbon atoms are usually gases, five to sixteen, liquids, and those containing seventeen or more are usually solids.

虽然用阿拉伯数字表示数显得更简洁明了,但不定数量、近似值一般用英文单词表示。

Nearly thirty thousand voters took part in this election.

At such a high speed, you can travel from this city to that one in about twenty minutes.

3. 两数连用

两数连用时,分别用英文单词及阿拉伯数字将两数写出,习惯上将词组或句子之首计数的那个用英文单词写出。

three 25 W lamps

ten 500 ml bottles

two 10-ton trucks

four 5-pound hammers

4. 大数

大数常用阿拉伯数字与英文单词混合表示。

The present mass of the earth is 6 600 million million.

In just one drop of water there are about 3 300 billion billion atoms!

在合同、契约、法令等文字中,既要求清晰明了,又要防止涂改,因此常把阿拉伯数字与英语单词并列。

The unit price of this machine is USD 22,500(say US dollars twenty-two thousand five hundred only).

对于四位或四位以上的阿拉伯数字,国际上采用分节书写,从右至左以三位为一节。美国写法在节与节之间加逗号,如:1,001;1,000,001等。

5. 小数点

小数点用句号表示,如 4.8(four point eight),9.3(nine point three)。小于 1 的数字,小数点前加 0,如 0.2,而不写成 .2,但可以不读,念成 point two。

6. 百分率

百分率可以用单词 percent 或 per cent 表示,也可用符号％表示。

(1) 单一的百分率

例如百分之三,其表示方法有 3％、3 p.c、3 percent(per cent)、three percent(percent)。

This month we have increased the number of transformers by 3 percent than last month.

This can-sealing machine works 3％ faster than that one.

Nuclear energy has been providing one-third of Japan's power, and before the Fukushima accident, the nation had plans to expand that share to 40％ by 2017 and to 50％ by 2030.

(2) 两个数值之间的百分率

两个数值之间的百分率的表示方法如 10％-20％,10-20 percent,from 10(％)to 20％,from 10 to 20 percent。

过去有人认为类似 10-20％这样的写法不规范,现在因为这种写法最简洁,所以普遍应用于美、英、澳等科技文献中。

The inhibition varied from 2-25％ zine and copper being higher than cadmium.

With the above in mind, the main projected targets for economic and social development this year are set as follows:

- GDP growth of 6 – 6.5 percent
- Over 11 million new urban jobs, a surveyed urban unemployment rate of around 5.5 percent, and a registered urban unemployment rate within 4.5 percent…

课后练习

第1部分 英译汉

Ⅰ. 将下列句子翻译成汉语

1. Do not connect the machine to a DC power source or inverter.

2. The machine is approved for use in the country of purchase only.

3. Do not touch or inhale the thermal breakdown products of PFPE oil, which may be present if the pump has been heated to 260℃ and above.

4. Amoxicillin is also used with other medications to treat stomach/intestinal ulcers caused by the bacteria H. pylori, and to prevent the ulcers from returning.

5. If you are pregnant, breastfeeding, consult a healthcare practitioner prior to use.

6. From 1998 to 2005, the same seven stations — located in the city centre — were used to measure air quality.

7. The wedding ceremony was performed in the church in the nearest town at 8:30 yesterday morning.

8. Nobody worried about the cost of the celebrations; four luxurious cars, brought bride, bridegroom, family and friends home, and forty people were crowded into the tiled kitchen and the tiny living room.

9. It is estimated that one-third of the Earth's surface and one-fifth of the world's population are threatened by desertification.

10. In 2009, USAID kicked off a five-year, $155 million program to stabilize Haiti's deforested hillsides and reduce flash floods and mudslides.

Ⅱ. 段落翻译

课后练习1

This product is designed to give you comfort and performance in the outdoor environment and like any technical product will benefit from a little bit of assistance from you to maintain its technical properties. Cleaning with Mountain Warehouse Wash N Proof will remove dirt that can affect the breathability and waterproofness of materials.

The application of Mountain Warehouse Wash N Proof is to clean waterproof breathable garments in order to maintain the durable water repellence of the outer fabric. By maintaining this, you're letting the membranes below it breathe properly, allowing moisture from the inside to escape.

Mountain Warehouse proofers are designed to give the highest levels of water repellent performance and if used regularly will assist greatly in extending the functional life of your garment.

This fabric has been treated with a coating that resists water and therefore gives it improved durability in wet conditions. This means that rain will run off the fabric rather than being absorbed, thus making the garment water resistant.

课后练习 2

- Press the on/off button once to switch on the shaver. The power-on lights go on to indicate that the motor is running.
- Move the shaving heads quickly over your skin, making both straight and circular movements.

—Shaving on a dry face gives the best results.

—Your skin may need 2 or 3 weeks to get accustomed to the Philips shaving system.

- Press the on/off button once to switch off the shaver. The power-on lights go out.
- Clean the shaver (see chapter "Cleaning and Maintenance").
- Put the protection cap on the shaver every time you have used it, to prevent damage to the shaving heads.

第 2 部分　汉译英

Ⅰ．将下列句子翻译成英语

1. 该键盘具有排水孔防滴水设计。
2. 强化键盘结构设计可延长使用寿命。
3. 搭配雀巢咖啡伴侣使用，令咖啡更香浓，口感更幼滑。
4. 羊胎盘中的营养成分，可能会引起皮肤过敏。若发生过敏，停止使用，皮肤即能恢复正常。
5. 该茶采自云南高山云雾之中，清明前精心采制。
6. 我们用了四个质量为两磅的金属球。
7. 想要进一步学习的读者应该参阅专门的参考文献[8,9,10]。
8. 专家预计受这次危机的影响，这个国家的GDP可能会下降0.5%到1.2%。
9. 他来电话说他们一家将会在大约45分钟后到达。
10. 请于三月十五日前用电子邮件发一份大约两百字的摘要。

Ⅱ．段落翻译

课后练习 1

宠物自动喂食器

- 使用操作容易的大LCD液晶显示操作板。
- 兽医推荐给患糖尿病宠物使用，预防食量过大、肥胖等问题。
- 可随意放在家中任意位置。

- 可选择每天 1 到 3 次用餐,设定进食时间。每餐进食分量 1 到 12 小纸杯。
- 透明料斗易看食物情况,也可当作收纳桶,可容纳 5.5 升干粮。
- 宠物食物为干燥固态,一般大小颗粒(建议直径不超过 1.5 厘米)。
- 大 LCD 液晶显示操作板自动显示当前时间、设定餐次、参量及宠物进食总次数。
- 宠物主人的语音录音播放提醒,到了用餐时间会自动播放 3 遍。
- 电池可用长达 6 个月。当电池电量较低时呈红色闪烁。
- 可用干净湿布沾温肥皂水清洗。

课后练习 2

修改下列译文。

原文

口罩佩戴方法

1. 用单手托住口罩,朝向脸部,有鼻夹部位朝上,头带在手的外方,保持自然下垂。
2. 将下方头带戴在颈部,上方头带戴在耳朵上方,调整至感觉舒适。
3. 在进入工作区前,必须检查口罩与脸面部的密合性。
- 用双手捂住口罩深吸气,然后用力呼出。
- 如空气从鼻梁处泄漏,请重新调整鼻夹。
- 如空气从口罩边缘泄漏,请重新调整头带。
- 如未能取得良好的密合,重复以上步骤。

译文

Respirator Wearing Instruction

1. Holds the respirator with one hand, toward the face, the part with nose clip up, elastic band out and natural prolapse.

2. The low elastic band on the neck, the other one above the ear, adjusting till feeling comfortable.

3. The seal between respirator and face must be checked when entering the workshop.

- Two hands cover the respirator, breath deeply. Then exhale fiercely.
- If air leak from the part with nose clip, please re-adjust the nose clip.
- If air leak from the edge of the respirator, please re-adjust the headbands.
- If unable to obtain good seal, please repeat the above steps.

第 7 章 学 术 论 文

7.1 对照阅读与思考

7.1.1 对照阅读与思考 1

原文 There has been growing interest in micro-component approaches since the mid-1990s. Flow meter technologies developed at that time allowed total water consumption to be disaggregated from a single household meter to multiple end uses such as washing machine, bathroom tap or toilet. These data can then be combined with knowledge of demographic profiles occupancy rates, or climate variables to understand aggregate household water use. This approach has been most popular in America and Australia because it allows the researcher to investigate water use in the home. Nonetheless, micro-component water usage still cannot be attributed to any individual other than in single occupancy households.（杨新亮，用例）

译文 自20世纪90年代中期以来，人们对微组件方法的兴趣日益增长。当时开发的流量计技术可以将单家单户水表按用途分开计算耗水量，比如，可分别计算洗衣机、浴室水龙头或厕所用水。这些数据与人口统计入住率或气候变量结合，便可算出家庭用水总量。这种方法在美国和澳大利亚最受欢迎，因为它允许研究人员调研家庭用水情况。但是，这种用水量统计只能用于单家单户，不能具体到个人。

对比阅读上面两段话并思考下列问题：
1. 上面的英文及其译文是什么类型的文体？
2. 请简述一下英文及其译文的主语有什么异同，翻译的时候主语需要怎么处理。

7.1.2 对照阅读与思考 2

Abstract：Multiple sclerosis is a chronic inflammatory disease of the CNS. Astrocytes contribute to the pathogenesis of multiple sclerosis, but little is known about the heterogeneity of astrocytes and its regulation. Here we report the analysis of astrocytes in multiple sclerosis and its preclinical model experimental autoimmune encephalomyelitis

(EAE) by single-cell RNA sequencing in combination with cell-specific Ribotag RNA profiling, assay for transposase-accessible chromatin with sequencing (ATAC-seq), chromatin immunoprecipitation with sequencing (ChIP-seq), genome-wide analysis of DNA methylation and in vivo CRISPR-Cas9-based genetic perturbations. We identified astrocytes in EAE and multiple sclerosis that were characterized by decreased expression of NRF2 and increased expression of MAFG, which cooperates with MAT2α to promote DNA methylation and represses antioxidant and anti-inflammatory transcriptional programs. Granulocyte-macrophage colony-stimulating factor (GM-CSF) signaling in astrocytes drives the expression of MAFG and MAT2α and pro-inflammatory transcriptional modules, contributing to CNS pathology in EAE and, potentially, multiple sclerosis. Our results identify candidate therapeutic targets in multiple sclerosis. (*Nature*, 12 Feb. 2020)

思考题

这是一篇名为"MAFG-driven astrocytes promote CNS inflammation"的摘要。请从中选出恰当的关键词并翻译成汉语。

7.2 学术论文

7.2.1 学术论文概述

学术论文是指在对某个科学领域中的学术问题进行研究后,对相关科学研究成果进行阐述的文章。简单来说,就是针对某一问题,运用专业方法,发表自己的创新观点。英汉学术论文既有共性,又有各自的特点,而对译者产生影响的往往是这二者所存在的差异,因此译者必须具有英汉学术论文的结构及语言特征知识,必须了解其共性和特质,从而更好地了解英汉学术论文的差异,更好地利用不同的翻译技巧处理英汉学术论文的互译。

7.2.1.1 学术论文的定义

学术论文是"学术著作的一种,涉及自然科学、社会科学、工程技术等领域,论题包括基础理论、应用技术、实验研究、实证考察等"[1]。学术论文,也叫"科技论文"或"科学论文"。"'科技论文'(a scientific and technical paper or treatise),又称'学术论文'或'科学论文',是对自然科学和社会科学领域进行探索研究、分析论证的文章。这是一种在科技活动中广泛运用的文体,以传递科技信息和承载科技思想为目的,具有专业性、实用性、科学性等特征,主要功能是报道科学研究的创新成果。科技论文可分为自然科学科技论文和社会科学科技论文。"[2]

---

[1] 方梦之:《英语科技文体:范式与翻译》,北京:国防工业出版社,2011年,第237页。
[2] 李文革:《应用文体翻译实践教程》,北京:国防工业出版社,2013年,第103页。

7.2.1.2 学术论文的结构

学术论文的通用结构形式是人们经过长期实践总结出来的论文写作的表达形式和规律。其构成包括论文标题、摘要、关键词、引言、正文、结论、致谢、参考书目和附录。①

1. 标题(title)。标题用简洁恰当的词组鲜明概括出文章的中心论题,以便引起读者的关注。有时标题要表达的内容太多,无法概括全文要点,这时可以编写副标题,副标题一般起补充说明特定方法、材料、内容的作用。

2. 摘要(abstract)。摘要是论文基本思想的缩写,其准确概括论文的主要内容,文字精练、用词严谨。一般字数限定为150~200字。内容大体包括研究范围、研究目的及在该学科中所处的地位、研究内容、研究方法、主要成果及其实用价值、主要结论。

3. 关键词(keywords)。关键词是为了满足文献标引或检索工作的需要从论文中选出的词或词组。一篇学术论文一般选择3~8个反映文章内容特征、通用性比较强的词或词组作为关键词。

4. 引言(introduction)。引言主要回答为什么研究。引言包括两层意思:一是"立题"的背景,说明论文选题在本学科领域的地位、作用以及研究现状,特别是前人研究中存在的问题或未解决的问题;二是针对现有研究状况,确定本文要解决的问题,从而引出下文。具体说来,引言内容应该包括课题提出的背景、性质范围、研究目的及其重要性,还有前人研究的成果、问题及其评价。

5. 正文(body)。正文主要回答怎么研究,标志着论文的学术水平和技术创新程度,是论文的主体部分。正文必须客观真实、准确完备、合乎逻辑、层次分明、简洁明了。

6. 结论(conclusion)。结论又称结束语、结语。它主要回答研究出了什么,是与引言相互呼应的概括总结。

7. 致谢(acknowledgements)。科学研究通常不是一个人的力量能完成的,需要多方的支持、协助或指导。在论文结论之后,应对在本文研究的选题、构思、实验或撰写等方面给予指导、帮助或建议的人员和单位致以谢意。

8. 参考文献(references)。学术论文中,参考文献的著录是必不可少的。作者在论文中凡引用他人的报告或论文等文献中的观点、数据、材料、成果等,都应该按照期刊或会议的投稿指南和要求全部列出,否则有剽窃之嫌。

9. 附录(appendix)。附录并非是每一篇论文必备的。它将不便列入正文的相关材料、图纸等编入其中。通常附录包括实验部分的详细数据、运算程序、图谱、图表、照片、问卷调查使用的标题等。

也有人认为论文包括:标题、摘要、引言、材料与方法、结果、讨论、结论、感谢与参考文献。②

杨新亮等认为:"学术论文主要由题目、摘要、引言或绪论、文献综述方法、数据、结果与讨论、结语等模块构成"③。

笔者翻译接触的论文大都包括论文标题、摘要、关键词、引言、正文、结论、致谢、参考书

---

① 翟芳:《学术英语翻译与写作》,西安:西北工业大学出版社,2017年,第68页。
② 方梦之:《英语科技文体:范式与翻译》,北京:国防工业出版社,2011年,第237-238页。
③ 杨新亮,熊艳:《英汉学术语篇比较与翻译》,上海:上海交通大学出版社,2015年,第1页。

目和附录。所以讨论翻译时以这种结构的论文为主。把握英汉学术论文的共性框架结构和信息要点有利于实现语言模块的对应,从而把握翻译时宏观与微观层面的结构规律和表达需要。

7.2.2 学术论文的特点

学术论文一般具有以下特点。

1. 原创性

原创性是学术论文的本质特征,也是学术论文的核心价值所在。学术论文的创新指论文所揭示的事物特征属性,以及这些特征、属性、规律的运用所获得的结论属于首创。此外,学术论文的创新性还表现在研究和写作的选题、取材、立意、谋篇、布局等各个方面。

2. 科学性

学术论文的科学性表现在三个方面。第一,内容的科学性。论文选题符合实际;表述的内容真实、准确;实验数据、研究方法、研究结论都忠于事实和材料,能够真实地反映科学研究的新发现、新理论、新技术、新方法。第二,结构和表述的科学性。结构的科学性要求论文结构要严谨,推理要严密,措辞要严谨;表述的科学性要求学术论文研究的方法应科学,论点应明确,客观论据应可靠充分,论证应合乎逻辑,表达方式应具有正确的内在逻辑关系,符合逻辑推理的过程,语言文字要准确、明白、规范。第三,结果的可重复性。论文的结果要经得起实践检验,其他科研工作者在相同条件下也可以得出相同的结果。

3. 专业性

学术论文总与一定的学科专业及其研究方法紧密联系在一起。学术论文是作者对事物的内在联系和客观规律,对专业领域内某个具有学术价值的问题进行系统化、专门化研究讨论的创造性劳动成果,并深刻揭示和剖析事物发生所蕴含的科学规律。学术论文通过大量使用公式、图表等专业术语和符号,力求使用科学语言进行表述和分析,体现出学科的专业性。

4. 应用性

学术论文的应用性主要体现在:理论上解决了专业领域某方面的理论问题,具有一定的学术价值;实践上解决了专业领域的某些实际问题,具有一定的实用价值。

5. 规范性

学术论文的规范性主要体现在以下几个方面:一是学术论文结构体系和编写格式的规范性;二是语言文字、标点符号使用的规范性;三是图表制作与参考文献著录的规范性。

同时,学术论文的各个部分还具有各自不同的特点。

7.2.2.1 标题的特点

标题是一篇论文给出的涉及论文范围与水平的第一个重要信息。

汉语论文标题一般要求是:准确得体、简短精练、外延和内涵恰如其分,醒目引人。

1. 准确得体

要求论文标题能准确表达论文内容,恰当反映所研究的范围和深度。

例1 在电脑媒体交际环境中学习英语写作的个案研究

例2 应用多媒体和因特网资源提高学生的英语学习自主性

2. 简短精练

力求标题的字数要少,用词需要精选。但多少字算合乎要求,并无统一的硬性规定。只要表达明确,通过标题恰当地反映内容就行。

例1　论校园文化与隐性教育

例2　小组人数的影响

3. 外延和内涵要恰如其分

"外延"和"内涵"属于形式逻辑中的概念。所谓外延,是指一个概念所反映的每一个对象;而所谓内涵,则是指对每一个概念对象特有属性的反映。

例1　关于组织中"向上领导"问题的探讨

例2　朱光潜与胡适的新诗理论之争

4. 醒目引人

论文标题醒目不仅能让读者赏心悦目,而且能体现作者脱颖而出的文笔。标题所用字句及其所表现的内容是否醒目,产生的效果相距甚远。

例1　黄河——诗歌在行动

例2　电子词典是否是你可信赖的朋友?

英文学术论文标题一般有如下特点。

1. 多用名词性结构

(1) 中心词(名词)+修饰语(介词短语、分词短语、不定式短语等)

例1　Concrete Structures Affected by Reinforcement Corrosion

例2　The Importance of Flexibility in Listening Comprehension

例3　Different Semantic Structure of Verbs Between English and Chinese and the Effects on Passive Expression

(2) 动名词短语

例1　Identifying the Latest Risk Probabilities Affecting Construction Projects

例2　Adopting a Strategy-Based Approach to Teaching Listening Comprehension

2. 采用省略和缩写

(1) 省略冠词、助动词和连词"and"

例1　North Sea Infrastructure(省略 the)

例2　More and More Mines Closing, Reducing Production(省略 are,以逗号代替 and)

例3　How Compressor Heat Recovery saves energy(省略助动词 does)

(2) 缩写地名、国名、组织名及专用术语等

例1　EFL learners' Beliefs, Learning Strategy Use and Language Proficiency(EFL 是 English as a foreign language 的缩写)

例2　The Application of CALL in Intensive Reading of College English(CALL 是 computer assisted language learning 的缩写)

3. 用冒号和破折号突出题旨

例1　Strategic Asset Management:Assessment Tool for Educational Building in Egypt

例2　Living Conditions—The Key Issue of Housing Development in Beijing Fengtai District

4. 提问式标题

提问式标题在学术论文中很少采用,只是为了引起读者的注意或论证某一有争议的问题时才用。

例 1 How the Aged Can be Provided for in Rural Areas of China

例 2 How Motivation Affects Foreign Language Learning

作为标题的疑问句,句末可以不加问号。

5. 副标题

当主标题不能概括论文中心内容时,可采用副标题。副标题是对主标题内容的说明或补充。

例 1 Down into the Deep—Using High-tech to Explore the Titanic

例 2 Rubric—A Powerful Tool for Evaluating and Improving Writing

6. 使用两种及两种以上的语言结构来表达

在实际操作中,论文标题结构会更为复杂,远超过单一的语言模式。很多情况下,可以考虑综合使用两种及两种以上的语言结构来表达,充分表达主题思想。

例 1 Mechanical Properties of Self-Consolidating Concrete Incorporating Cement Kiln Dust

例 2 Nurses and Paramedics in Partnership:Perceptions of a New Response to Low Priority Ambulance Calls

7.2.2.2 摘要的特点

科技论文摘要是位于正文之前的一段概括性文字。摘要按著者分类,可分为"专业摘要员编制的检索工具摘要(abstracter's abstracts)"和"论文著者编写的和论文一同发表的随文摘要(author's abstracts)"。本章中的摘要专指随文摘要,它高度概括正文中叙述的内容,突出正文的重点,是正文实质性内容的浓缩,具有短小精悍的特点,讲究信息性、逻辑性与准确性。它应含意清楚、结构简明、表达确切。一段写得好的论文摘要应能使读者快速而准确地了解论文的基本内容,确定该论文是否与自己的兴趣或研究内容有关,从而决定是否需要阅读全文。

论文摘要一般由以下三部分组成。

(1) 研究的背景与目的:说明课题研究的状况、背景,陈述其研究的目的及研究和解决的问题。

(2) 研究内容和方法:介绍做了哪些研究及研究的途径、采用的模型、实验范围与方法。

(3) 研究的结果与结论:包括对论文价值的评价、研究结果的应用及该研究可能的发展等。研究的背景和目的这一部分有时被略去。

以下摘要是英文中典型的"目的—方法—结果(结论)"三段式摘要。

例

ABSTRACT

It is one thing that currently in China English learning persists through a student's whole study life, but it is another how long his persistence, an important factor in any language learning, can last. The factors affecting a student's persistence in this regard practically merits our attention. This paper traces and observes twenty students chosen at random. The research conducted here included their study motivation, academic excellence, psychological aspects relating to language learning and established corresponding models showing how these factors affect a student's persistence in his English learning. Although a small sample number was taken, the twenty students were typical of different students in China. The students' backgrounds were varied including both educational and environmental. Some suggestions are given indicating three separate but inter-related ways in how to further develop a student's persistence.

接下来是一篇汉语学术论文的摘要。

摘要：目前对于汉语科技论文中英文摘要的时态、语态问题有不同的论述，读者不易把握。本文归纳介绍有关论述，并给出了对2001年至2003年中外100篇学术论文英文摘要的抽样统计结果，分析了中外期刊英文摘要的时态、语态差别及其原因，进而根据国际英文摘要写作的新动态，试谈对此问题的看法。要点是其写作应符合国际发展动态，符合具体论文类型、内容及其摘要特点，最重要的是应了解打算投稿的期刊，检索该期刊的要求或习惯。

也有人将摘要的内容细分为以下五个方面：

(1) 研究的背景，即当前该课题研究的现状和存在的问题；
(2) 研究的主要内容、目的和范围；
(3) 研究的方法和手段；
(4) 研究的主要成果；
(5) 研究的结论和建议。[①]

其实，不同类型的论文包含的内容可能略有不同。一般说来，一篇实验研究报告的摘要应该包括：研究的问题、被试、实验方法、结果、结论、含义或应用。一篇综述或者理论性论文的摘要应该包括：主题、论文的意图和论题或组织结构和范围、资料来源、结论。一篇方法学论文的摘要应该包括：方法的类别、方法的基本特征、方法的应用范围、该方法在不同情况下的表现（包括它的统计力及在违反各项假设下的稳定性）。一篇个案研究的摘要应该包括：被试及其相关特征、个案所能说明的问题或解决办法、对今后研究或理论建设的启示。

一篇精确、简练、易懂和信息量丰富的摘要能够增加论文的读者数量和将来论文的可提取性，因此，写好并译好论文摘要意义重大。

7.2.2.3 关键词的选择

为了方便文献标引工作，一般从论文中选取3～8个能表达主题内容的单词或术语作为关键词，用以表示某一信息的款目。关键词也被称为索引词或主题词，它们是对论文的核心提示，是论文中经常出现的、能够表达全文主题内容信息的、提请读者注意的具有实际意义的单词或术语。

关键词以显著的字符排在摘要的左下方，另起一行，清晰醒目，为二次文献检索提供方便。

只有正确地选择关键词，才能使论文更为频繁地被引用。关键词必须是论文涉及的主题概念、主要问题、主要目的、主要对象、主要方法、重点理论依据等。选择的关键词不宜太

[①] 翟芳：《学术英语翻译与写作》，西安：西北工业大学出版社，2017年，第105页。

多，一般 3~5 个即可，当然也可根据具体期刊的要求增加为 7~8 个。

由于标题反映论文的中心内容，因此关键词应首先从主标题中提取，然后再从副标题、小标题中提取，以及从正文中被反复论及的词语中提取。如有篇名为 AIDS：The Nation's Worst Public-health Problem 的报告，论述艾滋病通过四种液体（blood、semen、saliva、tears）传播，最终破坏 the body's immune system。本文的关键词是 AIDS virus、human white blood cells、blood、semen、saliva、tears、immune system。无论是从传递信息的角度，还是储存信息的角度考虑，关键词的标引都将给文献的储存和检索带来极大的便利。读者也可以根据关键词对论文的研究方向和主体内容进行粗略的了解。

关键词的选择可以遵循以下原则。

(1) 关键词一般选用名词或相当于名词的词或词组等，而不能选用其他词性的词汇，如形容词、动词、缩略语等，更不能使用从句。

(2) 关键词必须为规范用词，应能够反映该论文的主题和主要内容，令读者更为方便地找到相关的文献，也特别适应于自动检索的需要。

(3) 每个选词可以涵盖一部分的研究主题、研究方法或研究背景，词与词之间应避免意义的重叠，也尽量减少对某个主题思想的遗漏。

(4) 选词不应过"泛"，即选词不能随意，或是只选择普通常用的词汇，应主要考虑对该文章有特殊意义的词汇。以 "Region-specific neuronal degeneration after okadaic acid administration" 这个题目为例，好的关键词可以是下面几个：okadaic acid、hippocampus、neuronal degeneration、MAP kinase signaling 以及 mouse（或是 rat 或其他实验动物）。如果选 neuron、brain、OA（缩写）、regional-specific neuronal degeneration 和 signaling 为关键词，很有可能因为这些词过于笼统而起不到应有的作用，所以这些词不能算是好的关键词。

7.2.2.4 引言的作用

引言的作用是说明写文章的理由，其主要内容包括研究的背景、目的、范围、方法、意义及取得的进展或成果。

1. 承接标题

引言是标题所含主题的延伸，起导读作用。引言的首段（特别是首句）在结构上与标题有紧密联系——通过同词（文章的关键词）重复或相关词重现进行概念重述。

例1

文章标题：Applications of Machine Learning Towards Knowledge Synthesis

Introduction：Machine Learning is one of the most active areas of artificial intelligence machine.

Machine learning 为关键词，同词重复。

例2

文章标题：信息理论与平衡翻译

引言：……本文试图从信息理论视角重新审视文化翻译的模式，并试图有效地解释平衡翻译对强化译者主体意识的意义。

"信息理论"与"平衡翻译"为关键词，相同的词语重复，达到承接标题的作用，同时可以使标题内容顺利过渡到正文部分。

2. 引起注意

引言除了能概括陈述主题外，还需要能引起读者对相关问题的重视，产生阅读兴趣。有些词专门用来吸引读者注意。

例 1

文章标题：Torsion in Reinforced Concrete

Introduction：Interest in the behavior under torsion of structural members has lagged noticeably behind the large volume of analytical and experimental work devoted to the study of behavior under flexure and shear. The most likely cause for this lack of interest is that in buildings assumed to be composed of articulated simple elements, torsion could be eliminated by special arrangement of the horizontal and vertical members… However, the effect of torsion is still ignored in most codes.

本部分引论通过对论题背景的描述以及过去对这个问题的忽略，加深读者对论题的印象，以期引起读者注意。

例 2

文章标题：论翻译课程的价值与功能

引言：翻译课程有什么价值？这是一个长期被忽视的问题。在不少有关翻译教学的书籍中，很少提及翻译课程的价值。某门课程具有什么价值，决定它发挥什么样的功能，也是决定一门课程能否存在的理据。与此同时，它还是决定某一课程的设计、实施以及评价的理论前提。

这个引言以问题开始，极容易引起读者的注意与兴趣。之后提出了目前研究存在的遗憾，即"对翻译课程的价值很少提及"。其价值虽然被忽略，但重要性不容小觑。这篇文章的价值就体现了出来，吸引读者读下去。

3. 拓展题旨

引言除了前面提到的两条作用以外，还要介绍写作目的、论题性质、涉及的概念或理论以及文章的层次。

例 1

文章标题：A Corpus-Based Study of "Keep"

Introduction：… In this thesis, I will offer a model to vocabulary teaching and indicate the implication of corpus linguistics to EFL teaching by making a corpus-based study of the use of "keep".

这个引言直截了当地指出写作的目的和涉及的内容。

例 2

文章标题：口译质量评估研究的历史回顾

引言：……本文将集中对20世纪80年代至今的口译质量评估研究作历史回顾，原因正如 J. Carroll（1978）所指出，到1978年为止，还极少见到有关的系统研究，因为之前对口译质量的定义还无理论可据，更谈不上以现场观察为根据的实证性研究。

引言指出目前存在的问题，这是文章需要解决的问题，也是写作的目的。

7.2.2.5 正文的构成

正文是论文的主体部分，占大部分篇幅，正文一般由以下几个部分构成：研究或实验目的、实验材料（设备）和方法、实验过程、实验结果和分析讨论。如果是理论性论文，则应该用理论分析或计算分析来证明论文观点的正确性，对研究对象进行精确的描述，定量揭示各因素之间的关系。"由于学科、专题、研究方法和实验手段的不同，正文体例并非千篇一律。一般说来,长篇论文可以分章,章中有节,节中有款,款中分项;短篇论文也可分出节、款、项之类的款目,对于这些款目,可用阿拉伯数字编号。编号的方法是:章从1开始连续编号,占一个数字(第10章以上为两位数);节为第二个数字,也从1顺序编号,中间用圆点隔开,如1.1、1.2……;款、项等以此类推。这一编号方法可使论文结构层次分明,重点突出,相互关联,便于检索。①"

正文主要围绕研究方法和过程、研究结果和结果分析三个部分进行探讨。

1. 方法

学术论文作者在这一部分叙述研究所采用的方法、技术、实验程序步骤、材料和研究对象等,从而彰显其研究的科学性。这一切必须符合专业要求,以便其他研究者借鉴或重复使用。

一般来说,这一部分会包括以下几方面内容。

(1) "对象/受试者":一般包括受试的来源(背景)、选择标准、人数、身份背景等。

(2) "材料"部分:一般包括材料(人或动物、仪器设备、化学试剂、标本)的来源、采集方法、规格数量、处理方法等。

(3) "工具":既可以指某种广泛认知或是新创的测量法、算法、公式等,又可以是采访、问卷、前测/后测试卷等普遍的数据采集方法。在这一部分需要说明如何利用工具对实验材料进行处理,如何实际应用该工具,如何增加实验的信度和效度等。

(4) "步骤":需要说明实施实验的详细过程,包括时间、地点、涉及范围、操作顺序等。

学科的不同也许会造成这一部分写作模式的不同。例如,许多人文社科领域的论文就是围绕某种新方法的诞生而开展的,因此,"方法"部分的阐述通常是较为详细的。而在自然科学领域,许多方法都是既成的、已确立的,是经过多年沉淀,经过多种环境检验过的。因此,本部分大多以方法的应用为主,而应用的改进拓展及其实际操作过程才是论文的实际焦点。

例1

2. 读后续译

本文采用王初明(参阅2016b)提出的"读后续译"教学方法,以期提高翻译教学效率。……王初明(2012:2)指出:理解和产出结合产生协同效应,结合得越紧密,协同效应越强,外语学习效果也就越佳。与本族语者互动对话具备交际需要强、听说动态交互、语境信息丰富的特点,学习者可以同本族语者全方位互动协同,强化协同效应,因此是学好外语的最佳途径之一(王初明2010,2012,2015)。受环境限制,外语学习者通常与本族语者交流互动的机会不多,所以选择有效的替代方式显得尤为重要。读后续译便是一个有效途径。这一任务符合语言习得的有效路径:互动→理解→协同→产出→习得(王初明2011)。在读后续译任务中,学习者与原文材料和目标语翻译之间产生互动,促进理解与产出互动,强化协同效应,从而提高学习效率。目前,国内外鲜有读后续译的研究报道,但是国内已逐步开展读后续写的研究(如Wang & Wang 2015;王初明、亓鲁霞2013;王敏、王初明2014;姜琳、涂孟玮2016),并将其应用于汉语二语学习研究中(如洪炜、石薇2016;王启、王凤兰2016)。读后续写是读写结合的范例,它和读后续译有异曲同工之处。……基于上述理论和研究发现,

---

① 方梦之:《英语科技文体:范式与翻译》,北京:国防工业出版社,2011年,第248页。

本文以维吾尔语-汉语翻译为例,通过一项实证研究,探讨读后续译任务中的协同效应及其促学效果。之所以选取维汉翻译作为实验对象,首先是因为维吾尔语和汉语在拼写规则、语言结构、文化背景等方面存在较大差异,具有一定的学术研究价值;其次,近年来我国对维汉双语人才的需求量日益增大,急需培养更多符合社会发展需要的高素质翻译人才,翻译过程对其他语种的互译也有借鉴意义。本文的研究问题如下:

(1) 学习者在读后续译中的语言使用是否与原文翻译产生协同?
(2) 读后续译能否有效提高学习者的翻译质量?
(3) 学习者对读后续译的促学效果认可度如何?

3. 研究方法

3.1 受试

本研究的受试为新疆喀什地区某双语中学 50 名高一年级学生。由于该年级三个双语班并非平行班,因此在实验前一周,根据授课老师的建议,三个班的 113 名学生都参加了一次汉语水平考试。试题选用了 HSK(汉语水平考试)五级模拟测试的阅读部分,总分为 100 分。按照成绩从高到低的顺序从三个班选出 50 名受试,分为 A、B 两个平行班。其中:A 班 25 人,平均分为 83.25(SD= 10.44);B 班 25 人,平均分 83.31(SD=10.84)。两个班的成绩无显著差异($t=0.023$, df$=48$, $p=0.981$)。所有受试的母语均为维吾尔语,汉语为第二语言,他们正式学习汉语的时间约为 7~10 年。除维语课和英语课以外,其他课程授课语言均为汉语。

3.2 实验材料和步骤

本研究的实验材料为两篇维汉对照文章,选自新疆青少年出版社出版的《十二个吝啬鬼的故事》一书。材料 a 题为《最喜欢的东西》(共 1 358 个汉字),讲述了一位国王和王后的爱情故事;材料 b 题为《自由最珍贵》(共 1 242 个汉字),讲述了一个吹笛少年追求自由的故事。我们通过"汉语文本指难针"(语言数据网 2016),对两篇文章分别进行了文本难度分析,结果显示,两篇材料的汉语版本均属于汉语能力五级范围,符合受试学生的汉语水平。实验分两周进行,第一周 A 班为实验组,B 班为对照组,使用材料 a(《最喜欢的东西》),前读部分包含 381 个维吾尔语词(912 个汉字),后续文本包含 198 个维吾尔语词。第二周 B 班为实验组,而 A 班为对照组,使用材料 b(《自由最珍贵》),前读部分包含 305 个维吾尔语词(822 个汉字),后续文本包含 209 个维吾尔语词。实验组任务是"读后续译",具体做法为:学生先仔细阅读维汉双语前读材料,然后将该维语文章的后续部分翻译成汉语。对照组的任务是"非读后续译",具体做法为:学生先阅读维语文章的前读材料,但不提供与其相对应的汉语翻译,学生需要翻译前读材料的末尾段落,然后将该维语文章的后续部分翻译成汉语。之所以要求对照组学生翻译前文的末尾段落,是因为两组的前读时间相同,但对照组只需阅读维语材料,费时较少。为确保两组学生在同一时间段任务量均衡,因此安排对照组学生翻译一段前文材料。根据前测实验积累的经验,规定实验组和对照组的前读任务时间均为 25 分钟,续译时间为 35 分钟。

3.3 数据收集和分析

两次翻译考试结束之后,笔者将学生翻译的文本输入电脑,以方便接下来的数据分析,具体步骤如下。首先,针对第一个研究问题,我们详细对比了文本材料的前读和续译内容,列出每个材料前后重复使用过的词汇、短语和句型。例如,《最喜欢的东西》一文中,前读和续译内容中都出现了"国王"一词,那么"国王"便被列为重复使用的词汇。然后,我们对学生的翻译进行检索,统计出实验组和对照组各有多少人在译文中使用这些词汇、短语和句型。假设某个词汇出现在实验组10个学生的译文中,那么该词汇的频率计为10。经过统计之后,如果实验组使用这些词汇、短语和句型的频率明显高于对照组,那么说明实验组的学生会在续译过程中回读前文翻译,并且使用前文出现过的语言结构,使续译内容和前文翻译产生协同。其次,针对第二个研究问题,我们请当地学校的两位语文任课教师对学生的两次翻译进行评分。这两位教师精通维汉双语,有多年的高中语文授课经验。由于维汉翻译缺乏可操作性的评分细则,因此我们参照了英汉翻译的评分标准(穆雷2006:468),分为五级,详见表1。[①]

本文是《读后续译的协同效应及促学效果》正文的一部分内容。开头先介绍"读后续译"这种教学方法,并且指出虽然国内已逐步开展读后续译的研究,但是国内外鲜有读后续译的研究报道,所以作者决定尝试"读后续译"的教学方法。并提出自己的问题。接下来是具体的实验方法:受试的选择与实验材料和步骤,以及如何收集并分析数据。

例2 In the present study, a data set obtained from a drilling process in a gas field located in the south of Iran was used. The depth of the well was 4 235 m, which was drilled with one run of roller-cone bit and three runs of PDC bit. The IADC code of the roller-cone bit was 435M, and PDC bits had codes of M332, M433, and M322. Roller-cone bit was used for about 20% and PDC bits for 80% of the drilled depth. In detail, roller-cone bit was used for the depth interval of 1 016 to 1 647 m, PDC (M332) was used for depth interval of 1 647 to 2 330 m, PDC (M433) was used for depth interval of 2 330 to 3 665 m, and finally, the depth between 3 665 and 4 235 m was drilled by PDC (M322). The data sets consist of 3 180 samples, which were taken every 1 m of penetration from 1 016 to 4 235 m. The recorded variables included well depth (D), rotation speed of bit (N), weight on bit (WOB), shut-in pipe pressure (SPP), fluid rate (Q), mud weight (MW), the ratio of yield point to plastic viscosity (Yp/PV), and the ratio of 10 min gel strength to 10 s gel strength (10 MGS/10 SGS). The statistical summary of the data points is gathered in Table 1.[②]

这是"A New Methodology for Optimization and Prediction of Rate of Penetration During Drilling Operations"正文中的一部分,主要讲述了数据收集的方法与过程以及各个变量在不同情况下的数值变化。本文基本用的是过去时态。

2. 研究结果

在研究结果部分,作者主要依据一定的科学方法对所获得的具体实验数据或信息进行加工处理。作为论文的核心部分,相关的讨论和结论都以实验结果为依据。没有准确完整的结果,就不可能进行有理有据的讨论,更不可能获得具有说服力的结论。因此,这部分的内容应体现以下特征:

---

① 许琪:"读后续译的协同效应及促学效果",现代外语(双月刊),2016年第6期,第831-834页。
② Yanru Zhao, Amin Noorbakhsh. "A New Methodology for Optimization and Prediction of Rate of Penetration During Drilling Operations". Engineering with Computers, 2020(36): pp. 587-595.

(1) 研究结果部分以陈述事实论据为主,力求严谨准确,符合逻辑,即具有客观性。

(2) 在形式上,使用图表是结果部分的典型特点。图表不仅简化了语言描述,还使读者对研究内容、研究结果一目了然,清楚地发现规律,体现直观性。

(3) 为了有利于学术交流,图表的使用势必涉及大量行业通用的专业术语、符号、公式、计量单位等,这就涉及语言的规范性。

(4) 因为结果部分的内容都是作者自己的研究发现,与引言、文献综述、研究方法不同,不需要引证他人的研究,所以这一部分体现了原创性的特点。

(5) 作为严肃的科学研究,其研究结果应该是经得起推敲和重复的,这就意味着这里的研究结果还应具备可重复性。

例

4. 实验结果

4.1 读后续译中的语言协同效应

经过文本材料分析,我们共检索出 15 个前读和续译文本中重复出现过的词汇。表 2 列出了实验组和对照组学生使用这些词汇的人数和比例(该比例指的是使用人数与每组学生总数的比率)。(表 2 略)

从表 2 可以看出,实验组使用这些重复词汇的频率均高于对照组,尤其对以下词汇的使用差别显著:"马驹""王后""触""违背""仙女""魔棒""意志""牧人",两组使用频率(人数)差高达 17~24。例如,实验组共有 24 人使用了"马驹"一词,而对照组没有人使用该词汇。对于受试学生而言,"马驹"是个相对生僻的词汇,对照组一般翻译为"马",但由于实验组的前读材料中出现了"马驹"一词,因此学生便将其应用于自己的翻译中。又如,"触"这个动词出现在前读翻译中(原句为"仙女说着,使用魔棒触了一下他"),因此实验组有 19 个学生在翻译该句时使用了"触"一词,而对照组则更多地使用了其他动词进行翻译,如"点""碰""指""敲"等。除了词汇层面,实验组在短语和句型使用方面也体现了与原文翻译的协同。比如,短语"违背我的意志"重复出现在前读和续译材料中,该短语在实验组续译中的使用频率为 17 次(68%),而在对照组中的频率仅为 1 次(4%),差别非常明显。对照组有的学生将该短语翻译为"违背我的旨意""违背我的诺言""违抗我的命令""反对我的命令""反对我的意愿"等,也有的学生直接忽略了该短语的翻译。又如,前读和续译材料都包含"用+名词+动词+了+一下……"这一句型(原句为"用魔棒触了一下……")。实验组在续译中使用该句型的频率为 12 次(48%),但是对照组的使用频率只有 3 次(12%)。其中,60%的对照组学生将该句型翻译成"把"字句,例如"把魔棒指到金雕像上""把魔法棒点在了他的雕像上""把魔棒向雕塑使魔法"等。

通过上述分析结果可以看出,学生在读后续译过程中能够将理解和产出紧密结合,把前读中学习过的词汇、短语和句型应用到自己的翻译中,充分体现了读后续译的协同效应。

4.2 读后续译对翻译质量的影响

表 3 列出了实验组和对照组两次翻译考试的平均分,以及综合平均成绩(材料 a+材料 b)的平均分。结果表明,实验组两次的平均分和综合成绩平均分都高于对照组。(表 3 略)

为验证两组得分是否有显著差异,我们对两次考试的成绩分别进行了独立样本 t 检验。结果显示,在第一次考试中(材料 a),实验组和对照组得分没有显著差异($p=0.311$),但是在第二次考试中(材料 b),实验组的得分显著高于对照组($p=0.004$)。另外,我们也对实验组和对照组的两次考试成绩进行了配对样本 t 检验,结果表明实验组的两次成绩显著高于对照组(p=0.000)。综合以上评分结果,我们可以看出,实验组的翻译质量显著高于对照组,说明读后续译对提高翻译质量有帮助作用。需要说明的是,在第一次考试中,两组的成绩并没有显著差异。经过详细比对阅读材料和学生译文,笔者发现续译成绩在一定程度上受文本材料的影响。材料a前读和续译材料中重复出现的词汇相对容易,例如"王后""国王""穷人"等,对照组学生虽然没有大量使用这些词汇,但是他们使用了正确的替代词,如"皇后""皇上""贫穷的人"等,失分率并不高。另外,续译材料中还出现了很多新内容以及一些较生僻的词汇和句式,如"催眠药""哈欠连连""眼皮发沉""六匹马拉的大马车""趁……不注意"等,对于两组学生来说准确翻译的难度较大,都有所失分。因此,虽然两组得分有差异,却并不显著。相比之下,材料b中出现的重复词汇难度相对较高,如"魔棒""仙女""吹笛子""金雕像"等,这些词汇在对照组学生续译内容中的错误率很高。例如,很多学生将"魔棒"误译为"木头""金棒""神奇棒""魔术的棒子"等,将"仙女"误译为"花仙""女娃""神女"等,将"吹笛子"误译为"吹哨""吹箫""弹笛""弹钢琴"等。相比较而言,实验组使用这些重复词汇的正确率相对较高,因此失分率较低。

4.3 学生对读后续译的反馈意见

我们对50份调查问卷进行分析总结后发现,94%(47人)的学生认为先阅读维汉双语文章更有利于第二部分的翻译,而只有6%(3人)的学生认为先阅读维语文章对翻译更有帮助。针对开放式问题"如果你认为先阅读维汉双语文章对你的翻译有帮助,请写下来原因",学生的回答主要集中在以下三方面:第一,阅读双语文章可以学习不懂的词语和较难的句子,并且可以将一些词语和句子的汉语翻译运用到自己的翻译中。……①

作者用详细的数据和图表列出了研究数据并做了详细的分析。研究结果不仅从读后续译中的语言协同效应和读后续译对翻译质量的影响两方面给予了回答,同时还搜集了学生对读后续译的反馈意见,呼应回答了前文的研究问题。

3. 讨论

与结果部分一样,讨论部分也是论文的核心。这一部分将对研究结果进行分析、综合、探讨,通过阐述现象、揭示规律或探索客观真理,使感性认识提高到理性认识。讨论的功能主要有三个:对结果部分的信息进行解释,对研究中得到的重要数据进行评价;概括出一些规律、原理;在得知实验结果的基础上,说明对于研究问题的崭新理解。

讨论部分为读者展现了专业理论、实验数据等之间的关系,分析并揭示了产生以上数据的可能原因,或是可能导致的结果。因此,这一部分的表述更加抽象和理论化,与实际情况更为贴近,更加有利于应用。

确切来说,讨论主要包括以下几部分:

(1) 分析实验数据,说明主要研究发现。一般使用定性概括的方式。

(2) 解释为何实验数据与前人文献一致或不一致。尽量将各种可能的原因考虑在内,尤其是与自己的想法相悖的解释。

(3) 阐述发现的意义与重要性。采取实事求是的态度,阐明研究的意义和重要性。

---

① 许琪:"读后续译的协同效应及促学效果",现代外语(双月刊),2016年第6期,第834-838页。

(4) 探究发现与相关研究的关系。联系相关研究,从相关研究中获得支持。同时,要表明与其他研究的不同。

(5) 指出研究的局限性。实事求是地评价、分析研究的缺陷及局限性,解释矛盾的结果和结论,同时提及意外的发现。

(6) 指明未来的研究方向。提出有待进一步研究的问题、方向和下一步的设想等。

(7) 描述研究的理论含义和实际应用。每一项研究的应用范围都是有限的,因此有必要说明应用范围。

简单归纳,讨论部分又可以概括为"往后看"(结果、问题、理论、实践等)与"往前看"(意义、建议等)。

例

Discussion

The main findings of this pilot study were that the affective learning/meditation workshops improved both confidence and implementation of affective learning strategies while also contributing to improved psychological well-being amongst most participants. Interview data in particular highlighted diverse responses from counterproductive through to "life changing" suggesting mindfulness may be extremely effective for some staff but not valued at all by others. The positive psychological influence of meditation is widely recognized. Brown and Ryan (2003) and Dobkin (2008) conducted studies using the Mindful Attention Awareness Scale (MAAS), and confirmed that a relationship exists between mindfulness and development of well-being. However, there has been limited exploration of links between contemplative practice or meditation and awareness and implementation of affective teaching. Stew (2008) and Morris (2009) both report implementation of meditation in education settings with Holland (2004) advocating a learning process involving both student and teacher to provide authentic experiential learning in meditation and self-awareness. This pilot project implemented a unique approach explicitly combining affective learning and meditation interventions, to produce interesting outcomes. In particular participants were encouraged to reflect on affective learning strategies concurrently with meditation, so the affective and meditation strategies mutually reinforced each other. However, the study was clearly limited by a very small sample. No prior knowledge of meditation, religious or philosophical connections were set as the exclusion criteria for participation in the study. Therefore those who participated in the study were interested in meditation practices and some had prior exposure to mindfulness meditation which may have biased the sample selection. This prior exposure was varied and was described at different times by participants as prayer, meditation, relaxation and reflection. Therefore it should be noted meditation strategies may vary and individuality, cultural and religious diversity will influence the outcomes (Hassed, Sierpina, & Kreitzer, 2008; Holland, 2004; Palmer & Rodger, 2009; Stefansdottir & Sutherland, 2005). In summary, it is clear from this pilot study that the meditation/

affective learning workshops were most beneficial for staff receptive to this approach.①

本次实验表明：情感学习/冥想工作研讨会提高了大多数参与者的信心和情感学习策略的实现，同时也有助于改善他们的心理健康……研究样本数量有限，有一些因素影响了实验对象的选择，个性、文化和宗教的多样性也会影响研究结果……但是访谈显示不是所有人都认可这种方法，初步研究表明，冥想/情感学习对认可这种方法的员工最有帮助。

7.2.2.6 结论的特点

通常，结论是作者希望读者记住的总体要点。该结论不应重复前面讨论部分的信息，而应以一种新的简洁方式为读者重新陈述主要结论。毫无疑问，结论部分是作者在介绍研究取得的成就。结论部分意味着文章的结束，是文章的总结概括和结束语。

例

Conclusion

Language learning tasks can support the development of learner autonomy by assigning learners more responsibility, equipping them with instrumental strategies, cultivating positive attitudes and guiding reflection. These features can be used as criteria for the evaluation of tasks that aim at facilitating autonomous learning. In the theme-related language learning tasks of College English, these features are reflected in the task procedure, the functions and language style of directions, the content source and turn-take pattern, the specific section for direct teaching of strategy and the evaluation checklist. On the other hand, however, the notion of autonomy embodied in these tasks is still constrained within the coursebook and classroom. The development of autonomous learning in teaching practice demands more and better teaching and learning materials. What will be equally important is teachers' conscious efforts in exploring and modifying textbooks already in use, so that "optimum use can be made of their strong points whilst their weaker areas can be strengthened through adaptation or by substituting material from other books"(Cunningsworth, 1995: 14). The writer hopes that the findings of this study may offer some implications for the evaluation and modification of tasks and coursebooks.②

这是"How Do Language Learning Tasks Facilitate Learner Autonomy"一文的结论部分。语言学习任务通过赋予学习者更多的责任、教授学习策略、培养积极的学习态度，并指导他们反思和评估学习过程来促进学习者自主性的发展。本研究以这些特征为评估标准，在大学英语教学过程中对以自主性学习为目标的任务设计进行分析，发现任务的结构、指令语的功能和语言风格、任务的内容来源和话轮模式等方面都能对学习者自主性产生影响。这些发现对教材评估和改进有一定的启示。这些结论是在前面的实验或教学实践的基础上得出的。

---

① Ziaian, T. et al. "The Impact of Mindfulness Meditation on Academic Well-Being and Affective Teaching Practices". Creative Education, 2015(6), pp. 2181-2182.

② Chen Xiao:"How Do Language Learning Tasks Facilitate Learner Autonomy". CELEA Journal, 2004(10), p. 110.

7.2.2.7 致谢部分

致谢部分是作者对自己在完成论文的过程中从方方面面得到的帮助表达感谢,一般会写出因为什么原因感谢某人或某个组织、机构等。

例

Acknowledgements

The authors greatly thank Dr. Adilson Benjamin from PETROBRAS for the valuable discussions on the structural behaviour of multiple corroded pipelines. We also thank our colleagues Edna G. Carneiro for helping on the elaboration of the ANSYS finite element models and Camila S. de Magalhaes for the helpful talks on neural networks. [R. C. C. Silva et al. A Study of Pipe Interacting Corrosion Defects Using the FEM and Neural Networks, *Advances in Engineering Software*:2007,(38),875.]

7.2.2.8 参考文献的要求

不同的学科领域通常会应用不同的参考文献格式,英语中一般常见的有 APA 格式、MLA 格式和 Chicago 格式。三种格式包含内容繁多,限于篇幅,不一一列举。读者可以根据需要选择参考文献格式并根据需要撰写参考文献。汉语论文也要根据专业特点和期刊会议要求撰写参考文献。

7.2.2.9 附录简介

附录不是每一篇论文必备的。可以根据需要将图表、照片、问卷调查或者作者认为有必要的内容作为附录。

在翻译论文的各个部分时也尽量要满足这几条,做到规范、科学、专业。同时结合各个部分的特点,因地制宜,符合规范。

7.2.3 学术论文的翻译

7.2.3.1 标题的翻译

标题的翻译大致有以下几种处理方法。

1. 大胆省略,简洁规范

以 some thoughts on, a few observations on, a study(studies)on, an investigation (investigations)on, a discussion on 等套语作为标题开头已日渐少用。有的刊物在投稿须知中明确规定不得使用,要求作者写标题要尽量简练,开门见山。中国作者常用"简论""初步研究"等作为标题词,而与之对应的"a brief discussion on""a preliminary study on"在外刊中更为少见。国人这种谦逊的表达往往被错认为是水平不高的体现。"薛旭辉从我国 38 家学报中所收集的论文标题中发现带'论'字样的标题有 70% 在翻译时借用'on',而带'试论'字样的 73 个标题有 30 个如此翻译。反观国外的期刊,Haggan(2004)对文学、语言学、自然科学三个领域的 124 种国际期刊上的 571 个论文标题做了对比研究,发现 307 个自然科学标题中无一例介词'on'短语标题。在语言学、文学刊物中也分别仅有 7 例和 5 例介词短语标题"。① 翻译时省略套语,省略介词"on"不仅使翻译规范,而且简洁。除了省略介词"on",必要时还可以省略连词、冠词和动词,或者用缩略语。

例1　研究收入分配问题要分清两个层次

译文　Two Levels of Income Distribution

有人把这个标题翻译成"Two Levels Need to be Distinguished in the Study of Income Distribution"。这样的译法不仅啰唆,而且不太符合标题的规范,用了动词。改译为"Two Levels of Income Distribution"后,不仅简洁,突出主要内容,抓人眼球,吸引人的注意力,更重要的是符合英语规范。

例2　口译质量评估研究的历史回顾

译文　Review of Interpreting Performance Evaluation Studies

此处省略冠词"a",省略翻译"历史"一词。因为"review"本身含有"历史回顾"的意思。

例3　对中介语语料的类型学错误分析

译文　Typological Error Analysis on Interlanguage Data

本例在翻译时省略冠词"a"和定冠词"the"。

例4　从农村职业教育看人力资本对农村家庭的贡献——基于苏北农村家庭微观数据的实证分析

译文　Effects of Rural Vocational Education on the Income of Rural Households－An Empirical Study of Rural Households in Northern Jiangsu Province

此处省略"微观数据"的翻译,因为"实证分析"已经暗含了"微观数据"的概念。

2. 去正留副/去副留正,避虚就实

例1　避谤仍兼雉尾藏,药方只贩古时丹——新中国成立后钱锺书心路历程再审视

译文　Qian Zhongshu's Personal Experience after the Founding of PRC

此译法省略了主标题。

例2　深刻而高有启发的教诲——读李赋宁《论英语学习和西方文学》

译文　Li Funing on English Learning and Western Literature

此处只需要翻译出副标题即可。

例3　审判管理与社会管理——法院如何有效回应"案多人少"?

译文　Judicial Management and Social Management

此翻译省略副标题不译。

例4　中国上古时期三大集团交互关系讨论——兼论中国文明的形成

译文　Mutual Relations between the Dong Yi, Hua Xia and Miao Man Groups in Ancient China

此处只需要翻译出主标题即可。

3. 转化符号,洋为中用

有些汉语标题里的正标题往往是论文的主要内容,而副标题一般是用于说明研究方法的。中文科技论文主标题与副标题之间一般用破折号表示,而英文科技论文中常用冒号引出副标题,对正标题起解释、补充说明的作用。这种情况下可以采用冒号,将正副标题都译

---

① 刘娟:"浅谈学术论文标题的英译",江苏第二师范学院学报(社会科学),2017年第8期,第105页。

出来,将二者合二为一。

例 1 论二语词汇深度习得及发展特征——关于"词义"与"词缀"习得的实证研究

译文 Exploring Word Knowledge and Its Acquisition Patterns: An Experimental Study of Word Meaning and Affix

例 2 理解方法论视野中的读者与文本——加达默尔与方法论诠释学

译文 Reader and Text from the Perspective of the Methodology of Comprehension: Gadamer and Methodological Hermeneutics

4. 正副结合,合二为一

例 1 曼斯菲尔德短篇小说的创新艺术——析《白丽尔小姐》

译文 The Original Style of Katherine Mansfield's *Miss Brill*

例 2 说服学的起源和发展趋向——从亚里士多德的"信誉证明(Ethos)""情感证明(Pathos)""逻辑证明(Logos)"三手段谈起

译文 Ethos, Pathos, Logos, and Persuasion Theory

标题翻译时可以借鉴一些常用的句型:

……的测量与分析 Measurement and Analysis of…

……的调查　Survey of…

……的方法和仪器 Method and Apparatus for…

……的分析与改进 Analysis and Improvement of…

……的分析与计算 Analysis and Calculation of…

……的合理化设计 The Rationalized Design of…

……的回顾与进展 Review and Prospect of…

……的几个重要问题 Some Important Problems in…

……的简化计算方法 A Simplified Method of Calculation of…

……的精密测量 High Precision Measurement of…

……的可靠性分析 Reliability Analysis of…

……的设计标准　Design Criteria for…

……的设计与实现 Design and Implementation of…

……的设计与研制 Design and Development for…

……的实验测定 Experimental Determination of…

……的实验研究 An Experimental Study on… /Experimental Investigation for…

……的实用方案 A Practical Scheme of…

……的述评 Some Comments on…

……的特性 Characteristics of…

……的误差分析 Error Analysis of…

……的新进展 Recent Advances in… /Recent Progress in…

……的性能比较 A Performance Comparison of…

……的性能评定 Evaluation of…

……的研制 Development of the… / Research on… /Development…

……的研制及其应用 The Research and Application of…

7.2.3.2 摘要的翻译

翻译论文摘要时要理解原文内容,翻译时选词用词要准确;其次,要合理安排语序,根据需要采用合句或者分句译法,表达要流畅,文风要契合,要符合英文摘要的特点与规范;另外,需要考虑摘要的篇章性,即译文整体的衔接与连贯。

1. 理解原文内容,用词准确

例 1 本文认为,这一研究具有重要意义。

译文 The author holds that the definition is of great significance.

此处的"意义"不能直接根据其字面意思,译为"meaning",因为汉语中"意义"的意思是"含义""意图"或者"意思"。而原句中的"意义"是指"价值""作用""重要性",所以对应的英语词应该是"significance"。

例 2 这样就实现了我们保护用户隐私的设计目标。

译文 In this way our design objective of protecting consumer privacy is attained.

汉语中的"实现"一词不能一律翻译为"realize"。realize 的主语一般为人,表示人长久以来想要达成某个目标,常见的搭配有 realize one's dream/ hope/ ambition 等。"实现……的目标",英语中常用 achieve 和 attain,attain 更为正式,所以上面的例子可以翻译为:In this way our design objective of protecting consumer privacy is attained.

2. 文风要契合,符合摘要的特点与规范

作为对论文的精辟概括,论文摘要长度短、信息量大、用词少而精确、正式。除这两点,翻译时还要注意使用正确的时态、人称和语态。此处重点讨论最后一点。

(1) 摘要的人称与语态

1) 摘要的人称

因我国国标 GB6447—86 要求摘要应用第三人称来写,国内论文多用第三人称 this paper/research/author/purpose of 等开头,现在更倾向于采用简洁的被动语态或原形动词开头,而不用本文、作者等做主语。然而,目前国外著名科技期刊中,采用第一人称的摘要比较普遍。据徐晓燕统计,《自然》杂志 30 篇文摘组成的语料中"共有 60 句话采用 we 做主语,13 句话中使用 our,使用第一人称不但可强调作者的新成果、新结论,以区别于他人或前人的结果,而且也能更好地突出作者的学术观点,同时在英文摘要中采用第一人称还可使主体明确、句式简洁。因此在摘要英译过程中可尝试使用第一人称"①。

赵应吉研究发现垃圾处理技术类科技论文摘要:"句子主语和人称使用多元化,有第三人称,也有第一人称,有 the author(s),也有 it、this paper、the study、the research、this article…"②。

所以摘要的人称要根据实际需要和国际潮流,适当增加第一人称做主语,同时也配合使用第三人称。

2) 摘要的语态

"调查表明,在过去,科技论文被动语态用得比较多,而现在多提倡用主动语态。论文摘要也是这样,现在越来越多采用主动语态,因为主动语态更为简洁,表达更为有力,文字更

---

① 徐晓燕:"论文摘要写作及其英译的学术规范研究",佳木斯职业学院学报,2015 年第 7 期,第 403 页。
② 赵应吉:"国外科技论文统计与对比分析研究",江淮论坛,2014 年第 4 期,第 192 页。

为清晰,更能突出动词所表达的内容。"① 由英国著名语言学家 Geoffrey Leech 等四人合著的《当代英语语法变化研究》(*Change in Contemporary English：A Grammatical Study*)通过对多个语料库历时 30 年的语法变化比较研究发现,使用 be 引导被动语态的频率无论是在英式英语还是美式英语中都呈现下降的趋势,尤其在学术文本中使用频率显著减少。② 越来越多的科技工作者倾向于使用主动语态,如美国的《科学》(*Science*)和英国的《自然》(*Nature*)期刊在征稿要求中明确提出稿件应尽量采用主动语态写作。③

论文中多用主动语态,可以更为简洁地表达更多内容,也更符合摘要的特点。

(2) 摘要的时态

论文英文摘要所采用的时态主要有:一般现在时、一般过去时和现在完成时。科技论文英文摘要是一种以介绍性叙述为主的文体。一般现在时是使用最广泛的时态,它主要用于陈述性、资料性文摘中。一般过去时主要用于说明某一具体项目的发展情况,介绍科学或技术研究项目的具体资料。现在完成时说明论题的发展背景,介绍已结束的研究项目。④

例 This paper presents findings from a survey which explored the vocabulary learning strategies of Chinese EFL students…

One hundred intermediate or high intermediate students in a foreign language university in Beijing, China participated in this study. Nineteen of them were English majors in their second year, while the rest had at least BA/BS degree and a few even a master's degree and were from two classes in a two-year English continuing education program on the same campus…

One major finding from this study is that instead of using only strategy that involved mechanical means or reputation, the Chinese EFL students also used many deeper strategies.

此外,还需要掌握摘要翻译的常用词语和句型,可以依据常用的摘要结构,提炼句子形式和相应的表达式。译者可以把汉语摘要的要点及其概念词语嵌入这些句子架构,然后依据英语摘要的结构布局,形成英语摘要译文。

3. 考虑译文的衔接与连贯

篇章由段落组成,段落由句子组成,句子由短语组成,短语由单词组成。段落是整个篇章和句子的中介单位,长度适中,且又有形式标志,易于识别。以段落作为翻译的基本操作单位,既可顾及句子与句子之间的衔接,又可顾及段落与段落之间的衔接与连贯,最终实现篇章的顺利翻译。

由于英汉段落结构和句子的连接手段不同,在翻译时,译者往往需要对整个段落重组。大部分翻译理论家和翻译家都主张以句子为翻译单位,但以句子为单位进行翻译,就难以顾及句子之间和段落之间的衔接。篇章是一个有机的整体,涉及句子的连接、组成信息的各成分之间关系的清晰性和概念发展的倾向,这些绝非逐句翻译所能解决。实现段落中句子与

---

① 张菊:"科技论文的英文标题、摘要及关键词的翻译技巧",科技信息,2008 年 12 期,第 61 页。
② Leech, G, Hundt M, Mair C, Smith N. *Change in Contemporary English：A Grammatical Study*. Cambridge: Cambridge University Press, 2009, 97.
③ 吴蕾,杨捷:"科技英语论文中语态使用的对比分析",东华大学学报(社会科学版),2013 年 6 月,第 94 页。
④ 于建平."科技论文英文摘要的写作与翻译剖析",中国翻译,1999 年第 5 期,第 33 页。

句子之间的连接,不仅是使用连接词的问题,还需要考虑前后句子用词间的相互呼应。

大部分译者在翻译学术论文时都靠逐字翻译,往往只考虑语法是否正确,是否表达出想要表达的意思。此外,母语对英语表达的影响无处不在,作者或多或少按照母语习惯来表达英语。这样,译者忽略了段落语篇概念,认为只要每句话都正确就没有问题,在论文译完后,只检查词、句,很少检查语篇中句与句的衔接、连贯、逻辑,段与段的衔接、连贯、逻辑。然而,英文的语篇衔接方式非常丰富,有的基于句子层面,有的基于语篇层面。

汉语学术论文中语法衔接手段的应用没有英语学术论文丰富。因此,在英译汉时,应避免过于形式化的语法照应,而汉译英时,应适当添加重在形合的语法手段,使上下文照应与衔接。

词汇衔接关系分为重述关系和共现关系。重述关系可以通过原词复现或重复、同义词与近义词复现、上下义词复现等词汇手段来实现。学术论文中,原词复现主要应用于重要的术语概念,汉语学术论文中原词复现更多,而英语学术论文则多采用同义词、近义词替换复现的方式。

共现关系指词汇在语篇中出现的倾向性或可预测性。除了词汇的横向组合搭配关系之外,还有同一语境或语域中习惯性共现的词汇语义关系,包括反义关系、互补关系、局部与整体关系、局部与局部关系、共项下义词关系等。这些词汇项的语篇共现形成上下文语义的衔接与连贯。这种词汇共现关系在学术论文中应用广泛,同一论题往往使用不同的文献观点和研究结果展开对比、比较与说明、论述,因此,反义、互补等语义关系使用频繁[①]。

译者必须熟悉并掌握英汉学术论文的衔接和连贯手段,尤其是在汉译英时译者更需要注意英语中较为突出的形式与词汇衔接及连贯手段,正确处理汉英互译时的添加与重复。另外,译者需要增强英汉学术论文词汇衔接手段方面的差异意识,在英汉互译过程中,调整词汇衔接手段的应用策略。

例 1 本文介绍基于非接触 IC 卡和指纹识别的 ID 认证系统,同时也介绍其软硬件构成。此后,讨论其安全机制、系统操作及主要功能。最后,得出结论:文中所述系统高度安全可靠。

译文 This paper introduces an ID authentication system based on a non-contact IC card and fingerprint identification. Then it discusses the software and hardware, the security mechanism, the system operation and its main functions. Finally, the author arrives to the conclusion that the described system is highly secure and reliable.

该译文没有按照原来的句子翻译,而是根据意思将第一个和第二个句子先拆分后合并。"同时也介绍其软硬件构成"和"此后,讨论其安全机制、系统操作及主要功能"都指文章涉及的内容,是并列关系,所以合并为一个句子。这个译法建立在篇章的基础之上,而没有机械对应原来的句子。"同时也介绍其软硬件构成",由于这句和后面的句子结合在一起,所以其中的"同时"略去不译。本翻译处理手段算是翻译的典范。译文中的连接词"then"和"finally"既是对原文的"此后"和"最后"的对应翻译,但又不完全对应,灵活而不失原意,完全站在篇章的高度而不是单个句子的角度来翻译。

例 2

摘要:中国茶叶公司是战前实业部联合地方政府和茶叶界商人共同出资成立的一家官

---

① 杨新亮,熊艳主编:《英汉学术语篇比较与翻译》,上海:上海交通大学出版社,2015 年,第 97 页。

商合办公司。抗战爆发后,中国政府为了保证易货产品的收购和销售,决定对茶叶等重要农矿产品实行统购统销,同时决定对中国茶叶公司进行增资改组,即国家以强制性的手段将商股及地方官股退还,再全数注入并增加资本,使之承担对全国茶叶的收购、储存、运输及销售的任务,并成为战时国家实施统购统销、垄断对外贸易的一个重要工具。

译文

Abstract: The China Tea Firm was a joint venture of the Ministry of Industry, local governments and businessmen in the tea trade. It was set up before the War against Japanese Aggression (1931-1945). When the war broke out, the Chinese government decided to control the trade in important agricultural and mineral products in order to guarantee barter exchange. In the meantime, the state decided to increase the capital of and restructure the China Tea Firm by compulsorily buying all shares held by private businessmen and local governments, and increasing government input. Monopolizing the purchase, storage, transport and marketing of the nation's tea business, the China Tea Firm thus became an important tool in the wartime state monopoly of domestic and foreign trade.[①]

原文一共有两句话,不宜译成两句英语句子。原文第一句,虽然只有一个层次,但是从论文标题可以知道,"战前"在原文中属于非常重要的信息,指的是抗日战争之前,最好单独译出。原文第二句很长,分为三个层次,即"抗战爆发后,中国政府为了……,决定……""同时决定……,即……"和"使之承担……的任务,并成为……重要工具"。根据以上分析,译成三个英语句子比较合适。译文在篇章的连贯与衔接上,也处理得比较好。例如,第一句提到了 the China Tea Firm,在第二句就使用了代词 it 指代这家公司,为了突出语义重点,将"抗日战争"单独成句,然后在第三句使用定冠词 the 修饰 war,将上下文很好地衔接起来,达到了构建语义连贯的目的。

有人总结了翻译论文摘要常用的一些句型。掌握这些句型可以快速规范地对摘要进行翻译。在表述现存研究之不足时常用句式有:"… is less clear/remain uncertain; However, … remain poorly understood/largely unknown; Yet there are no established … for …; However, data have thus far been insufficient to provide …; However, it is not …; Despite decades of study and broad public interest, we know little about …; Yet supporting scientific data remain sparse and controversial; However, the existence of … is unknown; … but … is underdeveloped"。总之,这类句子多用转折词 however, yet, but 或 although 等把话题转到文章要研究的内容上,用 is, are, remain 等词指明目前研究存在的问题或亟待解决的问题。

说明研究或试验方法时常用的句式包括:Here we establish …; Using …/resources/examples/materials/sequencing, we …; To observe … we constructed …; We performed analysis of …; By doing … we uncover …; Here we conducted /explore/test … by …; Here we describe an experiment …; We used this method to …; Several … were synthesized …; We measured … 。

---

① 郑会欣:"从官商合办到国家垄断:中国茶叶公司的成立及经营活动",历史研究,2007年第6期,第110页。

展示研究成果常用的句式有：Here we show …；Here we find and present …；Our study uncovers …；Here we uncover …；Here we present … based on …；Here we report …；We identify …；等等。

阐明结论的常用句式有：Our results/These results/These data demonstrate/provide/uncover/suggest …；Our analyses indicated that …；Results from … studies show that …；We conclude/prove/find/found/demonstrate/provide …；These/our findings …；We thus present a foundation for …；等等。

根据语料统计，摘要翻译时常用的高频词汇包括：how、present、demonstrate、report、find、identify、remain、uncover、change、suggest、observe、provide 等动词；result、material、variation、effect、function 等名词；we 和 our 这两个代词及副词 here。此外，分词 using、based、including 等也属于常用词汇。[①]

上文我们通过结合译例，讨论了汉语学术论文摘要的英译并总结了摘要翻译时常用的句型与词汇。翻译汉语论文摘要，首先要了解英语学术论文摘要的语言特点，即在单词、句子、语法等各层面上的语言特点，做到准确遣词造句，符合英语摘要的特点和规范。其次还要了解一些基本的翻译技巧，考虑译文的衔接与连贯。学术论文摘要的翻译质量直接影响论文读者是否决定继续通读整篇文章。表述准确、逻辑清晰的摘要翻译无疑会大大增强学术论文的吸引力。

7.2.3.3 关键词的翻译

"关键词"一般译为 Key Words、Key words 或 Keywords，也有的期刊要求写为 KEY WORDS。在列举关键词时，词汇之间可以使用逗号或分号进行分隔，最后一个词后不需添加标点符号。有些期刊要求关键词首字母大写，有的则要求全部字母大写。中、英文关键词应一一对应，翻译关键词时用词要准确，对不熟悉的词，应认真查找有关的专业词典或工具书，少用非公知的缩略语，特别是一些设备和材料的简称，如在未作解释的情况下出现在关键词中，则容易造成思维模糊甚至混乱。关键词一般用名词或名词词组形式，很少用动词形式。虽然从语法的角度看翻译关键词时使用冠词并没有太大的问题，但鉴于关键词须做到词形精炼、概念明确，因此，在翻译它们时应尽量使用零冠词。为了简洁，名词的复数能不用则不用。

例 关键词：语码转换；课堂语码转换；有标记语码,无标记语码

译文 key words：codes witching；class codes witching；marked codes witching；unmarked codes witching

翻译关键词除了使用专业词典和工具书，有时候还需要找到其英文中的固定表达。例如，在一篇文章中有两个关键词"生产关系"和"分配关系"。查汉英词典发现"分配关系"可以译为"relation of distribution""distribution relations"和"assignment relation"，还有"distributive relationship"。到底哪个才是正确的译法呢？"生产关系"是"production relations"，是"productive relationship"，还是"productive relation"？需要调查确定。维基百科有专门词条谈马克思的 Relations of production and relations of distribution，这样就可以

[①] 徐晓燕："科技论文摘要写作及其英译的学术规范研究"，佳木斯职业学院学报，2015 年第 7 期，第 403 页。

肯定这两个术语的正确翻译是"the relations of distribution"和"the relations of production"。

7.2.3.4 正文的翻译

正文的翻译要求做到表述准确规范,语(时)态得体,表达清楚和结构严谨,具体表现在词汇层面、语(时)态层面和语篇层面。

1. 词汇层面

准确是首要要求,有些在普通文章中可以互用的同义词在科技文章中可能有严格的区别。比如,在结论部分用词要避免使用"prove"(证明),而用"support"(支持),因为只有这项研究能够支持这样的观点,别的研究可能支持的是不同的观点;而"prove"在英文中是非常严肃的词,用在结论部分的意思是:这项单一的研究就已经证明了某个真理。这显然不够严谨,不是科学的语言,让读者觉得文章非常不专业。当然,做到准确的根本在于提高英语水平,充分把握要表达的思想内容。

准确规范还表现在无冗词赘语,如 this kind of method 可缩短为 this method;during the course of 可缩短为 during;in actual fact 可缩短为 in fact;at this precise moment in time 可缩短为 now。[①]

规范还表现在使用专业词汇。学术论文中会用到很多专业术语,如 threshold theory("双阀限"假设理论),cognition(认知),metallography(金属学),automation(自动化),goniometer(测角仪),measurement(测量)等。有的还使用合成名词、词组。合成名词是指由两个及两个以上的名词共同构成一个具有完整概念的合成词,有时也会加上必要的修饰形容词[②],如:oxygen saturation(氧饱和度),fluorocarbon emulsion(碳氟化合物乳化液)和 E-waste recycling industry(电子废弃物回收产业)等。

2. 语(时)态层面

近几十年来英美学者开展了"简明英语"(plain English)运动,提倡简洁平易的写作风格,反对故弄玄虚、故作高深,要求文章尽可能做到句子短小、结构简单、用词平易,如适当使用第一人称和主动态,尽可能使用小词、短词,避免赘词、冗词,不用 thereto、thereon、hereof、hereafter、whereby、wherein 等古词之类。[③] 汉语动词无时态变化,其时间概念和动词行为状态必须借助副词、时间词来表达。

观点陈述类句子是学术语篇中的一种常用功能句群。此类英汉句子存在一定的共性,即句子多以文献作者、研究、文献主题、流派观点、结果(research、existing literature/studies、theorist、the results、the findings)做主语。同时,两者也存在一定的区别,如英语观点陈述句中陈述类动词更丰富,常用 suggest、focus on、posit、assume、find 等做谓语,后跟 that 从句引出观点内容,汉语观点陈述句则用"认为""表明""说明""指出""强调"等作谓语来陈述观点内容。英语观点陈述句也常用 it is/was/ has been assumed/suggested/ found that 等句式,而汉语没有此类包含形式主语的句子。因此,译者必须总结归纳此类句群的结

[①] 方梦之:《英语科技文体:范式与翻译》,北京:国防工业出版社,2011年,第247页。
[②] 李文革:《应用文体翻译实践教程》,北京:国防工业出版社,2013年,第92页。
[③] 方梦之:《英语科技文体:范式与翻译》,北京:国防工业出版社,2011年,第237页。

构特征,对比英汉观点陈述类句群的共性和差异,更好地掌握互译技巧和规律。[①]

用主动语态和第一人称做主语可以使句子读起来一清二楚,不转弯抹角,不矫揉造作。

例 (1) The current research work of the authors of the report is also described.

可改为:We also describe our current research.。

(2) In this section, a discussion of the influence of the recirculating-water temperature on the conversion rate of … is presented.

可改为:This section discusses the influence of the recirculating-water temperature on the conversion rate of … 。

第一人称和主动语态的写法已为国际广泛接受,从上面两个例子来看,其优点显而易见,这样的表述清晰、直截了当。肯定主动态并不是否定被动态,而是让其适得其所。

例 针对这些问题,本文以某士官学校为例,充分借鉴我国军事文化对思想政治教育积极作用的经验,提出……。

译文 1 The thesis takes the practice of a particular NCO academy as an example, draws on the experience gained from the practice of promoting the ideological and political education with the help of our national military culture, …

译文 1 采用主动语态,不仅保留了原文中的"以……为例"这个句式,还基本按照汉语思路和结构一一翻译,两个动词完全并列,看不出主从之分,使得译文啰唆,同时也没有展现出英语句子应有的树状结构。这个句子还犯了一个严重的错误,两个句子"The thesis takes the practice of a particular NCO academy as an example"和"draws on the experience…"中间用逗号断开,但它们之间没有任何连接词,出现了严重的语法错误。

采用被动语态后,改译为译文 2。

译文 2 A certain NCO training academy is used as a case study to look into how China's military culture has positively affected ethical and political education;…

译文 2 不仅抛弃了典型汉语句式"以……为例",而且用词简单,主要动词只有一个"is used",另外的"to look into"为动词不定式短语做目的状语,"has positively affected"作为从句中的谓语动词。整个句子既简单又地道,体现了英语句子的树状结构。

学术论文中实证研究部分的主要研究方法包括定量和定性两种,由参试者、实验设计、材料、工具、程序或步骤、数据、结果与讨论等部分组成。学术语篇中实证研究部分重在对研究方法各组成内容的性质、特征、用途、过程及其结果进行描述,因此,这部分的语言具有描述性特征,句子结构相对简单,用词也有一定的倾向性。一般会用过去时态。

例

Method

Participants

Participants were 419 people from four cultural groups:174 European American and 99 East Asian/Asian American students from the University of Illinois at Urbana-champaign (on average, East Asian students had been in the United States for 6.7 years), 75 business students from Singapore Management University, and 71 Hispanic immigrants

---

[①] 杨新亮,熊艳主编:《英汉学术语篇比较与翻译》,上海:上海交通大学出版社,2015 年,第 73 页。

(82% from Mexico with an average of 10.4 years in the United States) residing in the Minneapolis St. Paul area. 60% of participants were male. Average age of student participants was 21.0 years and of Hispanic participants was 37.4, students in the United States participated for course credit…①

3. 语篇层面

翻译正文部分时,除了注意人称和语态问题,还要注意"正文的语言结构必须安排合理,各段落的组织要做到脉络清晰,论证有序,符合认知规律和人们的接受心理。在组织句子和段落时,必须注意连接词的使用,使文章前后连贯,衔接、过渡自然顺畅,结构严谨"②。

掌握一些正文翻译常用的句型,可以符合英语表达的需要,而且使文章更符合国际规范。

以下是学术论文正文常用的句型。

(1) Our participants were selected under the logic of…

参与者是依照……的逻辑选择出来的。

(2) The participants were invited because they had exposure to… and experience with…

邀请这些参与者是因为他们曾经接触过……同时有过……的经验。

(3) … were asked to record their results on…, complete… information, and answer… question.

……被要求在……上记录自己的结果,完成……信息,以及回答……问题。

(4) As shown/demonstrated/ exhibited in the diagram/graph/chart/table…

正如图表中所展示的……

(5) The figures bottomed out at…/reached the bottom/ a low point of…

数据在……达到低谷,为……

(6) These values were calculated as … respectively.

这些值分别计算为……

(7) …is similar to that reported/described/documented by…

……与之前……报道/描述/证明的类似。

(8) … results are in conflict with…

……结果与……相矛盾。

(9) As it is seen from this figure, … increases with… increases.

如图所示,随着……增长,……也发生了增长。

(10) A possible explanation for this might be that…

对此的一个可能的解释是……

(11) One of the main arguments in favor of/against … is that…

支持/反对……的主要论据之一是……

(12) Overall/On the whole/In the main/In general, the experimental samples resisted…

总的来说,实验样本违背了……

---

① 杨新亮,熊艳主编:《英汉学术语篇比较与翻译》,上海:上海交通大学出版社,2015年,第107页。
② 翟芳主编:《学术英语翻译与写作》,西安:西北工业大学出版社,2017年,第145页。

(13) The findings of this study are restricted to…

研究结果局限于……

(14) While every effort was made to…, … in the current study did not cover all aspects of…

虽然竭尽全力努力去……,目前研究中的……并未覆盖……的所有方面。

(15) Our study is correlational in nature and, therefore, causality cannot be inferred.

我们的研究在本质上是相关的,因此,不能推断出具有因果关系。

(16) These limitations notwithstanding, our results replicate and extend previous findings of…

尽管有这些局限性,我们的研究结果重复并延伸了之前对于……的发现。

7.3 精讲精练

7.3.1 精讲精练 1

行业特色高校产学研结合本科人才培养模式的探索与研究
——基于河南科技大学应用型人才培养的目标

摘　要：随着高校规模的迅速扩张,原行业特色高校开始向"多科化""多元化"方向发展,行业特色被淡化,再加上自身存在的各种弊端,严重影响了行业特色高校在社会上的影响力。如何使行业特色高校适应新形势下行业发展的需要,是摆在我们教育工作者面前的一个重要课题。河南工业大学作为一所典型的地方行业特色高校,通过加强与企事业单位联合,凝练专业方向,构建了产学研相结合的人才培养模式,为我国粮食行业的发展,培养了大批专门人才。

关键词：产学研结合；实验实习平台；校企合作

原译文

Explore and research on the combination of the mold of generation, studying and research, and the mold of cultivating talents
— On the basis of the goal to cultivate practication-orientated tanlents of Henan University of the Technology

Abstract：As university scales expand rapidly, universities that originally bear features in certain arenas have taken on the developmental trend towards multi-subjectionization and multi-diversification, hense the encroachingly dissipating of such features. In addition, their natural defections have obviously diminished their competition in socioty. Thus it is a crucial issue that we, as educators, have to face and find ways to settle, of how to put universities of features in the track of new situations. And Henan University of Technology, typical of regional features, has established the mold of generation, studying and research, and fostered numerals of specialized talents for the development of national food industry, by strengthening the cooperation with enterprises and institutions, and refining major directions.

Key words：integrate classroom teaching; researches and factory practices; lab and training centers; copperation between university and enterprise

（沈国荣，用例）

（1）此译文错误很多。很多单词拼写错误，如 tanlents、hense、socioty、subjectionazation 等；"河南科技大学"应译为 Henan University of Technology,这个译文中有的译为 Henan University of the Technology；很多措辞不够准确达意；语法错误。

（2）标题的英文，宜采用名词化形式。"产学研"是字面对应的翻译，脱离了大学教育的语境，意为"通过课堂教学、生产实践、参与科研培养学生"。汉语标题较长，英译文不够简洁精炼，可省去"探索与研究"以符合英语行文措辞习惯，可改译为：Integrating Classroom Teaching, Research and Factory Practice to Cultivate Qualified Graduates in Industry-oriented University — Based on the Talent-training Program in Henan University of Technology

（3）关键词的翻译基本符合英文规范,英文关键词除了专有名词外,其他单词的首字母一律小写,各单词之间用分号";"隔开,分号之后空一格,最后一个关键词后边不用任何标点符号。但是 integrate classroom teaching 这个翻译为动词词组,不符合语法要求；copperation 这个单词拼写错误。

（4）"随着高校规模的迅速扩张",译文是字词对应的翻译,未考虑到中国大学升格以及扩招这一语境；"行业特色"只翻译出了字面意思,让人无法理解,应采取补充法译为 research advantages in certain industries。英美国家人士的思维习惯与中国人是有差异的,他们叙述因果关系时,往往先摆出结果,再追溯原因,所以第二句译文的句子排列过于依赖汉语句子,有些拘谨。

（5）最后一句译文只是一味强调译文的微观对应,未考虑到篇章的整体语义对等。一般汉语读者对摘要原文的顺序理解为：①河南工业大学作为一所典型的地方行业特色高校,②通过加强与企事业单位联合,凝练专业方向,③构建了产学研相结合的人才培养模式,④为我国粮食行业的发展,⑤培养了大批专门人才。由于中西方人的逻辑思维层次有差异,英语国家人士对该句理解的顺序思路应该是：③①②④⑤。摘要最后强调的中心是"产学研相结合的人才培养模式",主干是"本文主要阐述该模式",其他各信息都是对其修饰说明。可将原文改译为：

Many colleges expanded rapidly and have been turned into universities. They have lost their important social status and great influence when they tried their best to become multidisciplinary, diversified universities. It is a crucial topic for the Chinese educators to consider how universities should adjust themselves to the development of the industries they involve and regain their reputation. Here is some experience drawn by the researchers through many years of practical attempts in Henan University of Technology, originally a typical college engaged in grain research and having cultivated a large quantity of professionals for the grain industry. The talent training program in Henan University of Technology is introduced, which is featured by integration of classroom teaching, research and factory practice.

Key words: integration of classroom teaching; research and factory practice; lab and training centers; cooperation between universities and enterprises

（沈国荣译，有改动）

汉语摘要中有一些典型句式，如"以……为核心""围绕……这个核心问题""从……入手""在深入分析……的基础上""存在……的问题""以……为例"。如果将这些句式直接翻译为英语，会不堪重负。应该尽量抛弃这些句式，用简单的动词结构翻译出原文的实质含义。常见的句式还有："坚持……的原则""采取……办法""处于……状态""发挥……功能""起到……作用""实现……目标""完成……任务""遵守（采取、坚持）……方针（政策）""实施……战略""采取……态度""出现……现象""处于……局面""以……为中心""以……为纲""以……为龙头""以……为龙尾""以……为两翼""以……为中心""以……为依托""以……为纽带"等。翻译时应尽量省略这些套语，使译文简洁规范。

7.3.2　精讲精练 2

原文　Climate change is an important factor in determining the past and future distributions of biodiversity. In the ocean, the pattern of marine species richness, notably for fish and invertebrates, is strongly related to environmental factors. Also, observations and theory suggest that marine species respond to ocean warming by shifting their latitudinal range and depth range. Such species responses may lead to local extinction and invasions, resulting in changes in the pattern of marine species richness. For example, in the North Sea, species richness of fish fauna increased from 1985 to 2006, which was related to large-scale biogeographical patterns and climate change. Overall, changes in pattern of species richness may disrupt marine biodiversity and ecosystems, and impact commercial fisheries. Here, local extinction refers to a species ceasing to exist in an area although it still exists elsewhere, while invasion refers to the expansion of a species into an area not previously occupied by it.

Previous attempts to investigate climate change effects on marine species dealt with limited taxa and on specific regions. A review of recent literature on quantitative analysis of the effect of anthropogenic climate change on community assemblages or distributional range of marine fish and invertebrates shows that the majority of the reviewed papers focus on a regional scale (e.g., North Sea, coast of Britain and California). Most of the regional studies took place in North Atlantic, Northeast Pacific and the Mediterranean. The few (two reviewed papers) studies on ocean basin scale (e.g., North Atlantic Ocean) and global scale focus on limited taxa. The lack of large-scale study that encompasses a wide array of marine species is in contrast to the situation prevailing in the terrestrial realm. Particularly, climate change impacts on marine biodiversity are likely to intensify in the future, with the intensity of impacts differing geographically according to changes in ocean conditions and sensitivity of the species. Thus, a global perspective on the impact of climate change on a wide range of marine species is urgently needed to obtain a more complete picture of the climate change problem. Bioclimate envelope models alternatively called environmental niche models, have been widely used to predict distributions of plants and animals. A bioclimate envelope can be defined as a set of physical and biological conditions that are suitable to a given species. Thus, shifts in species distributions can be predicted by evaluating changes in bioclimate envelopes under climate change scenarios.

译文 气候变化是引起生物多样性变化的重要因素。在海洋生态系统中,物种丰富度(尤其是鱼类和大型无脊椎动物)的分布与环境特征息息相关。许多理论和实践表明,全球变暖影响海洋生物在纬度和水深层面上的分布。这会导致某些物种在特定水域消失,而另一些物种得以成功入侵,进而改变该水域的物种丰富度。例如,全球变暖造成2006年北海水域鱼类丰富度比1985年显著提高。总的说来,物种丰富度分布格局的改变将会对生物多样性和生态系统造成负面影响,影响正常的渔业生产。本文所讲的区域性灭绝是指某些物种在特定水域的消失,而在其他水域仍有分布。物种入侵是指某些物种大量进入某些以前没有分布的水域。

此前有关气候变化对海洋生物影响的研究多局限于有限水域(如北海、英国沿海、加利福尼亚沿岸)和特定物种。仅有两项研究是在大洋(东北太平洋)或全球层面上较为系统地研究了某些特定生物类群(桡足类和鲣鱼)对气候变化的反应。与陆地生态系统在该领域内的研究相比,海洋生态系统在该领域内的研究欠缺在大尺度、多种类层面上的研究。在未来一段时间内,气候变化对生物多样性的影响有进一步加剧的趋势;同时,鉴于不同水域气候变化的幅度不同以及各物种对气候变化的敏感程度不同,不同水域的响应方式会有所区别。故此,有必要在全球层面上研究气候变化对海洋生物多样性的影响方式。生物气候分室模型(bioclimate envelope models),或称为环境生态位模型(environmental niche models),现已被广泛应用于动植物时空分布的预测。生物气候分室是指适于某特定物种生存的生物、物理条件。研究气候变化对生物种群空间分布的影响可通过研究生物对气候变化的响应来加以确定。

就语言层面而言,学术论文具有特有的文体和语言风格。英汉学术论文在段、句、词汇等方面存在一定的共性,如都包含学术性论题鲜明的段落,信息负荷较大、逻辑关联性强的长句以及与论题相关的概念词群等。但同时又有很大的差异,如英语学术论文中段落的论题、句群结构更清晰,主从关系一目了然,其词汇的衔接手段更丰富;而汉语学术论文往往重在叙述和阐释,概括性结构多于实证性结构,上下几个句子的主语往往变化较多,连动结构多,论题概念重复多,缺乏派生衔接手段。这些差异在前面文章(节选)及其译文中有明显体现,需要译者在英汉互译训练中加以注意,以增强英汉学术论文的差异意识。

原文和译文的前两句虽然在结构及用词上没有明显差异,但还是有一些词汇上的不同。

汉语译文"生物多样性变化"对应的英语是"the past and future distributions of biodiversity",原文使用"the past and future"来表达研究是有时间延续的实际情况,同时还满足了文章中所指的"变化"一词的实际含义,即"研究生物多样性的分布情况及其变化"。在第一段中,虽然汉语译文中也反复出现"物种"一词,但英语文章更明显围绕"species"一词,尤其是反复出现的以这个词构成的短语,如第二句中的"the pattern of marine species richness",第四句中的"such species responses",第五句中的"species richness"和第六句中的"changes in pattern of species richness"明显体现了英语依靠词汇来实现主题连贯和衔接上下句的特点。为了使上下文衔接和连贯,英语文章中还用了"particularly"和"thus"等词来表达逻辑关系,而汉语文章中则缺乏这种使用连词和副词的逻辑表达方式。

仔细分析来看,这篇文章(节选)及其译文也体现了英汉两种语言思维方式的不同。杨振宁教授说:"中国的文化是向模糊、朦胧及总体的方向走,而西方文化是向准确而具体的方向走"①。英语文章第一段第三句中的"observations",第四句中的"such species responses"和第二段第二句话中的"A review of recent literature on quantitative analysis of the effect of anthropogenic climate change on community assemblages or distributional range of marine fish and invertebrates shows that the majority of the reviewed papers…"这些词或短语指代明确,意思清楚,不会造成误解。汉语中会用一些比较模糊的词,如将这些词或短语分别译为"实践""这"和"此前的……研究局限于",虽然都用了模糊处理,但不会造成汉语读者的误解。在观点表达、文献评述和讨论部分,英语学者倾向于间接、婉约地表达,更多地使用委婉、含蓄的陈述方式,如这篇英语文章中的情态动词"may"和"can"的使用就体现了这一点。

英语文章中有时态的变化,上文有的句子用了过去时态,而汉语却没有时态的变化。英语文章中至少出现了三个被动句,而汉语文章中仅仅出现了一个被动句。

总而言之,从句子层面看,汉语学术论文广泛使用并列的散句结构,而英语学术论文上下文语句依靠严谨的词汇和语法手段实现主题的连贯和形式的衔接,被动句使用广泛。英语学术论文的长句结构与汉语学术论文的多句并列结构都比较普遍,从而给互译带来难题。

从词汇层面看,英语学术论文以名词结构为主,广泛使用名词化结构,而汉语学术论文以动词结构为主,有大量的连动结构。

7.3.3 英文主要的标点符号

西方拼音文字使用的标点符号远在15世纪末已经基本固定。汉语正式使用各种标点符号的历史还不到一百年。"清代以后,随着白话文运动的开展,逐渐引进西方文字的标点符号,并逐步改造成一套适用于汉字的标点符号。1920年教育当局颁布了标点符号12种。1990年,国家语言文字工作委员会和新闻出版署发布了修订的《标点符号用法》。"②多数中英文标点虽然相似,但在写法和用法上存在细微差异,需要注意区分。英文主要标点符号及其用法如下。

---

① 陈定安:《英汉比较与翻译(增订版)》,北京:中国对外翻译出版公司,1998年,第39页。
② 李宇明:《语言学概论》(第2版),北京:高等教育出版社,2000年,第136页。

1. 句号(full stop)

除了可以结句外,英文的句号还可以用于缩略语中,如 November 缩写为 Nov.,Number 缩写为 No.。句号常用于陈述句和祈使句句末。例如:Don't smoke here.。

2. 逗号(comma)

英文逗号的用法主要有:

(1) 用于分隔多个并列内容,如 I have Chinese, math, English, and physics books.。

(2) 用于修饰名词的多个形容词之间,如 a tall, young man。

(3) 用于连接两个较长的独立子句,而且每个句子的主语不同,如 It is raining heavily, and Tom can't arrive at school on time.。

(4) 用于关联的子句之间,如 Since he is your younger brother, please take care of him.。

(5) 用于直接引用的句子之前,如 Jack said, "Let's play basketball."。

3. 冒号(colon)

英文冒号的用法主要有:

(1) 用于对后面内容的介绍或解释,如 This is what he plans: go swimming.。

(2) 用于一个正式的引用前。如 The teacher said: "Please put your hands up if you know the answer."

(3) 用于商业或正式信函的称谓后,如 Dear Dr. Smith:。

(4) 用于数字时间的表示,如 10:10 pm。

(5) 用于主标题和副标题之间,如 Web Directory: World and Non-U.S. Economic Data。

4. 引号(quotation marks)

引号分为单引号(single quotation marks)和双引号(double quotation marks)。

(1) 引号可用于表示直接引语。英文中单、双引号都可用,单引号还用在一个直接引语中所含有的另一个直接引语上,如 Mary said, "I hear Lily say: 'I won't talk to Tom anymore.'"需要注意,其他标点有时需要置于引号之内,有时需要置于引号之外,要加以区分。

逗号和句号必须置于引号之内。例如:

"Well," the foreigner said to him, "you look like an engineer."

冒号和分号必须置于引号之外。例如:

He told the gunman, "I refuse to do that"; his knees, however, were shaking even as he said those words.

She called this schedule of activities her "load": work, study, exercise, recreation, and sleep.

问号、感叹号和破折号,则有时置于引号之内,有时置于引号之外。如果所引内容本身是疑问句或感叹句或带有破折号,则一般放在引号之内;否则,放在引号之外。例如:

The teacher asked, "Could you understand me"?

Did the teacher ask, "Have they gone"?

Did the teacher ask, "They have gone?"

The frightened girl screamed, "Help!"

(2) 标明短篇出版物的标题,诸如杂志、报纸上的文章、短诗、短篇故事和整部书的某一章节,如 Have you read "For Whom the Bell Tolls"?。

(3) 表示所用的词语具有特殊意义,如 The report contained the "facts" of the case. 。
(4) 表示应引起读者注意或读者不熟悉的词语,如 "SOS" is a message for help from a ship or aircraft when in danger. 。

5. 问号(question mark)

问号要用在直接疑问句,而不是间接疑问句中,如"What are you going to do ?"是正确用法,而在"I wonder what you are going to do."这个句子中,应当使用句号而不是问号结句。

6. 分号(semicolon)

与中文的分号类似,英文中的分号可用于分隔地位平等的独立子句,如 It is nearly half past five; we cannot reach town before dark. 在句子中如果已经使用过逗号,为了避免产生歧义,就用分号来分隔相似的内容,如 The employees were Tom Hanks, the manager; Jim White, the engineer; and Dr. Jack Lee, the CFO. 。

7. 破折号(dash)

英文的破折号在微软 Word 软件中输入时可用连续的两个连字符(--)代替,约占两个英文字母的位置。

(1) 用在列举或解释之前

She outlined the strategy—a strategy that would, she hoped, secure the peace.

(2) 用在补充说明成分的之前和之后

My friends—that is, my former friends—ganged up on me.

(3) 表示强调

I think Rothko was right--in theory and practice.

中英文还有各自特有的标点符号,下面对它们的用法做相关介绍。

7.3.4 中文特有的标点符号

1. 顿号

顿号用于表示句子内部并列成分间的停顿,起分割作用。

例如:花园里的花都盛开了,有玫瑰花、百合花、郁金香、蝴蝶兰;颜色有红的、黄的、粉红的、白的、蓝的,漂亮极了。

2. 书名号

汉语中的报刊、书籍、杂志、歌曲等名字需要用到书名号。

例如:你读过《老人与海》吗?

3. 间隔号

间隔号常见于外国人名和一些专有名词的汉译。

例如:乔治·布什。

7.3.5 英文特有的标点符号

1. 撇号(apostrophe)

撇号用于英语的缩写词、其复数。其形式是" ' ",写在缩写词的右上方,如 I'm、He's、

teachers' 等。

2．连字符(hyphen)

连字符主要用于某些前缀(如 ex-)之后和构成复合词,如 ex-girlfriend、brand-new、well-known。连字符还用于构成某些复合数字,如 twenty-three。此外,一个词的一部分如果要移行,要使用连字符连接,应根据发音断开,不要把单个字母留在行尾或置于行首(例如:happiness 不可断为 ha-ppiness)。还应注意一页中最后一个单词不能使用连字符将其置于两页。

3．斜线号(slash)

斜线号主要起分割和标明音标的作用,如 his/her(他/她)、and/or(并且/或)、Sir/Madam(先生/女士)、grasp,英/grɑːsp/、美 /græsp/。

另外需要注意,英文的省略号是三个点(…),位置在行底;中文的为六个点(……),居于行中。中文句号是空心圆圈,为全角字符;英文句号是实心圆点,为半角字符。

7.3.6　英国英语和美国英语标点符号的差异

1．引号的用法

(1) 属于引语的逗号、句号在美国英语中位于引号内,而在英国英语中多位于引号外。

(2) 引语内再套用引语时,美国英语中双引号在外,单引号在内,而英国英语中的单引号在外,双引号在内。

2．省略号的用法

(1) 省略号一般用三个连续的点表示语言或文字的省略,如"I don't know … maybe you are right．"。

(2) 在美国英语中如果省略号恰好在句尾就用四个点。如 Max wrote,"…, changes with every change in the conditions of his material existence …．"

3．冒号的用法

(1) 在小时与分钟之间,美国英语多用冒号,英国英语多用句号。

(2) 美国英语中,信件或演说词的称呼语之后用冒号,而在英国英语中多用逗号。

课 后 练 习

第 1 部分　英译汉

Ⅰ．翻译下列标题

1．What Role Do Precrash Driver Actions Play in Work Zone Crashes? Application of Hierarchical Models to Crash Data

2．A Simulation Model to Calculate Costs and Benefits of Dry Period Interventions in Dairy Cattle

3. Gaps or Bridges in Multicultural Teacher Education: A Q Study of Attitude Toward Student Diversity

4. The Winter Model—A New Way to Calculate Socio-Economic Costs Depending on Winter Maintenance Strategy

5. Diffusion of Development: Post-world War Ⅱ Convergence Among Advanced Industrial Nations

Ⅱ. 找出下列句子中标点符号和连词的使用错误并修改

1. We will go to the park, if it is fine tomorrow.

2. She thought what the teacher pointed out was right, however, she didn't want to correct that.

3. Perhaps, I would not see him again.

4. "What do you mean by 'language acquisition device'?" one of her students asked.

5. While she was reading 《Pride and Prejudice》, I was cooking.

6. His wife bought a lot of flowers of different colors, such as red、purple、yellow and orange.

7. The protocol employs a unique frame structure, thus increase the utility factor of the channel greatly.

8. Ordinary transformers are not ideal, therefore power losses occur in them.

9. The method has the advantages of high efficiency, energy conservation, easy adjustment.

10. People like to think that being on a diet is healthy, however, there is considerable evidence to the contrary.

Ⅲ. 段落翻译

课后练习1

Abstract: Measuring the well-being of employees through questionnaire measures can give a useful indication of the positive or negative mental health of a workforce along with their satisfaction with their circumstances. Furthermore, measuring the antecedents of these outcomes provides a basis for reducing negative outcomes and promoting positive mental health and satisfaction within an organization. This endeavour can quickly become impractical, however, as taking into account the range of possible environmental or personal factors can lead to a lengthy and burdensome measurement tool. The current paper examines the use of single-items for this purpose, demonstrating that single-item measures of work-related and personality factors exhibit relationships with each other and with outcomes that the literature on well-being predicts. Using multiple-regression analysis, the results show that work related factors such as control and reward provide significant predictors of well-being outcomes including job satisfaction, while personality factors such as self-esteem and self-efficacy are significant predictors of all outcome measures. Furthermore, variations in the relationships with specific outcomes and interaction effects are found. The results suggest that using single-item measures may provide a valid approach to investigating well-being in the workplace in circumstances that may require very brief scales.

课后练习 2
Methodology

Five clearing agents namely clove oil, xylene, palm kernel oil, grounnut oil and coconut oil were used for this study. The wood specimens were from a mature wood of Nauclea diderrichii. The choice of wood was informed based on its medium density as opposed to the usual soft tissues used in the past studies (Sermadi et al. 2014). Wood microscopy was done in accordance with ASTM D1413-61 (ASTM [American Society for Testing and Materials], 2007); wood sections of about 20 μm thick were produced in three planes namely cross sectional, tangential and radial sections using a Rachet sliding microtome. They were transferred into a dish containing methylated spirit using a soft brush. Sections were washed with distilled water and covered with safranin for 2 min, and then they were dehydrated through a series of bath of increasing concentrations (30%, 50%, 75%, 90% and 100%) of ethanol for about 15 min at each concentration (Kitin et al. 2000) with frequent changes of the respective solutions of ethanol. After each section was carefully cut into four parts, each part was covered with a different clearant (clearing agent) for 1 h, then placed on microscope slides and fixed in a Canada balsam (Burger and Ritcher, 1991).

第 2 部分 汉译英

Ⅰ. 翻译下列标题
1. 企业所有制是克服企业行为短期化的根本出路
2. 科学与艺术之争——翻译研究方法思考
3. 试论文化因素对英汉翻译的影响
4. 交际过程的符号分析
5. 刘季春两个教程的比较与诠释

Ⅱ. 翻译下列句型
1. 本文综述了关于……的理论。
2. 本研究的主要目的是探索……的新方法。
3. 本文提出了这种数学模式及其用于……的算法。
4. 在文中,我们测量了……,估算了……的参数。
5. 观察的结果显示……,为……提供了可靠的依据。
6. 在……的基础上,可以得出以下结论。
7. 然而,需要在……方面进行更多的研究。
8. 虽然……是没有特别预料到的,并且仍需要反复实验,我们对……提出了一些可能的解释。

9. 我们的参与者不是随意选取的,而是为了……而精挑细选的。
10. ……参与了研究,他们在……方面有相当丰富的经验。

Ⅲ．段落翻译
课后练习1

摘要：通过对实验班与普通班两个班的实证研究,本文作者验证了语言测试及其策略对语言教学的正面反拨效应。与此同时,从解题的角度作者所做的调查问卷表明,对测点明晰的学生解题的正确率较高,从而得出结论:教师与学生都应该接受专业的语言测试知识及策略培训,以便更好地运用好语言测试这一重要的教学辅助手段。

课后练习2

2. 研究方法

有关学习者策略的研究,尤其是与第二语言学习中的元认知有关的研究表明,学习者能够描述他们怎么选择策略,他们优先选择哪些策略以及他们评估策略有效性的方式。这项研究依赖学生提供有关他们在听力中使用的一系列策略的基本信息的能力。本研究旨在提供与上述研究问题相关的证据。

2.1 研究对象

研究对象是天津医科大学的120名非英语专业学生(其中35名男生,85名女生)。他们是大一的四个班学生,其中两个班主修医学,一个班主修护理专业,另一个班主修卫生专业。这四个班是从2001级的23个班中随机抽取的。

2.2 调查工具

这项研究使用的调查工具是一份问卷和四个听力理解测试。问卷(见附录A)包含两个部分。第一部分是背景信息,旨在帮助研究人员更好地了解背景调查的结果。它包括受试者姓名、性别、年龄、专业、英语测试成绩、学习英语的大概时间和学习英语的原因等。第二部分是语言学习策略的使用。牛津大学(Oxford,1990)开发的语言学习策略量表7.0(SILL)被译成中文,这样学生更容易理解。SILL量表包含50个项目,每个项目有5个选项,范围从"这个说法从不或几乎不适合我"到"这个说法总是或差不多总是适合我"。基于牛津大学提出的策略分类系统(1990年)(见附录B),这50个项目属于以下6类:记忆策略(A部分中的9项),认知策略(B部分中的14项),补偿策略(C部分中的6项),元认知策略(D部分中的9项),情感策略(E部分中的6项)和社交策略(F部分中的6项)。研究中使用的听力理解测试选自大学英语四级考试题,每次测试包含20个多项选择题。为了使调查更加严格,共进行了4次听力测试,分别使用了1999年6月、1998年6月、1997年1月和1996年6月的大学英语四级考试听力部分。总体看来,分析结果是一致的。由于篇幅所限,本文仅采用1998年6月大学英语四级考试结果(见附录C)用来分析演示。

2.3 具体操作过程

这120名学生先是在一个月内参加了4次听力测试。然后在2001年10月28日,他们在集中在一个大教室里参加了策略调查。在调查之前,学生被告知,每个学生的反馈情况不会用于评分,也不会有任何负面影响,而是用来收集信息并帮助他们学好英语。他们有30分钟的时间填写问卷。本次调查共收回117份问卷有效。计算受试者在策略和听力理解测试中的回答平均得分后进行概括。为Windows开发的SPSS10.0软件用来分析数据。

第8章 文化典籍翻译

8.1 对照阅读与思考

8.1.1 对照阅读与思考1

叶公子高好龙,钩以写龙,凿以写龙,屋室雕文写龙。于是天龙闻而下之,窥头于牖,施尾于堂。叶公见之,弃而还走,失其魂魄,五色无主。是叶公非好龙也,好夫似龙而非龙者也。

译文

Lord Ye's Professed Love of Dragons

Version 1

Lord Ye, whose name was Zigao①, was so fond of dragons that the pendant on his robe and his drinking cup both took the shape② of a dragon, and even the decorations and carvings in his house all bore the design of this mythical animal. On learning all this, the Dragon in the Heaven descended from on high to pay him a visit. It poked its head in at the window and swung its tail into the hall of the house of Lord Ye. At sight of the dragon, he immediately turned and took to his heels. He was scared out of wits and turned quite pale and white-lipped.

It was not that Lord Ye really loved dragons; what he did love was something in the shape of a dragon—all but a real one.

Xin Xu (Writings of Shen Buhai)
Translated by Yang Liyi

---

① An official of the State of Chu during the Spring and Autumn Period (770-476 BC). The place Ye was the present-day Yexian County in Henan Province.

② Recent philological studies find the character 写(used three times)in the story should read 象 whose variant form 焉 in the old days looked like 寫.

Version 2

A Lord Ye of ancient times who was very fond of dragons adorned his whole palace—beams, pillars, doors, windows and walls—with drawings and carvings of them. When a real dragon in heaven heard of this it was deeply moved by his infatuation and paid him a visit. When Lord Ye saw the real dragon thrusting in its head through the window of his study and its tail moving in his palace, he was frightened out of the house for his life. Clearly, what Lord Ye loved was not the real dragons.

思考题

1. 译文 Version 1 中的画线部分在原文中似乎都没有,这些内容从何而来？为什么要加上？

2. 这两个不同版本的英语译文在理解和表达上有哪些明显的差异？请找出两处并加以分析。

8.1.2 对照阅读与思考 2

Yet nothing is more certain than that, measured by the liberal scale of time-keeping of the universe, this present state of nature, however it may seem to have gone and to go on forever, is but a fleeting phase of her infinite variety; merely the last of the series of changes which the earth's surface has undergone in the course of the millions of years of its existence. Turn back a square foot of the thin turf, and the solid foundation of the land, exposed in cliffs of chalk five hundred feet high on the adjacent shore, yields full assurance of a time when the sea covered the site of the "everlasting hills".

译文 1　故事有决无可疑者,则天道变化,不主故常是已。特自皇古迄今,为变盖渐,浅人不察,遂有天地不变之言。实则今兹所见,乃自不可穷诘之变动而来。京垓年岁之中,每每员舆,正不知几移几换而成此最后之奇。且继今以往,陵谷变迁,又属可知之事,此地学不刊之说也。假其惊怖斯言,则索证正不在远。试向立足处所,掘地深逾寻丈,将逢蜃灰。以是蜃灰,知其地之古必为海。(严复,译)

译文 2　可以完全肯定地说,若用宇宙计时的巨大尺度来衡量,目前这种自然状态,尽管象(像)是长期演变而来,并将永远演变下去的,其实不过是无穷变化中的一瞬,不过是地球表面在其存在的亿万年中已经历的一系列变化的目前阶段。翻起一平方尺(1尺＝0.333米)薄薄的草皮就可以看到象(像)露在邻近海岸五百尺高的白垩峭壁上的那种坚实地基,使我们确信,有一个时期海洋曾淹没着现在"永恒的小山"的所在地。(《进化论与伦理学》翻译组,译)

思考题

1. 这两段汉语译文在理解和表达上有哪些明显差异？请找出两处并加以分析。

2. 这两段译文哪个达到了严复的"信""达""雅"翻译标准？

8.2 文化典籍翻译

8.2.1 文化典籍翻译概述

文化典籍翻译对于弘扬民族文化、促进国际间交流具有重大意义,这已是当今国内外翻译界所达成的一个共识。联合国教科文组织认为,人类的文化多元性犹如自然的生物多样性一样必要。国际翻译家联盟也强调对外开放和民族间交流的重要性和必要性,并指出翻译在其中发挥的至关重要的作用。在文化全球化的今天,每一个民族不仅要包容和理解其他民族的文化,更要努力保持自己的文化,并将自己的文化典籍翻译推介到世界各地。

8.2.1.1 文化典籍翻译的定义

根据维基百科的定义,典籍"泛指古今图书。中文古典典籍是中华文明发展进程中,人们对社会和自然精心思考的精髓。……现在'典籍'一词主要是指经过历史的选择,被人们所公认的、代表一个民族的文化水平所达到的高度、深度和广度的著作"[①]。所谓文化典籍翻译,从字面上可以简单地理解为将文化典籍翻译为其他语言。严格意义的文化典籍翻译多为全译,宽泛意义的文化典籍翻译多为摘译、节译或编译。译者需要针对不同的翻译行为遵守不同的翻译原则并制订不同的文化典籍翻译策略。

8.2.1.2 文化典籍翻译的内容

由于世界文化典籍形成的复杂性和发展的长期性,在对其翻译问题做进一步具体讨论时不可能用非常简单的几段话或几页篇幅来完成。限于篇幅限制和实际需要,本教程只做一个简单的介绍。

1. 世界文化典籍翻译

世界文化典籍以图书为载体。"典籍是图书的事业"。要谈世界文化典籍翻译,首先需要搞清楚世界文化典籍的范围。按照王宏印的观点,世界文化典籍分为学术性书籍(非文学类书籍)和文学类书籍。[②]

① 学术性书籍(非文学类书籍):

a. 历史类书籍:以记录和描述历史事实为要,其环境、人物、事件的真实性是基本要求,但也有解释性的说明和评论。

b. 科学类书籍:包括自然科学和社会科学书籍,以调查、记录、解释和评论自然现象与社会事实、行为、制度等为主,有一定的理论和观点为支撑。以事实与观点的吻合为要点。

c. 哲学类书籍:关于本体、认识、价值、道德等问题的思辨或分析,其背后蕴藏着特定的理论基点和方法,思维的逻辑性和真理的自明性是其要点。

② 文学类书籍:按照一定的文类(散文、小说、诗歌、戏剧),以虚构或想象性为主要特

---

① 徐珺,霍跃红:"典籍英译:文化翻译观下的异化策略与中国英语",外语与外语教学,2008年第7期,第45页。
② 王宏印:《世界文化典籍汉译》,北京:外语教学与研究出版社,2011年,第27-39页。(有删减)

征,表达个人对生命或生活体验与认识的作品,强调语言的想象性、形象性和生动性。

(1) 历史类书籍的翻译原则与要点

历史或传记的写法有的侧重道德教训或哲学、思想性,有的侧重人物塑造或文学性、艺术性,所以翻译时的策略和趋向可能会有所不同,从而表现出不同的译作面貌。但忠实于基本的事实层面,则是一个基本的要求。由于物理和文化的时空距离,为了达到这个目的,《汉译世界学术名著丛书》中显示的一些体例的变化和知识的完备也是必要的。此外,翻译本身的问题也会提出来,如语言的准确性和史料的查证应当是居于首位的要求。

(2) 科学类书籍的翻译原则与要点

对于科学著作,首先要区分自然科学著作和社会科学著作。在基本层面上,这两者主要是自然现象与社会现象的不同。前者是物的世界,是纯客观的态度和客观知识,价值中立;而后者是人的世界,是主观性的知识,有政党、阶级、团体和国家及意识形态的偏向。在语言方面,除了专业术语之外,前者有更多的符号、公式及图表;而人们往往认为,社会科学的语言很接近日常生活,所以比较容易读懂。其实并不是这样。社会科学本身既包罗万象,又不像自然科学(硬科学)那样严谨,特别是概念的清晰程度,看起来似乎不言而喻,其实就连同行专家在基本概念上也很少有完全统一的,由此造成阅读和理解的困难。

(3) 哲学典籍的翻译原则与要点

对于哲学典籍的翻译而言,难处在于哲学术语经常借助于日常生活用语,而又赋予它以哲学的专业意义,使得翻译时难以兼顾。例如,传统中国哲学的"性""命""天""道"等术语,以及西方哲学中的 mind、idea 等词,就难以翻译。即使专业的哲学家,有时也难以准确界定。

就哲学的区分性来说,西方哲学不是一个统一的板块。它有不同的国度和作者身份,以及语言的问题(直接来自英语的只是其中的一部分),所以哲学著作的转译是常见的现象。另一方面,哲学著作在翻译时还难免借助中国哲学的思想和语言作为参照,这样就要考虑到中西哲学十分复杂的来源和个性化的表达。

在西方哲学的汉译过程中出现过两种截然不同的文体:一种是文言形式;另一种则是白话形式。虽然前者在今天已经不能算作典型性的翻译文体,但是在古典哲学领域,有些甚至仍然是权威性的译本,所以将文言与白话,做一对照,对于西方哲学的当代中国读者而言,仍是一个基本的功课。

追根穷源是翻译哲学著作的基本方法,这可能会涉及许多始料未及的问题,如有时会碰到一词有多重含义,可能出现在不同的上下文中,使翻译者莫衷一是,大伤脑筋。

(4) 文学类典籍的翻译原则与要点

1) 散文分为古典散文和现代散文,中外皆然。古典散文在西方以拉丁文或接近于拉丁文的语言风格为主,其特点是简洁而严谨,词少而意丰,犹如中国先秦的散文(其遗脉在明代的徐渭那里表现得最为明显)。英语散文则在培根的论说文中,以《谈读书》最为典型,而王佐良的文言译笔,妙合天机,堪称契合无间。现代英语散文则以纯粹天然的白话译出为妙。

2) 在诗歌翻译领域,从格律诗到自由诗,一方面体现了原本的演变规律,一方面也是翻译本身格式选择的倾向性。在晚清和五四时期,即现代诗歌翻译的早期,其翻译倾向是格律化,甚至套用固定格式。因而,风格的古雅化、鉴赏的伦理化,似乎不可避免。

但是,到了现代和当代,随着白话的成熟,新诗的尝试进入纵深阶段,自由的无韵诗体也为人们所接受。尽管如此，还有两种倾向制约着人们的诗歌欣赏和翻译策略：一个仍然是格律化和古典的欣赏趣味；一个则是对新诗形式和语言的背离，以及对这种格律翻译千篇一律的反叛，那就是散文化和无韵体。能克服这两种倾向，才能翻译和鉴赏现代的、纯净的白话诗。

3) 小说翻译，特别是西方现代小说的汉译，经过了一个由不严谨的翻译到比较严谨的翻译的过程。一直到中国现代小说比较成功的写作出现，才有了比较成熟的小说翻译，这是因为小说翻译中不仅有语言和文笔成熟的问题，也有对于现代小说的接受和理解的问题。

小说翻译的要点，当以散文的笔法为基础。总体而言，在笔者看来，不在于对话生动，不在于描述新颖，也不在于评论惊世，而在于其中有一种氛围和情绪，即作者的主观态度笼罩而成的一种事件的氛围。得此要点者，离小说翻译的境界不远了。

在现代派的小说里，更多的是貌似客观的描写，但却渗透了作者未必说得清楚的深意，抑或是象征。

4) 戏剧传统，植根于民族的民间习俗与语言中，在西方和东方有很大的区别，一般说来，戏剧的翻译，不但人物的语言要个性化，有表现力，而且要自然生动，还要配合动作和表情，因而具有表演性。

在戏剧翻译中，如何将西方外来戏剧中的新颖因素和中国戏剧的基本元素相互融合，是戏剧翻译成败的关键。

戏剧翻译以剧本阅读为基础，虽然舞台化是至高的追求，但入戏却是个最低的要求。

世界文化的典籍翻译，包括转译和重译、复译，翻译作品的评论和译介研究，以及探索更为宏观的翻译理论和建设翻译学三个层面。

2. 中国文化典籍翻译

(1) 中国文化典籍翻译的内容

"中国典籍是中国传统思想文化的结晶，它在思想内容、语言形式、文化意蕴等方面都不同于现代作品。如果说一般的翻译要沟通两种不同的语言、文化、受众，那么古籍作品的翻译则要跨越时间去沟通。"[①]"中国的典籍一般指1911年之前历朝历代遗留下来的刻本、写本、稿本、拓本等，涵盖了包括文学、史学、理学、工学、农学、医学等几乎所有学科。"[②]杨自俭将中国典籍界定为"'中国清代末年(19世纪中叶近现代汉语分界处)以前的重要文献和书籍'。除诗词以外还包括其他各类文体的重要文献与书籍"[③]。所以，本章中的文化典籍指广义的文化典籍，既包括哲学的、宗教的典籍，诸子百家等经典，也包括文学的，像《诗经》《楚辞》、唐诗、宋词、元曲等，还包括散文、小说和戏剧等。

翻译可分为严格意义上的翻译和宽泛意义上的翻译。前者在内容、形式、功能和文体等方面与原文高度一致或接近，后者则在内容、形式、功能和文体等方面与原文有明显变异。[④]

从纯学术的角度来看，典籍翻译研究会涉及很多的学科。一是古典学，在西方就是希腊、罗马的经典，在中国先秦时期产生的典籍构成古典，在印度以及其他一些地方都会有一

---

① 蒋坚松："古籍翻译中理解的若干问题"，外语与外语教学，2001年第11期，第4页。
② 李正栓，解情："民族典籍翻译与研究：回顾与展望"，湛江师范学院学报，2014年第1期，第72页。
③ 杨自俭："对比语篇学与汉语典籍英译"，外语与外语教学，2005年第7期，第62页。
④ 王宏："怎么译：是操控还是投降？"，外国语，2011年第2期，第86页。

个历史上叫作"轴心时代"的阶段,这一时期产生的作品构成了他们各自的典籍。二是文献学,包括对于古典的经典的解释,包括小学、训诂等,包括文献的保持、查阅,对于图书的分类,现代图书馆的保管,善本还有古本复原等,我们统称之为"文献学"。三是语言学,这个语言学不是指现在所谓的形式主义或功能主义语言学,而是涉及语言谱系的重新认识,比如说汉藏语系,实际上涉及印度文化和藏族文化古典之间的关系,这个语言学实际包括的比较多,比如季羡林研究的吐火罗语,陈寅恪研究的新疆的西北的碑志等,都是语言学研究领域,就是语言和文字在一起,构成从语言符号的角度进行研究,和文献学有区别。四是人类学,它涉及体质人类学和文化人类学。体质人类学涉及人种和人类的起源、民族的融合以及迁徙等问题。文化人类学涉及宗教之间的联系,不同教派的冲突和融合,习俗层面上的交往,衣食住行的混合变化,还有文学艺术,即文学人类学,艺术人类学等……①

(2) 中国文化典籍翻译的范式②

范式是"在科学活动中某些被公认的范例(包括定律、理论、应用以及仪器设备在内的范例为某种科学研究传统的出现提供了模型)。"科学的发展就是科学研究范式的不断变化和超越。翻译科学亦是如此。吕俊、侯向群认为,我国的翻译研究经历了三种研究范式的变化,即语文学范式、结构主义语言学范式和结构主义多元化的范式。王宏和刘性峰认为,可以将典籍英译研究范式分为语文学范式、结构主义语言学范式、文化学范式、解构主义范式。当然,有时,某些研究范式是同时并存的,其中亦有交叉。

1) 语文学范式

该范式研究的内容主要集中在字句的翻译方法(如直译与意译的讨论)、风格的传达、诗歌的可译性与翻译的标准。其研究方法主要依靠直觉,以内省或者主观体验和感悟为主,较少借用其他学科的理论和方法。这一范式虽然可以解释和揭示典籍英译在语言转换方面的一些规律,但是,其问题也比较明显,多为随感式的直觉感悟,缺乏系统的、理性的分析。

2) 结构主义语言学范式

此研究范式多集中于典籍英译译作与原作在字、词、句、韵律等方面的比较,以原作为参照物,考察译作得失。穆雷对1992年至2013年间中国近700篇翻译研究博士论文调查发现,与典籍英译有关的论文计40篇,这些博士论文多描写和批评分析典籍作品语言层面的翻译特点和翻译得失,以及译者相应的翻译策略……具体方法多为文本细读、多译本比较、语言对比分析等。

3) 文化学范式

除语言学范式研究之外,学者较多关注典籍英译的文化研究。Hans Vermeer 将翻译视为文化转换而非语言转换。如何翻译中国典籍作品中的文化现象成了研究者的一个重要课题。一些学者如徐珺、霍跃红(2008)、姜欣、姜怡(2008)、蒋坚松(2010)、赵晓丽、姚欣(2010)、顾毅、杨春香(2012)、李淑杰(2013)等近年来在典籍英译的文化翻译策略方面都有所贡献。

4) 解构主义范式

解构主义视角下的翻译学认为,原作和作者的中心地位被打破,译作、译者、评论者、读

---

① 王宏印:"关于中国文化典籍翻译的若干问题与思考",中国文化研究,2015年夏之卷,第66-67页。(有省略)
② 王宏,刘性峰:"当代语境下的中国典籍英译研究",中国文化研究,2015年夏之卷,第74-75页。(略有改动)

者登堂入室,成为翻译的中心,各种等值(对等)的虚幻梦想彻底破灭,原作的意义不再是唯一,而是彻底向各种可能的解释开放。受此影响,典籍英译研究领域也激起层层涟漪。有学者认为,解构主义翻译观可以适用于典籍英译并收到好的效果,从事典籍英译的译者可以根据自己对原作的理解做出自己的解读。董金玉、李健认为,译者从事典籍英译时,应无畏误读、误译,"大胆地发挥其主观能动性进行创造"。显然。此范式给了典籍英译译者和研究者更多解读、阐释的自由。显然,典籍英译的每一种研究范式都有一定的理据,都是从某个或数个侧面对典籍英译现象做出的解读和阐发,有其价值和局限。

(3) 中国文化典籍翻译面临的问题①

中国典籍翻译研究专家王宏认为中国典籍英译事业面临的主要问题是:1) 选材不够丰富,较多注重中国古典文学作品的英译,需要把英译范围扩大到中国古典法律、医药、经济、军事、天文、地理,以及其他少数民族典籍作品的英译;2) 目前的中国典籍英译界,理论与实践脱节的现象仍比较严重,主要表现在从事中国典籍英译实践的人员多数不从事理论研究,而从事理论研究的人员,则基本上不从事翻译实践;3) 仍需拓展对外传播渠道,目前,国内的中国典籍英译译本多面向国内读者,缺乏有效的渠道走向国外,为此,需要从典籍选本、翻译标准与策略、译文发起者、译者、译文读者等角度来分析中国典籍英译在英语世界的接受状况,探索典籍英译对外传播的有效渠道和最佳方式;4) 急需培养合格的翻译人才,目前国内专门从事典籍英译的人员严重偏少,多数从事典籍英译的资深专家已渐入高龄,而中年人才又严重匮乏,出现了典籍英译译者队伍的断层现象。

(4) 中国文化典籍翻译面临的问题的解决措施②

王宏提出以下6条措施来解决中国文化典籍翻译面临的问题:

1) 要从当前中译英现状出发,以弘扬中国文化为己任,以文化传播的基本规律为探索视角,来研究典籍对外传播中的原理和规律、中译英翻译策略的转变以及中国文化彰显对人类发展的意义、中国文化彰显的必要性和适时性、中国优秀文化典籍的遴选标准和传播次序、中国典籍英译的标准策略、队伍建设、国际市场的开拓等课题,从理论上唤起中外人士对中国优秀文化典籍的认同,从策略上探索传播中国典籍的最佳途径,在实践中找到译介中国优秀典籍的国际市场。

2) 典籍英译是一项极为复杂的再创作。对于汉语来说,同样字面意义的一个句子,不同的断句,不同的顺序,甚至一个词音的小小改动,都可能使翻译后的整个句子带给读者截然不同的感受。对于年代久远、含义晦涩的古典文化典籍来说更是如此。这就要求我们的翻译人员细心体会典籍字里行间的意义,真正读懂古人。在实践中必须既有统一性又有灵活性,针对特定的读者群和具体文本的特点进行操作,选择恰当的翻译策略。译文应该是准确性与得体性的完美结合。译文的语体既要考虑其历史性特征又要侧重当代读者对译文的可接受性。翻译者要有根据不同文本特点灵活调整翻译策略的能力。

3) 需借鉴西方诸多现成的译学理论对典籍英译展开多角度、全方位的研究。例如,文化学派所提出的"文化转向"预示着翻译和文化有着密切的互动关系。我们完全可以运用跨

---

① 刘伟,王宏:"中国典籍英译:回顾与展望——王宏教授访谈录",外文研究,2013年第1期,第82页。
② 刘伟,王宏:"中国典籍英译:回顾与展望——王宏教授访谈录",外文研究,2013年第1期,第82-83页。(略有改动)

文化交际理论和大众传播学理论对中国古代典籍作品中文化图式的可译性展开研究，探讨文化学派提出的翻译理论对典籍英译的指导意义。

4）在以开放的心态接受各个理论流派观点的同时，必须注重理论资源的整合与平衡。不是每个与典籍英译相关并能在某些方面给我们启示的理论都能全部用于典籍英译研究中。典籍英译往往需要先将古代汉语译成现代汉语，然后再译为现代英语，此时的互动环节有所增加，翻译难度有所增加，文本的开放性也有所加大。显然，典籍英译与一般意义上的英译有所不同，单个的翻译理论很难解决典籍英译中出现的所有问题。我们既要重视多元理论的指导意义，又要把握好理论资源的整合与平衡，如中西传统译论和当代译论在典籍英译研究中的整合和平衡。

5）典籍英译是一项高投入、低产出的工作。它需要翻译者具有较高的文化素养，对中国古典经史子集较为熟悉。有关部门急需采取具体措施，制定典籍英译成果价值认定和稿酬支付标准方案，以吸引更多的年轻学子投入这一崇高的事业之中。但中国古典文化源远流长，文化典籍卷帙浩繁，要求我们每个典籍译者对其做到全面的了解和熟悉是不现实的。需要制定切实可行的典籍英译人才培养方案。典籍英译人才成长过程与一般翻译人才有明显差别。另外，还需加强国际合作，拓展海外资源，尽早建设全球典籍英译后备人才库，加强大陆研究者与海外学者、汉语典籍研究人员及典籍英译人员的交流与沟通。国学典籍英译的主要任务应该由本土译者来承担，才能把翻译工作做到"信"。寻求母语为外文的中文译者进行合作，帮助本土译者进一步疏通文法、润色意群呈现形式等，从而进一步做到"达""雅"，同时也能了解并满足国外读者群的需求。只有通过合作，及时掌握彼此研究的最新动态和最新成果，才能促进中国文化软实力的增强和中华文化走出去战略目标的顺利实现。

6）国内出版社与海外出版社的联姻对中国典籍英译能否走向海外有着重要影响。为此，需要采取各种措施支持国内出版社采取联合出版、版权转让等形式与国外出版社加强合作，协力开拓海外市场，并研究国外出版社的选题标准。典籍英译的对外传播除了依靠纸质图书以外，数字化的电子产品和音像产品也具有广阔的发展空间，应大力发展。

8.2.2 文化与翻译

8.2.2.1 文化与文化翻译的定义

"文化"在当今社会是一个极普遍的词汇，但由于其内涵和外延的不确定性，"文化"的含义极广。根据汉语辞书的解释，"从广义上来说，（文化）是指人类社会历史实践过程中所创造的物质财富和精神财富的总和。从狭义来说，是指社会的意识形态，以及与之相适应的制度和组织结构；有时也特指教育、科学、文学、艺术等方面的精神财富。"英文"文化"（culture）一词从拉丁文演化而来，拉丁文 cultura 含有耕种、居住、练习等内容。最早把文化作为专门术语来使用的是被称为"人类学之父"的英国人爱德华·泰勒（E. B. Tylor），他在 1871 年发表的《原始文化》一书中对文化定义如下：文化是一个复合的整体，包括知识、信仰、艺术、道德、法律、风俗，以及人类在社会里所得的一切能力与习惯，是人类在自身的历史经验中创造的"包罗万象的复合体"①。据不完全统计,世界上已经有 200 多种"文化"的定义。②

广义的文化是指人类社会历史实践过程中所创造的物质财富和精神财富的总和。狭义的文化是指社会的意识形态以及与之相适应的制度和组织机构,是一种历史现象。每一社会都有与其相适应的文化,文化是一定社会的政治和经济的反映,又反作用于一定社会的政治和经济。

广义的文化是从人的意义上讲,将人类社会历史生活的全部内容归纳入"文化"的定义域,即"自然的人化":凡是以人类的物质生产、社会组织、精神生活、科学技术、思想观念以及风俗习惯为主要内容的行为文化都是广义文化的研究对象,人类有意识地作用于自然界和社会的一切活动、一切创造物都属于"广义文化"。狭义文化仅把观念形态的精神文化视为文化,它包括社会伦理道德、政治思想、文学、艺术、哲学、宗教、科学技术、民情风俗、民族心理、思维方式等。③

据文献记载,"文化翻译"的概念最早是由社会人类学家提出的,埃德蒙·里奇在《我们自己与他者》一文中对这一概念加以较为明确的界定。所谓文化翻译,指的是在文化研究的大语境下来考察翻译,即对各民族间的文化以及语言的"表层"与"深层"结构的共性和个性进行研究,探讨文化与翻译的内在联系和客观规律。文化翻译是综合文化学、跨文化交际学和文化语言学来研究翻译活动的新角度。20 世纪 60 至 80 年代,以苏珊·巴斯奈特(Susan Bassnett)和西奥·赫曼斯(Theo Hermans)为代表的文化翻译学派出现。巴斯奈特和列费维尔(A. Lefevere)在 1990 年合著的《翻译、历史与文化》一书中提出了"文化翻译观",认为翻译是一种文化之间的交流,是一种跨文化的转换。巴斯奈特认为,翻译研究方法应该把翻译单位从传统的"语篇"转移到"文化"。这彻底颠覆了传统的翻译研究观念,标志着翻译研究的文化转向。持有文化翻译观的学者认为:翻译应以文化为翻译单位;翻译更是一种文化交际行为;翻译应注重源语文本在译语文化中的功能等值。他们强调权利、社会意识形态、政治、赞助人的力量、历史、诗学等因素对翻译实践具有制约作用,因此应被纳入文化转向研究之中。④

语言和文化处于一种相互依存的关系,语言无法脱离文化而独立存在,而文化也需要通过语言来传递和承载。因此,翻译不仅是语符表层指称意义的转换,更是两种不同文化之间的相互沟通和移植。翻译过程既涉及两种语言,同时也涉及与其相关的两种文化。对此,巴斯奈特曾有过精辟的比喻:如同在做心脏手术时人们不能忽略心脏以外的其他身体部分一样,我们在翻译时也不能冒险将翻译的言语内容和文化区分开来。⑤

由于不同文化之间的差异给翻译工作带来了各种意想不到的困难和障碍,著名美国翻译理论家尤金·奈达(Eugene A. Nida)认为,对于真正成功的翻译而言,熟悉两种文化甚至比掌握两种语言更为重要,因为词语只有在其作用的文化背景中才有意义。⑥

---

① 王述文主编:《综合英汉翻译教程》,北京:国防工业出版社,2008 年,第 244 页。
② 卢红梅编著:《华夏文化与汉英翻译(第二部)》,武汉:武汉大学出版社,2008 年,第 3 页。
③ 卢红梅编著:《华夏文化与汉英翻译(第二部)》,武汉:武汉大学出版社,2008 年,第 4 页。
④ 程尽能编著:《跨文化应用翻译教程》,北京:北京语言大学出版社,2015 年,第 29 页。
⑤ 程尽能编著:《跨文化应用翻译教程》,北京:北京语言大学出版社,2015 年,第 30 页。
⑥ 程尽能编著:《跨文化应用翻译教程》,北京:北京语言大学出版社,2015 年,第 30 页。

8.2.2.2 中英语言的文化差异

文化具有鲜明的民族性特点,是不同民族在特定的历史、地理、宗教、习俗等环境中的独特标志。语言和文化密不可分。语言是文化的载体,是不同文化交流不可缺少的工具。语言不能脱离文化而存在,文化是语言赖以生存和发展的土壤。汉英民族文化之间存在较大的差异,而两者之间的文化差异又必然反映在汉英两种语言当中。

1. 语言差异

汉字起源于象形文字,文字的图形表示其意义,并能够产生意义上的联想,激发形象思维;英语是一种拼音文字,字母是基本的文字表达符号,词的拼写与发音按照一定的发音规则形成逻辑关系,而字母对意义而言只是意义的替代符号,语言信息的表达依靠符号按照一定的语法逻辑关系排列组合。总体来说,汉语属于表意文字,重意合;英语属于拼写文字,重形合。

具体而言,英汉语言之间的差异主要体现在以下几个方面:

(1) 英语趋于化零为整,汉语趋于化整为零。
(2) 英语喜欢使用静态词汇,汉语喜欢使用动态词汇。
(3) 英语语序变换多,汉语语序较固定。
(4) 英语重物称,常采用无生命词汇做主语,所以多用被动句;汉语重人称,习惯用表示人或物的词汇做主语,所以多用主动句。
(5) 英语重客体,重形合;汉语重主体,重意合。
(6) 英语重客观事实,汉语重人际关系。
(7) 英语重精确,汉语重含蓄。

2. 思维差异[①]

思维是人类大脑对客观现实的反映,是人类对客观世界的认知能力。思维以语言为表达形式,语言是思维的工具,是思维外化的载体。思维和语言之间是一种相互作用、相互依赖的关系,其中思维对语言的作用是决定性的;思维方式的不同决定了语言表达形式的多样性。例如,要表达"通过做某件事获得双重的益处",汉语用"一举两得"或"一箭双雕",英语用"to kill two birds with one stone"(一块石头杀两只鸟),法语则用"faire d'une pierre deux coups"(一块石头打两处)。由此可见,尽管思维的内容大体相同,但由于思维方式的差异,不同民族在语言表达方面存在着显著的差异。

具体来说,英汉民族的思维差异主要体现在以下三个方面:

(1) 英美人的思维方式具有较强的抽象性,而中国人的思维方式具有较强的形象性。这种差异在语言方面的体现就是,英语大量使用抽象名词,而汉语较少使用抽象名词。例如,"We admit his greatness as a poet, but deny his goodness as a man.",其中"greatness"和"goodness"都是表示品质的抽象名词,它们使得这个英文句子显得庄重正式。但是在翻译的时候,为了更符合汉语的表达习惯,我们需要运用词类转换策略,将其分别转译为形容词,最后将此句译为"我们承认他是一位伟大的诗人,但我们否认他具有高尚的品格。"

(2) 英美文化以物本为中心,重视外向探索、不懈追求的精神,将自然作为研究和征服

[①] 程尽能编著:《跨文化应用翻译教程》,北京:北京语言大学出版社,2015年,第34-36页。

的对象,进而形成了客体型思维方式,即以人为中心来观察、分析、推理和研究事物的思维方式。这两种思维方式反映在语言形态上的明显特点是,在描述事物和阐述事理的过程中,特别是当涉及行为主体时,英语常用非生物名词做主语,而汉语习惯于用表示人或生物的词汇做主语。例如,"Much attention in international economic and political affairs focuses on the welfare gap between the developed and developing countries.",本句用抽象名词 attention 作为主语,但译为汉语时,最好使用表示有生命的词汇"人们"来做汉语译文句子的主语,以贴近汉语的表达习惯。

(3) 传统的英美哲学强调"天人各一",偏重理性,注重逻辑分析,在英语中体现为重形式、重理性,句式架构严整,表达思维缜密,行文注重逻辑,语言大多明晰客观。受儒家和道家文化影响的传统汉族思维方式,注重天人合一,是一种朴素的辩证思维方式。综合型思维方式在汉语语言中表现为注重整体和谐,缺乏严格的逻辑性。这两种思维方式对英汉两种语言的结构形态产生了不同的影响。分析型思维方式使英语具有明显的词形变化、形式多样的语法形式以及组词造句中较为灵活的语序结构。综合型思维方式使得汉语无词形的变化、语法形式的表达主要依靠词汇手段,组词造句依据语义逻辑和动作发生的时间先后决定词语和分句的排列顺序。

3. 历史差异

英国虽然只是大西洋上一个面积不大的西欧岛国,但是在世界近代史上却有着举足轻重的地位。英国在历史上曾被诺曼王朝、都铎王朝、斯图亚特王朝和温莎王朝等十大王朝统治,经历过文艺复兴、伊丽莎白时期、雅各宾时期、光荣革命、苏格兰启蒙运动、乔治王时期、摄政时期、维多利亚时期等历史时期,以及罗马帝国入侵、百年战争、玫瑰战争等战争时期。凭借着工业革命带来的先进技术以及对外扩张政策,英国一跃成为有着"日不落帝国"称号的世界头号殖民帝国。英语中反映英国不同历史时期和时间的词汇和习语可谓俯首皆是,如 Hadrian's Wall(哈德良长城),Norman Conquest(诺曼征服),Chivalry(骑士制度),Magna Carta(大宪章),the Hundred Years' War(百年战争),the War of the Roses(玫瑰战争),Glorious Revolution(光荣革命),Enclosure Movement(圈地运动)等。[①]

4. 文学典故差异

英语典故(allusion)指"an implied or indirect reference, esp. when used in literature"(*Webster's New Collegiate Dictionary*)。汉语典故与英语典故的解释大体相同,但英语典故注重含蓄和间接,汉语典故强调史实和出处。汉语中的典故主要出自佛教、古代神话、历史故事与传说、文学作品等;英语中的典故大多出自《圣经》、古希腊罗马神话、历史传说、文学名著等,有些则出自当代作家的作品或源于 20 世纪中叶发生的事件,如 Walter Mitty(代指有幻想症的人)出自瑟伯(James Thurber,1894—1961)的小说《沃尔特·米蒂的秘密生活》(*The Secret Life of Walter Mitty*);Catch-22(喻指无法摆脱的困境)出自美国当代小说家约瑟夫·海勒(Joseph Heller,1923—1999)的小说《第 22 条军规》(*Catch-22*);Watergate(水门事件,喻指政治丑闻)源自 1972 年的水门事件。无论英语还是汉语典故都具有语言表达简练、文化内涵丰富的特点。

---

① 程尽能编著:《跨文化应用翻译教程》,北京:北京语言大学出版社,2015 年,第 36-37 页。

8.2.3 文化翻译

分析英汉语言之间的共性和差异是为了在翻译时更全面准确地进行文化转换。文化翻译应遵循的总原则为:既要尽可能传达原文的文化特色,又不能超出目的语文化和译文读者的可接受限度。

文化翻译常用的技巧与方法主要包括归化、异化、归异结合、注释等。

8.2.3.1 归化

语言文化特性包含着极为丰富的内容,涉及一种语言所代表的民族心理意识、文化形成过程、历史习俗传统和地域风貌特征等一系列互变因素。翻译时,这些因素不能完全从原文语义本身透射出来,译者往往要从原文语言包含的文化因素上考虑。归化(domestication)指的是"在翻译中恪守本族文化的语言传统,回归地道的本族语表达方式"[1]。适当的归化能使译文读起来比较生动地道。一般成语和典故因其比喻运用中通常包含本民族的风俗习惯,翻译中常采用归化译法,使读者在理解的基础上获得较为全面和贴切的译文。

例 They are willing to talk turkey and end the war.

译文 他们愿意坦率地进行谈判以结束这场战争。

如果不考虑文化因素,直接将该句中"talk turkey"译为"谈论火鸡",中国读者就会觉得莫名其妙,因为很难将"火鸡"与"战争"联系起来。而英美人觉得火鸡求偶非常直截了当,因而这个短语包含了"开诚布公""直截了当"的意思。这类词语,翻译中常采用归化法处理。

8.2.3.2 异化

异化(foreignization)即以拼音或直译的方法,努力保留原文中的形象化语言。异化策略源自十九世纪德国哲学家施莱尔马赫(Schleiermacher)有关"译者尽量不惊动原作者,让读者向他靠近"的翻译论述,后来美国翻译理论家韦努蒂(Lawrence Venuti)也提出,异化旨在促使译文冲破目的语常规,保留原文中的异国情调。

采用异化策略来处理原文中带有明显文化特征的元素,其结果必然会出现一些不同于目的语的新表达形式及其承载的文化内涵,而语言作为一个开放的体系,具有强大的包容力和吸引力。随着各国、各民族间经贸与文化交流的日益频繁,各种语言都从中获益,得到了不同程度的丰富。例如,汉语中的象牙塔(ivory tower)、愿景(vision)、黑马(dark horse)、桑拿(sauna),以及英语中的 kung fu(功夫)、paper tiger(纸老虎)、tofu(豆腐)等[2]。又如,"时间就是金钱"就是从"Time is money"异化而来的,出自富兰克林1978年的论文"To Young Tradesman",现已成为汉语中的经典名言。

8.2.3.3 归异结合[3]

归异结合即在音译词后加上一个类属性或描写性的范畴词,如"爵士乐""探戈舞"等。请看以下三个句子的处理。

---

[1] 方梦之:《译学辞典》,上海:上海外语教育出版社,2004年,第3页。
[2] 程尽能编著:《跨文化应用翻译教程》,北京:北京语言大学出版社,2015年,第9页。
[3] 王述文主编:《综合英汉翻译教程》,北京:国防工业出版社,2008年,第256页。

例 1　In a word, he went out and ate ices at a pastrycook's shop in *Charing Cross*; tried a new coat in *Pall Mall*, dropped in at the *Old Slaughters'*, and called for Captain Cannon; ...

译文　乔治先生在却林**市场**点心铺吃了冰激凌,再到帕尔莫尔**大街**试穿了外套,又去了斯洛德**咖啡馆**老店耽搁了一会儿,最后去拜访了加能上尉。……

本句中的 Charing Cross、Pall Mall、Old Slaughters' 是英国伦敦的三个地名。对于普通读者而言,缺乏英国的文化地理知识便很难在译文中捕捉到确切的文化背景信息。而译文中补出"市场""大街""咖啡馆"就更易被读者所接受。

例 2　(赵辛楣)一肚皮的酒,几乎全化成酸醋……(钱锺书,《围城》)

译文　The wine in Xinmei's stomach turned sour vinegar *in his jealousy*.

西方人虽然也食醋,但醋只是一种调味品,很难将其与嫉妒联系在一起。为了方便西方读者了解中国文化背景,更好地理解句子的隐含意义,译者在翻译时增加了"in his jealousy"这一短语,以做补充。

例 3　You are quite wrong... in supposing that I have any call *to wear the willow*... Miss Windsor... never has been to me more than a bubble.

译文　如果你以为我必须为失去自己心爱的人而戴柳叶花圈表示哀伤……那你就大错特错了……温莎小姐……对我来说,从来就是无足轻重的。

此处涉及"柳"在中西文化中不同的文化意象和联想。在中国文化中,"柳"既可喻指春天来临、万物复苏;又因其与"留"同音,古人常用来抒发离别思念之情,如"昔我往矣,杨柳依依,今我来思,雨雪霏霏"(《诗经》)。而在西方文化中"柳"带给人们的联想意义却完全不同。西方古时候有戴柳叶花圈以哀悼死者的习俗,如本句中"to wear the willow"指"痛失爱人、思念亲人"之意,翻译时宜采用归异结合的方法。

8.2.3.4　注释

每种语言都有显性和隐性两种特征,其中显性特征主要表现在语言的形式上,即词汇、语法、修辞等方面,而隐性特征则蕴藏在原文之中,体现在原作的思想内容方面。因此,在翻译过程中采用直译的方法有时可能会使目的语读者难以理解原文词汇所承载的异域文化信息,这时就需要使用注释的方法来对原文中特有的表达方式和背景知识等做补充说明,这不仅有助于充分展现原作的显性风格特征,还有利于再现原作的精神风貌及其深层意义,从而真正使译作做到形神兼备。①

例 1　钱先生周岁时"抓周",抓了一本书,因此得名"锺书"。(舒展文,《钱锺书与杨绛》)

译文　When Qian was just one year old, he was told by his parents to choose one thing among many others, he picked up a book of all things. Thereupon his father very gladly gave him the name: Zhongshu (=book lover).

"抓周"是中国特有的习俗,预测孩子的志向和兴趣,从而确定其未来的人生轨迹和发展前景。西方无此风俗,也就没有类似的词语与之对应。在这种情况下,翻译时只能采用注释

---

① 程尽能编著:《跨文化应用翻译教程》,北京:北京语言大学出版社,2015 年,第 11 页。

的方法进行解释。①

例 2　Bright red costumes, with hats, shoes and stockings to match, are to be all the craze in the Spring. Smart women will have to be careful not to yawn in the streets in case some short-sighted person is on his way to post a letter.

译文　鲜红的服装,配上帽子、鞋子和袜子,在春天是一时的时尚,精明的女士们要小心,别在街上驻足打哈欠,以免碰上要去寄信的近视眼们(注:英国的邮筒是漆成红色的。)

要理解原文的幽默之处,译文需要将其包含的文化背景做必要的交代。此时,注释法的运用既能帮助读者理解英国的文化常识,又能帮助读者理解原文的幽默。②

8.2.3.5　实用举例

原文　君似征人,妾作荡妇,即置而不御,亦何得谓非琴瑟哉?(《聊斋志异·罗刹海市》)

译文 1　You are my Ulysses, I am your Penelope; though not actually leading a married life, how can it be said that we are not husband and wife.

——翟里斯(Herbert A. Giles),译

译文 2　You are like a wayfarer, and I am the wayfarer's wife, but yet though the lute and harp are left long unplayed, no one can say they do not harmonized.

——梅丹理(Denis C. Mair)、梅维恒(Victor H. Mair),译

翟里斯(Herbert Allen Giles,1845—1935)是英国外交官、著名汉学家,曾将大量中国古代典籍译成英文,对中国文化在西方的传播起到了重要的作用。翟氏译本将"征人"(指远行的人)和"荡妇"(荡人之妇,即远行者的妻子)分别译为古希腊传说中的人物"Ulysses"和"Penelope"。Ulysses长期漂泊在外,他的妻子Penelope在家守候,在这期间拒绝了无数的求婚者。这两个人物在西方可谓家喻户晓,而形象上也与原文的"征人"和"荡妇"比较吻合,因此翟氏借他们的名字进行翻译。另外,原文用"琴瑟"喻指夫妻,用"置而不御"比喻夫妻分离,这在中国古代的文学作品中是常见的修辞方法,有浓郁的中国色彩。翟氏很可能担心西方读者无法理解"琴瑟"象征婚姻这样的写法,因此在译文中采取了直白的描述:"though not actually leading a married life, how can it be said that we are not husband and wife."(我们虽没有过婚姻生活,但又怎能说我们不是夫妻?)显然,翟氏的翻译采用了"归化"译法,这样的译本无疑方便了西方读者对中国古代文学作品的理解和接受,但在中国读者看来似乎不是很忠实于原文。

梅丹理(Denis C. Mair)和梅维恒(Victor H. Mair)都是当代美国汉学家,他们的译本(简称梅氏译本)与翟氏译本的译法很不相同。首先,梅氏译本将"征人"和"荡妇"译为"wayfarer"和"wayfarer's wife",更贴近原文;其次,梅氏译本保留了原文中"琴瑟""置而不御"的比喻。因为故事的主人公(龙女和马骥)的夫妻关系已在上文交代清楚,相信认真读故事的西方读者也完全能够理解这样的比喻。因此,相较于翟氏译本,梅氏译本"异化"译法更接近原文风格,也在最大限度上再现了原文的艺术风格。

以上是在《聊斋志异》最经典的两个英译本中选取的对原文同一段落的不同翻译,分别

---

① 王述文主编:《综合英汉翻译教程》,北京:国防工业出版社,2008年,第257页。
② 王述文主编:《综合英汉翻译教程》,北京:国防工业出版社,2008年,第257页。

采用了"归化"与"异化"两种不同的翻译策略。译法虽有不同,但效果各有千秋,不分伯仲。因此,对于翻译学习者而言,进行文化翻译学习的前提是对中西文化的深层次理解和灵活运用。正如美国翻译理论家尤金·奈达所说,对于真正成功的翻译而言,熟悉两种文化甚至比掌握两种语言更为重要,因为词语只有在其作用的文化背景中才有意义。

8.3 精讲精练

8.3.1 精讲精练1

匆　匆

燕子去了,有再来的时候;杨柳枯了,有再青的时候;桃花谢了,有再开的时候。但是,聪明的,你告诉我,我们的日子为什么一去不复返呢?——是有人偷了他们罢:那是谁?又藏在何处?是他们自己逃走了罢:现在又到了哪里呢?

我不知道他们给了我多少日子,但我的手确乎是渐渐空虚了。在默默里算着,八千多日子已经从我手中溜去;像针尖上一滴水滴在大海里,我的日子滴在时间的流里,没有声音,也没有影子,我不禁头涔涔而泪潸潸。

去的尽管去了,来的尽管来着;去来的中间,又怎么地匆匆呢?早上我起来的时候,小屋里射进两三方斜斜的太阳。太阳他有脚啊,轻轻悄悄地挪移了;我也茫茫然跟着旋转,于是——洗手的时候,日子从水盆里过去;吃饭的时候,日子从饭碗里过去;默默时,便从凝然的双眼前过去。我觉察他去的匆匆了,伸出手遮挽时,他又从遮挽着的手边过去,天黑时,我躺在床上,他便伶伶俐俐地从我身上跨过,从我脚边飞去了。等我睁开眼和太阳再见,这算又溜走了一日,我掩面叹息。但是新来的日子的影儿又开始在叹息里闪过了。

在逃去如飞的日子里,在千门万户的世界里的我能做些什么呢?只有徘徊罢了,只有匆匆罢了;在八千多日的匆匆里,除徘徊外,又剩些什么呢?过去的日子如轻烟,被微风吹散了,如薄雾,被初阳蒸融了;我留着些什么痕迹呢?我何曾留着像游丝样的痕迹呢?我赤裸裸来到这世界,转眼间也将赤裸裸地回去吧?但不能平的,为什么偏要白白走这一遭啊?

你聪明的,告诉我,我们的日子为什么一去不复返呢?(朱自清)

Rush

Swallows may have gone, but there is a time of return; willow trees may have died back, but there is a time of regreening; peach blossoms may have fallen, but they will bloom again. Now, you the wise, tell me, why should our days leave us, never to return? —If they had been stolen by someone, who could it be? Where could he hide them? If they had made the escape themselves, then where could they stay at the moment?

I don't know how many days I have been given to spend, but I do feel my hands are getting empty. Taking stock silently, I find that more than eight thousand days have already slid away from me. Like a drop of water from the point of a needle disappearing into the ocean, my days are dripping into the stream of time, soundless, traceless. Already sweat is starting on my forehead, and tears welling up in my eyes.

Those that have gone have gone for good, those to come keep coming; yet in between, how swift is the shift, in such a rush? When I get up in the morning, the slanting sun marks its presence in my small room in two or three oblongs. The sun has feet, look, he is treading on, lightly and furtively; and I am caught, blankly, in his revolution. Thus—the day flows away through the sink when I wash my hands, wears off in the bowl when I eat my meal, and passes away before my day-dreaming gaze as reflect in silence. I can feel his haste now, so I reach out my hands to hold him back, but he keeps flowing past my withholding hands. In the evening, as I lie in bed, he strides over my body, glides past my feet, in his agile way. The moment I open my eyes and meet the sun again, one whole day has gone. I bury my face in my hands and heave a sigh. But the new day begins to flash past in the sigh.

What can I do, in this bustling world, with my days flying in their escape? Nothing but to hesitate, to rush. What have I been doing in that eight-thousand-day rush, apart from hesitating? Those bygone days have been dispersed as smoke by a light wind, or evaporated as mist by the morning sun. What traces have I left behind me? Have I ever left behind any gossamer traces at all? I have come to the world, stark naked; am I to go back, in a blink, in the same stark nakedness? It is not fair though: why should I have made such a trip for nothing!

You the wise, tell me, why should our days leave us, never to return?

(Translated by Zhu Chunshen)

这篇朱纯深先生的译文无论从词汇层面,还从句子层面,甚至是风格方面都力求达到与原文一致的效果。尤其是其中的修辞手段,更是尽可能忠实于原文。

根据原文高频词"匆匆"一词用法的不同,朱纯深先生采用了不同的翻译方法,在词性上也根据语境做了相应的处理,但基本采用了一贯的翻译方法,主要通过重复,保留了原文的这种效果。这个译本还重视保留原文的形式。比如,原文里出现了两次破折号,该译本予以完全保留。词汇方面,朱纯深的译本用了四次带有连字符的短语,比如,用"day-dreaming gaze"来译"凝然的双眼",用"eight-thousand-day rush"来译"八千多日的匆匆",以及用"stark-naked"和"stark-nakedness"来译"赤裸裸的(地)",更好地保留了原文短语之间的顺序和修饰关系。但这并不意味着朱纯深的译本就对原文亦步亦趋,一味直译。他能根据词汇在句子中的意思,灵活处理,根据上下文来选择词义。下面举几个例子。

原文 但是,聪明的,你告诉我,我们的日子为什么一去不复返呢?

译文 Now, you the wise, tell me, why should our days leave us, never to return?

此处的"leave"一词是拟人的用法,形容时间像人一样离去,蕴含了对时间飞逝的惋惜和感叹之情。

汉语原文共有24句,朱纯深先生的译文共有27句,基本保留了原文的句式,可以说是忠实的翻译。他的译文不仅尽量保留原文的句式,还把其中的修辞手段也尽可能保留了下来。

原文 燕子去了,有再来的时候;杨柳枯了,有再青的时候;桃花谢了,有再开的时候。

译文 Swallows may have gone, but there is a time of return; willow trees may have died back, but there is a time of regreening; peach blossoms may have fallen, but they will bloom again.

这个译文基本保留了原文的句式,与汉语的句式相当,并且用三个"but"把句子内在表转折的意思表达出来。三个排比句的运用,层层运势。燕子的去来、杨柳的枯荣、桃花的开败,都是周期性的,唯有时间的流逝,是一去不返的,在对比中烘托出作者哀叹惋惜的情绪。译文采用了类似汉语排比结构的平行(parallelism)结构,起到了近似的效果。朱纯深自己谈这篇文章的翻译时也说:"文章一开头,用了一个三重排比句,具有很强的气势。英译时采用了相应的句式,但为了避免过多重复而显得单调,在最后一部分稍做改变,不用there is a time of reblooming。"①这种落差把读者带入画面,深受作者情绪感染,不知不觉与作者一起进入文章中,一起感受时间的"匆匆"。

原文 在默默里算着,八千多日子已经从我手中溜去;像针尖上一滴水滴在大海里,我的日子滴在时间的流里,没有声音,也没有影子。

译文 Taking stock silently, I find that more than eight thousand days have already slid away from me. Like a drop of water from the point of a needle disappearing into the ocean, my days are dripping into the stream of time, soundless, traceless.

"To take stock (of sth.)"的意思是"to think carefully about the things that have happened in a situation in order to decide what to do next",即(对某事物)做出估计评判、判断、估量。原作中,朱自清在下文对日子还作了比喻,引发了对时间的思考。结合上下文,译文此处选用的"taking stock"恰恰符合文中的意思,即对时间的思考。前半句不用原文"八千多日子"做主语,而是插入"I find"使得主语与前文一致。英语中选择主语有时需要考虑上下文的连贯,英语中有一条修辞的原则,即平行原则,指的是相邻的几个句子在结构上要保持一致。例如,一天,父亲来封快信,上面说:"顷得汝岳丈电报……"。原文中汉语两个句子主语不同。前者是"父亲",后者"上面说"的主语是"信"。两个句子紧紧相连,有必要统一起来。由于本段的中心信息是信的内容,因此以"信"做主语可以达到前呼后应的效果,让两句话浑然一体。[参考译文:One day an express letter came from his father. It read as follows: "I have just received a telegram from your father-in-law …"(蔡基刚,用例)。]在"在默默里算着,八千多日子已经从我手中溜去;像针尖上一滴水滴在大海里,我的日子滴在时间的流里,没有声音也没有影子。"这句话的后半句中作者将已消逝的过去比之为"针尖上一滴水滴在大海里",准确地表现出时光在无声无息、不为人察中消逝了。"disappearing into"更好地表现了时间的来去匆匆,消逝得不留痕迹。为了保留原文创造性、极富新意的比喻,采用了直译的方法,恰到好处。如在"……我的日子滴在时间的流里,没有声音也没有影子。"这句话中的"影子"并不是该词最常见的意思,即"物体挡住光线后,映在地面或其他物体上的形象",而是"踪迹、痕迹"的意思。"没有影子"译为"traceless",和紧邻的

---

① 朱纯深译,"匆匆",杨平主编:《名作精译——〈中国翻译〉汉译英选粹》,青岛:青岛出版社,2003年,第115页。

"soundless"一起做状语,使得译文既简洁又地道。

原文 在逃去如飞的日子里,在千门万户的世界里的我能做些什么呢? 只有徘徊罢了,只有匆匆罢了;在八千多日的匆匆里,除徘徊外,又剩些什么呢?

译文 What can I do, in this bustling world, with my days flying in their escape? Nothing but to hesitate, to rush. What have I been doing in that eight-thousand-day rush, apart from hesitating?

原文中作者同样展示出对飞逝光阴的无奈和惋惜,两个"罢了"的使用更好地体现了作者怅然的情绪。原文中"千门万户的世界"一语,一开始看似在形容世界之大,但是慢慢推敲,作者用"门户"暗指世界的纷纷扰扰。朱纯深先生将其翻译为"bustling world"而非硬译或者生搬硬套,并且译文很好地与题目"匆匆"相呼应。除此之外,译者在翻译文化负载词"罢了"的时候也采用了意译的手法,将其用"nothing… but…"完美呈现,将作者怅然的情绪直观地再现。从整体来看,朱纯深先生的译文完美再现了原文作者的情感。

原文 太阳他有脚啊,轻轻悄悄地挪移了;我也茫茫然跟着旋转。

译文 The sun has feet, look, he is treading on, lightly and furtively; and I am caught, blankly, in his revolution.

在原文中,作者将太阳拟人化,作者笔下的太阳有脚且会轻轻地、悄悄地挪动。朱自清先生通过观察太阳光线的变化感慨时间的流逝,此时无声胜有声。太阳光线的挪动虽然没有声音,但是却意味着时间的飞逝。朱纯深先生的译文中"look"一词的增译更具画面感,他将作者想警醒人们珍惜时间的心思展现得淋漓尽致。译文中"lightly""furtively"与"blankly"形成鲜明对比,表明时间易逝而人们却不懂珍惜。[①]

无论从词汇、句子方面,还是从修辞、风格方面,朱纯深先生的译文都完美再现了原文。作为译者,应该在充分了解原文及把握原文的基础上既要忠于原文,又要灵活翻译,使得译文看上去并不枯燥乏味,从而进一步引起读者的兴趣与共鸣。

8.3.2 精讲精练 2

原文 But on the edge of town, drills were driven out of his mind by something else. As he sat in the usual morning traffic jam, he couldn't help noticing that there seemed to be a lot of strangely dressed people about. People in cloaks. Mr Dursley couldn't bear people who dressed in funny clothes — the getups you saw on young people. He supposed this was some stupid new fashion. He drummed his fingers on the steering wheel and his eyes fell on a huddle of these weirdos standing quite close by. They were whispering excitedly together. Mr Dursley was enraged to see that a couple of them weren't young at all; why, that man had to be older than he was, and wearing an emerald-green cloak! The nerve of him! But then it struck Mr. Dursley that this was probably some silly stunt — these people were obviously collecting for something… Yes, that would be it. The traffic

---

① 谷苗苗:"论散文翻译中的风格再现——以朱纯深《匆匆》英译本为研究对象",江西电力职业技术学院学报,2019 年第 9 期,第 161 页。

moved on and a few minutes later, Mr Dursley arrived in the Grunnings parking lot, his mind back on drills.

译文 但快进城时,另一件事又把钻机的事从他脑海里赶走了。当他的车汇入清晨拥堵的车流时,他突然看见路边有一群穿着奇装异服的人。他们都披着斗篷。德思礼先生最看不惯别人穿得怪模怪样,瞧年轻人的那身打扮!他猜想这大概又是一种无聊的新时尚吧。他用手指敲击着方向盘,目光落到了离他最近的一大群怪物身上。他们正兴致勃勃,交头接耳。德思礼先生很生气,因为他发现他们中间有一对根本不年轻了,那个男的显得比他年龄还大,竟然还披着一件翠绿的斗篷!真不知羞耻!接着,德思礼先生突然想到这些人大概是为什么事募捐吧,不错,就是这么回事。车流移动了,几分钟后德思礼先生来到格朗宁公司的停车场,他的思绪又回到了钻机上。

本部分节选自英国女作家 J. K. 罗琳(J. K. Rowling)创作的《哈利·波特》系列的第一部——*Harry Potter and the Philosopher's Stone*(《哈利·波特与魔法石》)中第一章"The Boy Who Lived"的译本"大难不死的男孩"。作为一部最初面向少年儿童的文学作品,《哈利·波特与魔法石》原文的语言相对直白易懂,没有太多隐晦生涩的修辞。大陆中译本的译者苏农在翻译过程中也考虑到了中国少年儿童对外国文学的理解和接受能力,综合运用了各种翻译技巧,使译文忠实、通顺,使语言轻松易懂,使读者在读译文的同时几乎得到与读原文一样的感受。此书一经推出,便迅速成为国内青少年读物市场的畅销品。《哈利·波特与魔法石》主要讲述哈利·波特初到魔法学校的故事。故事中德思礼一家是哈利·波特的姨妈、姨父和表哥达力。哈利·波特的父母去世之后,德思礼一家便收养了他,但是他们都对哈利·波特很不友好。德思礼一家行事保守,从不相信世界上有魔法的存在。

就节选部分来看,译文整体翻译得非常好。首先,译文整体上忠实于原文,准确无误地向读者传达了原作者想要表达的信息。其次,译文整体流畅通顺,可读性非常强。同时,译文还保留了原文通俗易懂、轻松幽默的语言风格,即使是面对年龄较小的读者,也有非常强的可读性,为读者提供了良好的阅读体验。以下为译文中翻译得较好的部分的举例分析。

例1 But on the edge of town, drills were driven out of his mind by something else.

译文 但快进城时,另一件事又把钻机的事从他脑海里赶走了。

本句直译出来应为"但在城镇边缘时,钻机的事被其他事情逐出他的脑海"。On the edge of town 在译文中被译成了"快进城时",译得十分恰当,动态十足,生动形象传达了原文意义;译者将后半句的被动语态处理为主动语态,以"另一件事"充当主语,突出强调了"另一件事"比"钻机"重要。接下来讲述发生的"另一件事",使得上下文过渡承接非常自然。

例2 He couldn't help noticing that there seemed to be a lot of strangely dressed people about.

译文 他突然看见路边有一群穿着奇装异服的人。

分析 can't help doing 表示动作的发出者无法控制自己的行为,禁不住做……。在原文中结合语境应该理解为那些穿着斗篷的人太过显眼,德思礼先生想不注意他们都不行。译为"突然"表达了事情发生的意外性,德思礼先生的无意识性,即他惊讶地发现了这群穿奇装异服的人。译文中"突然"这个词更能衬托这天事情发生得反常,出人意料。

例3 Mr. Dursley couldn't bear people who dressed in funny clothes-the getups you saw on young people!

译文 德思礼先生最看不惯别人穿得怪模怪样。瞧年轻人的那身打扮!

bear 原义是"忍受",couldn't bear 直译是"不能忍受"。译者将它译成"看不惯",表达了原文的意思,同时还体现出德思礼先生对那些人穿着的鄙夷之情。这样翻译不仅表达到位,而且显得十分生动。句中的 funny 译为"奇怪、古怪",十分准确。"怪模怪样"这个四字词语可以加重语气,也能更好地体现德思礼先生的厌恶之情。用"瞧"这个声词引出了一个感叹句,进一步强调了德思礼先生对那些人的不屑一顾。

例 4 That man had to be older than he was, and wearing an emerald-green cloak! The nerve of him!

译文 那个男的显得比他年龄还大,竟然还披着一件翡翠绿的斗篷!真不知羞耻!

这个译文的后半部分翻译得十分恰当。句中的 and 译为"竟然",意思表达十分到位,因为这句话在文中的意思是德思礼先生看到那个男人不仅年纪大,甚至还穿了一件翡翠绿的斗篷,"竟然"这个词就将德思礼先生的反感和厌恶淋漓尽致地表现了出来。句中的 nerve 本意是"厚脸皮"。这句话显然是德思礼先生的心理活动。人们气愤时候的心理活动,通常直接简短,语气强烈。译文省略主语,译为"真不知羞耻!",要比直译为"他真厚脸皮",情绪更强烈。感叹号的使用更是强化了这一点。这句话与前文中的"竟然"一起将德思礼先生的情绪充分表达了出来。

整体来看,该部分译文保留了原文的结构和风格,基本上都是结构简单的短句,并且没有晦涩难懂的汉语词汇。译者在翻译时多采用简单的短句,注意提高译文的可读性。译文整体上达到了准确、通顺的要求,且较好地保留了原文通俗易懂、轻松幽默的语言风格,实属难得。

但是,译文中仍有存在提升空间。

例 1 He drummed his fingers on the steering wheel.

译文 他用手指敲击着方向盘。

此翻译过分对等,字对字的译法显得过于生硬。敲方向盘其实是德思礼先生一个无意识的举动,"用手指"没有必要,所以这里译为"他敲着方向盘"就已经足以表达他无聊的状态了。

例 2 ... a couple of them weren't young at all...

译文 ……他们中间有一对根本不年轻了……

couple 这个词有多种含义,可以指"一对",也可以指"几个人",这里译为"一对"有待商榷,因为极可能指的是"他们当中有几个人根本不年轻了"。那些人对德思礼先生而言是陌生人,他怎么能马上肯定他们是一对呢?如果这里 couple 的译法并不能确定,不妨译为"两个人"或"几个人"。

整体上来看,节选的这部分译文做到了忠实、通顺,多采用简单短句,语言风格轻松易懂,流畅通顺。虽然个别地方理解有误,但瑕不掩瑜,译文整体算是上乘之作。

8.3.3 翻译中的改写

在前面的相关章节中,我们讲到了翻译过程中需要使用的相关技巧,有语法层面的顺译、倒译、拆分等,也有语义层面的意义增添与省略。从严格意义上来讲,译者在使用相关翻译技巧进行翻译之时,都对原文进行了一定程度的修改,使其更加符合译入语的表达习惯或文化思维。本章我们重点讨论了文化典籍的翻译,在文化典籍的翻译过程中,译者都不可避免地对原文进行了相关的改写。下面将在前文相关的翻译技巧基础上,对翻译过程中进行的改写需要注意的问题进行进一步探讨。

翻译的改写理论由著名翻译学家安德烈·勒菲弗尔提出。他指出:"翻译是对原作的改写过程。所有的改写均服务于目标语文化的意识形态和诗学,并在特定社会中以给定方式操控文学翻译作品。改写是一个在目标语文化中受意识形态、诗学和赞助人的影响的一个操控过程。"[①]在改写理论的影响下,对翻译的研究也更加关注跨文化交际视角和传播效果视角。简而言之,除针对不用文本进行翻译所筛选的翻译技巧之外,译者也应充分考虑潜在的文化因素和意识形态因素,使译文能够更加被译入语读者所接受。

8.3.3.1 文化因素下的改写

通过前面相关章节和本章有关文化典籍翻译的学习,读者应该对文化因素下翻译过程中所要进行的改写并不陌生。本节主要介绍在翻译过程中如何使用流行文化元素进行改写。

例 1 I know I'm not a pretty birdie, but I used to be quite a looker, a star.(《里约大冒险》)

译文 别看我现在长得很纠结,但是我以前却是个英俊潇洒的大明星。

这是来自电影《里约大冒险》中的一句台词,原文中的"I'm not a pretty birdie"在译文中表述成了"别看我现在长得很纠结",这里"纠结"是中文中的流行词语,其最早的意思源自网上,代指"不太好的、不太满意的"。在翻译这句话时,译者充分考虑了汉语文化中的流行因素,对原文的词组进行了改写,使译出的文字更加接地气,为中文读者所接受。

除使用语言中的流行元素进行改写外,译者还可以使用古诗词或俗语来进行替代性改写,使译文更加符合中式思维。

例 2 You guys must really like each other.(《咱们裸熊》)

译文 你们俩真是心心相印啊。

本文中使用"心心相印"对原文的"really like each other"进行了相关的改写,起到了更好的强调效果。同时,"心心相印"这个成语,更能体现中文语境和文化下的两情相悦,让读者深知两人感情的深厚程度。

采用流行文化因素进行的改写翻译,更多使用在影视作品中,为影视作品的传播和文化传播都起到了非常好的作用,产生了良好的效果。

8.3.3.2 意识形态下的改写

在翻译两种完全不同语系的语言过程中,译者往往会遇到意识形态不同的问题。此时,也需要进行相关的改写,以保证译文的"本地化",并尽量减少因意识形态而造成的理解偏差,使译文更符合译入语社会的道德观念及思维方式等准则。

例 1 是的,在养猪现场会前后,我们吃香的喝辣的,过了一段地主资产阶级般的腐朽生活。(莫言,《生死疲劳》)

[①] André Lefevere, *Rewriting and the Manipulation of Literary Fame*,上海:上海外语教育出版社,2010 年,第 85-86 页。

译文 Yes, around the time of the pig-raising on-site conference, we were given tasty food and strong drinks, enjoying the decadent life of the landlord class. （葛浩文译）①

此句为莫言著名小说《生死疲劳》中的一句话。原句中"资产阶级般的腐朽生活"对于中文读者很好理解，也与小说整体的背景相符。但若直译过去，则可能会激起英语国家读者的不满，不但没法进行准确意思的表达，还可能影响本书在海外的出版。因此，译者葛浩文在翻译这句话的时候，把它处理成了"the decadent life"，这样一来既保留了原文的意思，又符合译入语国家的社会思维方式，对小说的海外传播起到了很好的效果。

意识形态的改写，除为了符合译入语社会各方面的习惯和习俗外，译入语中对特定概念的不同表达，也是一个需要考虑的重要方面，这其中以宗教和专有名词的对应表达最为明显。

例2 克己复礼为仁，一日克己复礼，天下归仁焉，为仁由己，而由人乎哉。（《论语》）

译文 The master said, "He who can himself submit to ritual is Good." If (a ruler) could for one day "himself submit to ritual", everyone under Heaven would respond to his Goodness. For Goodness is something that must have its source in the ruler himself; it cannot be got from others.②

本文中的"天下"是一个比较难以理解的概念，这里的"天下"实际指的是统治者在施"仁"之后，一切事物都能归属于"仁"。本句实际是在劝说施政者要时刻注意"德"和"仁"，如果直接翻译过去，西方读者无法理解原文的意思。译者在翻译的过程中，把"天下"改写成了英语中的 heaven，用宗教色彩的词语引起西方读者的注意，同时将 heaven 与 goodness 两者相连，将晦涩难懂的中文典籍使用西方宗教对应的意象进行表达，完美地诠释了原文的意思。

例3 祭如在，祭神如神在。子曰，吾不与祭，如不祭。（《论语》）

译文 The word "sacrifice" is like the word "present"; one should sacrifice to a spirit as though that spirit was present.③

此文的关键在如何处理"神"的表达，与前一个例子一样，译者在翻译之时，准确对应了英语背景下的相关表达，把"神"译作 spirit 而不是 God、gods 或 divinity，起到了同样的效果。

翻译中的改写，需要译者结合译入语的多种因素，在充分考虑和抉择的基础上，谨慎选择。因此，译者应对译入语的文化、意识形态、社会习俗和习惯有充分的了解，避免在翻译过程中为了改写而改写，反而丢失了应有的准确，不能准确传递原文的信息。

课后练习

第1部分　英译汉

Ⅰ. 请用归化法或异化法翻译词语或句子

1. penny wise and pound foolish

---

① 莫言著：《生死疲劳》，葛文浩译，New York：Arcade Publishing, 2012，第269页。
② Waley, A. (trans.) *The Analects*. 北京：外语教学与研究出版社，2000年，第145页。
③ Waley, A. (trans.) *The Analects*. 北京：外语教学与研究出版社，2000年，第31页。

2. like a hen on the hot griddle
3. hungry as a bear
4. dumb as an oyster
5. the black sheep
6. to cast pearls before swine
7. a lion in the way
8. at the end of one's rope
9. fish in the air
10. Words first, blows later.
11. Last night I heard him driving his pigs to market.
12. She was torn between staying at home to watch the TV play serial and going to the cinema with him.
13. As a man sows, so shall he reap.
14. Mary is an apple-polisher. She will do anything for the boss.
15. He has taken the bread out of my mouth.

Ⅱ. 段落翻译

课后练习1

When a girl leaves her home at eighteen, she does one of two things. Either she falls into saving hands and becomes better, or she rapidly assumes the cosmopolitan standards of virtue and becomes worse. Of an intermediate balance, under the circumstances, there is no possibility. The city has its cunning wiles, no less than the infinitely smaller and more human tempter. There are large forces which allure with all the soulfulness of expression possible in the most cultured human. The gleam of a thousand lights is often as effective as the persuasive light in a wooing and fascinating eye. Half the undoing of the unsophisticated and natural mind is accomplished by forces wholly superhuman. A blare of sound, a roar of life, a vast array of human hives, appeal to the astonished senses in equivocal terms. Without a counselor at hand to whisper cautious interpretations, what falsehoods may not these things breathe into the unguarded ear! Unrecognized for what they are, their beauty, like music, too often relaxes, then weakens, then perverts the simpler human perceptions.

课后练习2

Just as Darwin discovered the law of development of organic nature, so Marx discovered the law of development of human history: the simple fact, hitherto concealed by an overgrowth of ideology, that mankind must first of all eat, drink, have shelter and clothing, before it can pursue politics, science, art, religion, etc.; that therefore the production of the immediate material means of subsistence and consequently the degree of economic development attained by a given people or during a given epoch form the foundation upon which the state institutions, the legal conceptions, art, and even the ideas on religion, of the people concerned have been evolved, and in the light of which they must, therefore, be explained, instead of vice versa, as had hitherto been the case.

第2部分　汉译英

Ⅰ．用归化法或异化法翻译下列词组

1. 饭桶
2. 吃不开
3. 吃不了兜着走
4. 吃老本
5. 吃软不吃硬
6. 吃香
7. 吃闲饭
8. 吃不消
9. 吃小灶
10. 吃豆腐

Ⅱ．段落翻译

课后练习1

京　　剧

京剧，作为所有的中国传统戏剧艺术中最具有代表性的一种艺术形式，是由一些富有天资的艺术家们，历经了两百年的时间，创造、发展而来的。京剧在形成的过程中吸收了徽剧、汉剧、昆曲、梆子戏等地方戏的特色，又受到北京文化环境的影响，形成了具有艺术特色的全国性剧种。

京剧有一套完整的表演体系，形成了唱、念、做、打、翻兼有，手、眼、身法、步俱全的程式化、舞蹈化的特点。

在人的脸上涂上各种颜色象征各种不同的性格和品质。黄脸和白脸代表狡诈，红脸代表正直忠诚，黑脸代表勇猛智慧，蓝脸和绿脸代表精力旺盛、野心勃勃的枭雄，金脸和银脸代表神妖。

京剧角色除了依据人物的年龄、性别等自然属性和身份、职业等社会属性来划分外，更重要的是按照性格特征对人物进行了分类，这样便有了生、旦、净、丑四个行当。"生"扮演的是男性人物，可以分成老生、小生、武生；"旦"扮演的是女性人物，分成青衣、花旦、武旦、老旦；"净"扮演的是性格豪爽的男性，也叫"花脸"，因脸上描了花脸得名；"丑"扮演的是机智幽默或阴险狡猾的男性。

课后练习2

臣本布衣，躬耕南阳，苟全性命于乱世，不求闻达于诸侯。先帝不以臣卑鄙，猥自枉屈，三顾臣于草庐之中，谘臣以当世之事，由是感激，遂许先帝以驱驰。后值倾覆，受任于败军之际，奉命于危难之间，尔来二十有一年矣。先帝知臣谨慎，故临崩寄臣以大事也。受命以来，夙夜忧虑，恐付托不效，以伤先帝之明；故五月渡泸，深入不毛。今南方已定，甲兵已足，当奖率三军，北定中原，庶竭驽钝，攘除奸凶，兴复汉室，还于旧都。此臣所以报先帝而忠陛下之职分也。

第 9 章 计算机辅助翻译

9.1 计算机辅助翻译简介

在大数据、人工智能和移动互联网技术的驱动之下,语言服务技术正朝着信息化、专业化、网络化、云端化趋势快速发展,对翻译流程、翻译模式、翻译手段、翻译效率、翻译教学和翻译研究等方方面面都产生了重要的影响,翻译行业正在步入职业化的时代。这对语言服务人才的技术能力要求越来越高,理解和掌握现代翻译技术和工具成为时代对译者的必然要求。本章将详细介绍计算机辅助翻译的概念、核心技术、辅助功能、作用以及计算机辅助翻译的局限性。

随着国际交流的日趋频繁,翻译活动越发举足轻重,翻译市场不断勃兴,旨在提高译者效率的计算机辅助翻译(computer aided translation,简称 CAT)应运而生。计算机辅助翻译与机器翻译有着本质区别,前者操作过程中人起着决定性的作用,而后者则是以自动化机器取代人工的操作。翻译文本有多种分类,最常见的分类方式分为文学文本和非文学文本。随着翻译业务的扩大,非文学文本翻译日益占据了翻译的主流市场,计算机辅助翻译的重要性越发凸显。同时,计算机辅助翻译还可以突破传统翻译时空相隔的障碍,逾越空间距离,让空间各异的译员共享术语库,实现同时同步高效工作。计算机辅助翻译工具的出现,使译员的日均工作极限实现了极大突破,由传统的日均五千字左右飞跃至日均一万字以上,即使是专业领域的翻译也能保质保量。翻译学专业的课程设置也因为计算机辅助翻译软件的兴起而发生了变革,术语的建构、语料的复用、协同翻译的发展逐渐成为重要的教学内容,计算机辅助翻译能力逐渐被视为译员的必备技能,特别是笔译训练的前提。计算机辅助翻译软件 Trados 已经成为翻译业界的一大标准,被一些大型组织(如联合国、欧盟等)和跨国公司(如微软、戴尔、西门子等)广泛使用。Trados 等主流计算机辅助翻译软件的掌握和应用能力往往成为进入这些大型组织或者跨国公司必不可少的敲门砖。有学者通过对翻译专业的毕业生调查发现,合格翻译人才所占比例不超过 20%,用人单位认为 50% 以上的毕业生难以适应翻译工作。[1] 其中一个很重要的原因就是,大部分高校的翻译专业在人才培养和课程设置方面,不够重视甚或忽视计算机信息技术在翻译中的重要作用。所以,有必要将计算机辅助翻译软件的学习作为翻译专业的核心课程之一。计算机辅助翻译软件具有记忆功能,在翻译较长的资料时,后面的翻译如果遇到前面已经翻译的部分,可以从记忆库中直接

---

[1] 王建国,彭云:"MTI 教育的问题与解决建议",外语界,2012 年,第 46 页。

提取，从而节省翻译的时间和精力。计算机辅助翻译软件具有术语库建设功能，术语库可以为译者提供术语参考，并能保证术语的前后一致性。

随着翻译市场的扩大，计算机辅助翻译由最初的辅助工具跃升为管理和监控整个翻译流程的重要工具包。而且，随着网络技术和计算机技术的进步，计算机辅助翻译软件在网络协同工作方面的功能有了长足的发展，译者可以通过软件在线协同工作，共享术语库和语料库，从而使翻译更具有规范性，提高了翻译的质量和效率。据《中国地区译者生存状况调查报告》[①]的统计，61% 的译者使用辅助翻译工具，80% 的译者使用在线辅助参考工具。据《2012 年全球自由译者报告》的统计，65.3% 的译者认为 CAT 工具的使用帮助他们提高了翻译效率。由此可见翻译职业化对译者 CAT 工具应用能力要求之高。

9.1.1 计算机辅助翻译的概念

计算机辅助翻译，亦称计算机辅助翻译系统，系通过人工智能搜索及比对技术，运用参考资料库和翻译记忆程序，记录翻译人员所完成的译文，当遇到相同与重复的句型、词组或专业术语时，能为翻译人员提供建议和解决方案，以节省翻译时间及成本，同时确保翻译质量与风格的一致性。其能够充分运用数据库功能，将已翻译的文本内容加以存储。当日后遇到相似或相同的翻译文句时，计算机会自动比对并建议翻译人员使用数据库中已有的译文作为可能的翻译，让翻译人员自行决定是否接受、编辑或拒绝使用，最终实现帮助翻译者优质、高效、轻松地完成翻译工作的目的。计算机辅助翻译系统在概念上与一般的翻译机、翻译软件及在线翻译软件截然不同。它不同于以往的机器翻译软件，它不依赖于计算机的自动翻译，而是在人的参与下完成整个翻译过程。普通机器翻译仅仅是将文句词语交给软件处理，软件处理结果即为最终的翻译结果。而在计算机辅助翻译中，电脑处理的结果仅供翻译人员参考，并非最终的翻译结果，最终由翻译人员来决定最适合的翻译结果。与人工翻译相比，计算机辅助翻译质量相同或更好，翻译效率可提高一倍以上。CAT 使得繁重的手工翻译流程自动化，并大幅度提高了翻译效率和翻译质量。计算机辅助翻译是一个涵盖范围广泛但不精确的术语，它涵盖了一系列从简单到复杂的工具。

9.1.2 计算机辅助翻译的主要功能

在翻译过程中，存在着大量重复或相似的句子和片段。采用人工笔译哪怕是最简单的句子，也需要书写一遍。CAT 技术具有自动记忆和搜索机制，可以自动存储用户翻译的内容。当用户翻译某个句子时，系统自动搜索用户已经翻译过的句子，如果当前翻译的句子用户曾经翻译过，会自动给出以前的翻译结果，对于相似的句子，也会给出翻译参考和建议。

CAT 是一个具有自学习功能的软件，它会随着用户的使用，学习新的单词、语法和句型，为用户节省更多的时间。CAT 还配有增强工具 CAM(computer aided match)，可将用户以前翻译过的资料转换为可以重复使用的记忆库。这样，用户就无须重复以前的劳动，从而提高翻译速度和准确性。

---

① 中科院科技翻译协会和传神联合信息技术有限公司："中国地区译员生存状况调查报告"，2007 年。

9.1.3 计算机辅助翻译的核心技术

CAT 技术的核心是翻译记忆技术,当翻译人员在不停地工作时,CAT 则在后台忙于建立语言数据库。这就是所谓的翻译记忆。每当相同或相近的短语出现时,系统会自动提示用户使用记忆库中最接近的译法。用户可以根据自己的需要采用、舍弃或编辑重复出现的文本。

"翻译记忆"技术,是将已翻译过的源语与目标语形成对照文本,并存入记忆库中,这类对照文本可再利用于翻译新的源语文本。然而,现实中的翻译活动种类繁多、层次多样、变化多端、重复性较少,只有在某些专门的领域中,才有一定的文本重复率,翻译记忆功能才能有效发挥。由于语言有无限生成的能力,即便是翻译记忆的内容再多,模糊搜索的能力再强,仍然无法保证在进行新的翻译工作时总能从翻译记忆库中调取语料供译者参考。

9.1.4 计算机辅助翻译的辅助功能

对于 CAT 技术来说,另一个重要组成部分则是术语管理。广义地说,翻译中出现的任何词汇,如果有重复使用的必要,都可以作为术语进行保存,保存的术语集合则成为术语库。

术语库,顾名思义就是一个充满了术语词汇的数据库,可以想象成是语言之间的翻译对照词汇表,当一个字从一种语言被翻译成另一种语言时,它就会被加进术语库之中。术语库通常不止两种语言配对,而是无数种语言相互对照,这也是为什么我们可以使用 Google 翻译,在转眼间翻译 50 种语言的"你好"出来。然而,术语库所提供的翻译,仅足以应付字与字之间的转换,文化语境中相应的细节却无法被翻译出来。术语库也可以重复利用,不仅是在本次翻译中,还可以在以后的项目或其他人的翻译工作中重复使用,不但提高工作效率,更重要的是解决了翻译一致性问题。

至于翻译记忆库,则更为先进。它配备了更高端的翻译系统,可以识别文字的使用方式、句式、文法等。当术语库只能识别 heart 是"心脏"时,pulling the strings of my heart 会被翻译成"拉动我心脏的线",但若是有翻译记忆库的功能,就很可能会查到这一句英文曾经被翻译成"牵动我的心弦"。

在翻译高重复性且多专业术语的技术性文件时,翻译记忆库是译者的无价之宝。它能够使这些频繁使用的专业术语和词汇,在译文中保有一致性。

翻译大型文档时,通常需要数名译者协作,此时翻译记忆库能够保证每一位译者所翻译出的专业术语和行文措辞皆一致且准确。

当前后需要翻译多个文档时,一份有效的翻译记忆库能节省译者重新翻译常用词汇,或是翻译固定段落格式的时间。

9.1.5 计算机辅助翻译的优点

人工翻译的一个特点是,整个翻译过程中的大部分时间都是由接连不断的"休整"活动所组成,即翻译不是一项顺畅而又能够持续不停进展的活动。①同时,翻译是一种跨度较大的学科,任何翻译任务都有一定难度,这主要源于文化差异以及译员对源语文本中专业内容的陌生。大多数笔译工作者几乎不可能在有限时间里顺利完成翻译任务,他们的翻译工作包括大量符号、语言、文化之间的转变,在审阅源语的同时还要及时检查目的语的表述。因此,翻译是一种间断的、非连贯的活动,这是显而易见的。计算机辅助翻译为译员带来的便利就是它可以减少翻译活动的阻碍,使之连贯性更强,译员的工作亦可以流畅。如今计算机存在于人类生活的方方面面,在各类空间和领域都能体现其价值,它也极大程度地支持了译者的翻译工作。笔者认为,计算机辅助翻译主要有以下特点。

1. 减少重复劳动,提高翻译效率

通过计算机辅助翻译,译员能够参考译界前辈的翻译作品,尽可能避免重复翻译,事半功倍。"将翻译流程中涉及纯粹记忆的活动,比如术语的匹配和自动搜索提示、高度相似句子的记忆和复现,交给计算机来做,免除翻译人员反复查找名词之苦,使其能全力应对语义的转换和传递。"②

2. 便于与其他译员进行合作

随着时代变迁,翻译任务重、时间紧,译员已经难以独立完成翻译任务。如果与其他译员合作,就要面临另一个困境,那就是在由多个译员完成的译文中,语言风格、谈吐措辞是很难保持一致的。而计算机辅助翻译,可以有效地解决上述难题。在使用计算机辅助的过程中,译员们可以相互交流,也能参考其他译员的翻译并共用术语库,确保各译员译文的文风统一。计算机辅助翻译让个体翻译转为多人合作翻译成为了现实。

3. 具有翻译教学辅导的能力

高校教师可以把计算机辅助翻译纳入学生的培训课程和必修计划中。例如,建立起"智力辅导系统",指导学生及时修正翻译错误,积累翻译经验。"计算机辅助翻译教学的第一步是给学员介绍与之相关的三个部分:文字处理、术语数据库的应用和计算机辅助翻译。第二步是对课程或者任务进行设计和组织。"③要想让学生加以利用,教师的课程必须合理设计,计算机也要有效执行。

9.1.6 计算机辅助翻译的局限性

计算机辅助翻译是一种人机结合的综合翻译方式,但是其辅助的性质表明计算机在翻译过程中并不能起主导作用。如果译员接触的是全新内容,他们必须重新开始积累并建立新的术语库。所以,计算机辅助翻译并不能稳定持续地为译员提供帮助。在当前,由于以下原因,该技术还不足以作为人工翻译的替代品。

1. 译文内容的僵化

计算机辅助翻译技术中的相关软件都是按句子将原文分割开。译员翻译的时候,很难以篇章和多组句子为单位进行翻译。译员需要按照材料语序进行翻译,要对材料内容进行

---

① 参见梁爱林:"计算机辅助翻译中的优势与局限性",中国民航飞行学院学报,2004年,第23页。
② 参见王正、孙东云:"利用翻译记忆系统自建双语平行语料库",外语研究,2009年,第17页。
③ 梁爱林:"计算机辅助翻译中的优势与局限性",中国民航飞行学院报,2004年,第24页。

大幅度调整是难以实现的,这也让译员无法充分发挥主体创造性。同时,通过计算机辅助翻译得出的译文,内容的整体性有所欠缺,结构措辞僵化不可避免。

2. 译文易脱离语境,语义错误频现

众所周知,各国的语言文字不是对等的,源语和目的语也总是有很大出入。此外,一词多义的情况层出不穷。但是,翻译中使用的语义资料并不能无限度地储存在计算机的记忆库或术语库中,译员会发现,当前语料无法反映一些词句的全部语义。在用计算机辅助人工翻译时,有必要注意"假朋友(false friend)"的语义错误。如储存在语料库的是单词或短语这样单位较小的语料,预翻译之时,计算机很可能对材料内容以偏概全,在截取语言单位时出现失误。又如在网络中使用的一些词汇会被当成敏感词汇遭到屏蔽,造成不必要的麻烦,这是计算机翻译的典型问题。假设储存的语料过长,记忆库或术语库所储存的语料的适用范围就会变小。在利用计算机辅助人工翻译的过程中,如果译员事先未能有意识地进行辨别,直接参考有瑕疵的译文,那么一定会出现误译漏译的情况。在翻译实践中,译员应审视具体语境,结合上下文,再选择采取相应的翻译手段。

思考题

1. 如何正确利用 CAT 改进翻译教学?

2. CAT 更多关注的是翻译实践活动,但是翻译理论必不可少,如何将两者更好地结合起来?

3. 目前对 CAT 技能的培养比较局限于高校的教学层面,怎样构建一条"高校-企业-行业协会"立体的 CAT 人才培养通道?

9.2 翻译软件介绍

9.2.1 国内主要翻译软件简介

1. CAT(computer aided translation)翻译软件

(1) iCAT

iCAT 在用户中口碑较好,从推出以来不断更新完善。其早期为插件版,直接嵌入到 Office 中使用,现在是独立的客户端。其操作界面如图 9.1 所示。

优点:iCAT 软件完全免费。支持谷歌机器翻译,翻译过程中支持译文格式(上标、下标、加粗等)修改,有大量免费且权威的云术语库可供收藏使用,可以多人协同翻译,导出文档还原性好。

缺点:术语语料管理不能在 iCAT 客户端完成,需要另外打开网页进行。

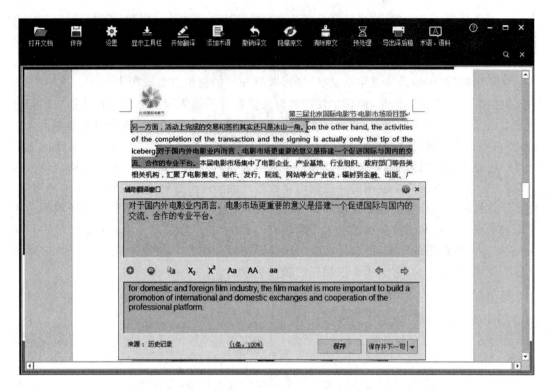

图 9.1　iCAT 操作界面

（2）Transmate

Transmate 分为单机版和企业版，单机版是给译员免费使用的；企业版需要付费，用于项目管理，多人协同翻译。其操作界面如图 9.2 所示。

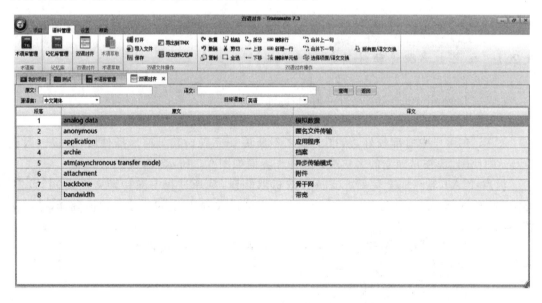

图 9.2　Transmate 操作界面

优点：可以双语对齐和术语萃取，方便制作术语语料。

缺点:不支持谷歌翻译,不支持项目协同翻译。

2. MT(machine translation)翻译软件

(1) 有道词典及有道在线翻译

有道词典及有道在线翻译是国内近年兴起的一款颇受年轻人青睐的翻译软件,目前用户数量已经超过 3.8 亿。有道词典的最大特色是网络释义功能,给中高级翻译和语言学习者足够准确的材料去辨识词汇的正确用法。另一特色是融入了内容丰富的百科全书,在查找单词的同时,可浏览丰富的百科知识。其操作界面如图 9.3 所示。

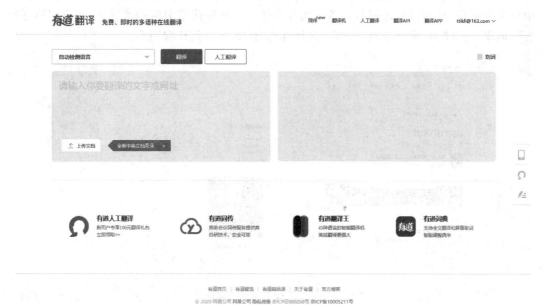

图 9.3　有道翻译操作界面

(2) 金山词霸、爱词霸及百度在线翻译

金山词霸(见图 9.4)是一款老牌翻译软件,已经拥有了上亿用户。金山词霸已经收录

图 9.4　金山词霸操作界面

了141本词典,其特色就是海量、权威。2005年,金山上线了爱词霸。爱词霸包含词典、翻译等众多在线工具,是金山词霸的在线翻译和学习工具。2016年,金山宣布与百度翻译进行深度合作,全线引入百度翻译技术。因此,现在的金山词霸和爱词霸的长句和篇章翻译其实都是由百度翻译提供的。百度翻译借助搜索的先天优势,译制最符合中国国民语言习惯的语义内容,更符合中国用户的翻译需求。

(3) 必应词典及必应在线翻译

必应词典(见图9.5)及必应在线翻译基于微软的技术实力和创新能力,不仅可以提供中英文单词和短语查询,还拥有词条对比等功能。在必应搜索引擎的带领下,必应词典不断更新词库,并及时收录网络新兴词汇,其词库包含10万中英日常词汇。

图9.5 必应词典操作界面

(4) CNKI翻译助手

CNKI翻译助手(见图9.6)由清华大学及清华同方于1998年出品,它从CNKI数据库中分类提取了120万词汇、术语、短语、用法,涉及自然科学和社会科学的所有领域,最大特色就是具有强大的学术背景和专业学术词汇。

图9.6 CNKI翻译助手操作界面

9.2.2 国外主要翻译软件简介

1. SDL Trados Studio

SDL Trados Studio(简称 Trados)一直是市场占有率最高的一款 CAT 软件,源自德国,其操作界面如图 9.7 所示,基本每年都会有新版本推出。

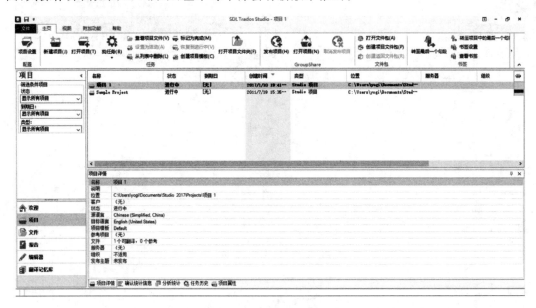

图 9.7 Trados 操作界面

优点:Trados 是所有 CAT 里功能最强大、最完善的软件,其项目管理明显优于其他同类软件,满足了绝大部分的项目经理和译员的需求。

缺点:首先它收费较贵,2020 年 5 月 9 号 2019 freelance 版本官网报价 620 美元,约合人民币 4 385 元。其次是它的操作过于烦琐,新手不容易上手。再者其术语库和记忆库不支持常见的可编辑格式(如 xlsx、CSV 等),导入导出较为复杂。

2. memoQ

memoQ 是 Kilgray 翻译技术有限公司出品的一款计算机辅助翻译软件。其操作界面如图 9.8 所示。该公司成立于 2004 年,总部位于匈牙利。目前已有上千家翻译公司和企业使用 Kilgray 公司的翻译软件产品。memoQ 在中国的发展势头也极为迅猛,在短期内便成长为仅次于 Trados 的主流计算机辅助翻译软件。

优点:实用而低调,每个功能都是经过精心筛选后保留的,可以对齐制作语料、网络查词。它还支持常用格式术语和记忆库的导入导出,集成很多机器翻译插件,比 Trados 要开放很多。

缺点:收费较贵,价格仅次于 Trados。在使用设计上略显不足,如导航设计不合理,项目之间切换不方便;界面语言及字体设置隐蔽;资源控制台设置复杂等。

3. Déjà Vu

Déjà Vu 是法国 Atril 公司的产品,在国内的知名度要低于 Trados 和 memoQ。其操作界面如图 9.9 所示。

图 9.8　memoQ 操作界面

图 9.9　Déjà Vu 操作界面

优点:可以处理多种文件格式,查错类型较多,支持多种格式术语和记忆库的导入和导出。

缺点:项目管理较弱,操作复杂,功能界面分布不显眼,新手需要花大量时间去寻找和熟悉。

思考题

1. 国内几款翻译软件分别有何优势和不足之处？
2. 新用户上手应选择哪款国外翻译软件？
3. 哪款国外翻译软件更适合项目经理？

9.2.3 SDL Trados Studio 简介及使用方法

9.2.3.1 SDL Trados Studio 软件简介

SDL Trados Studio 是全世界最流行的计算机辅助翻译软件之一。该软件历史悠久，早在 20 世纪 80 年代，由德国 Trados 公司（Trados GmbH）研发并推向市场，在 2005 年被英国 SDL 公司（LSE：SDL）收购，在此基础上继续研发生产，形成了目前用户较为熟悉的"Studio"系列。[①] SDL 公司成立于 1992 年，自那时起，SDL 公司不断开发大型的语言技术解决方案组合，拥有超过 250 000 个产品许可证、上百个服务器安装软件，并通过其创新的机器翻译引擎翻译了几十亿字文本。[②] SDL Trados 集成了翻译、审校、术语库及翻译记忆库管理等，功能强大，克服了不同国家地区的文化、语言障碍，为全球大多数国际企业提供日常的本地化翻译工作服务。

对于用户来说，Trados 可以大幅提高翻译业务的工作效率和质量以及正确率，使得译文更加规范化，并提升翻译人员、翻译公司和企业紧密协作的能力。

本节主要以 SDL Trados Studio 2017（以下简称 Trados 2017）为例，简单介绍如何使用该软件创建翻译项目、编辑翻译、进行译文审校、管理维护翻译记忆库与术语库等基本功能，使读者通过本书了解使用 Trados 2017 进行翻译的基本流程，最终可以进行实际操作。

9.2.3.2 SDL Trados Studio 2017 的使用方法

1. 新建翻译项目

使用 SDL Trados Studio 创建翻译项目，一般来说有两种途径：在 Trados 2017 中直接创建项目和在文件夹中创建项目。

（1）使用 Trados 2017 创建翻译项目

我们以在 Trados 2017 中直接创建翻译项目为例，向读者展示其基本功能。首先打开 Trados 2017 软件，出现如图 9.10 的主界面。

单击主界面中"主页"选项卡下的"新建项目"，Trados 会跳出新建项目的对话框，如图 9.11 所示。在此对话框中，用户可选择曾经定义过或使用过的项目模板。项目可以包含要翻译为一种语言或多种语言的单个文件或多个文件，所有文件均可作为项目的一部分进行翻译和管理。如此便可节约时间，提升翻译效率。在此，我们选择使用默认的项目模板（Default），然后单击"下一步"，进入"项目详情"界面，如图 9.12 所示。

[①] 王华树主编：《翻译技术教程》，北京：商务印书馆，2017 年，第 155 页。
[②] SDL 官方中文网站：https://www.sdltrados.cn/cn/about/。

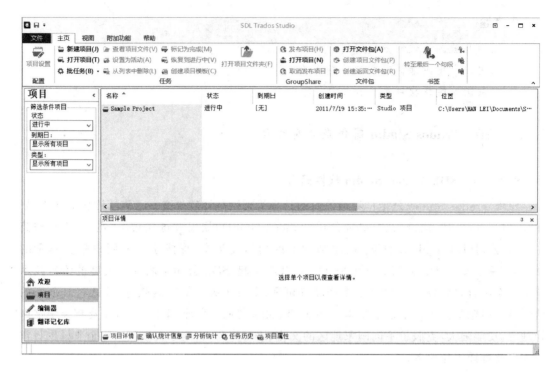

图 9.10　SDL Trados Studio 2017 主界面

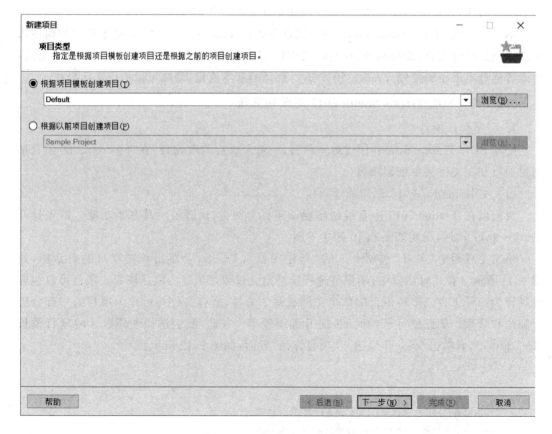

图 9.11　"新建项目"对话框

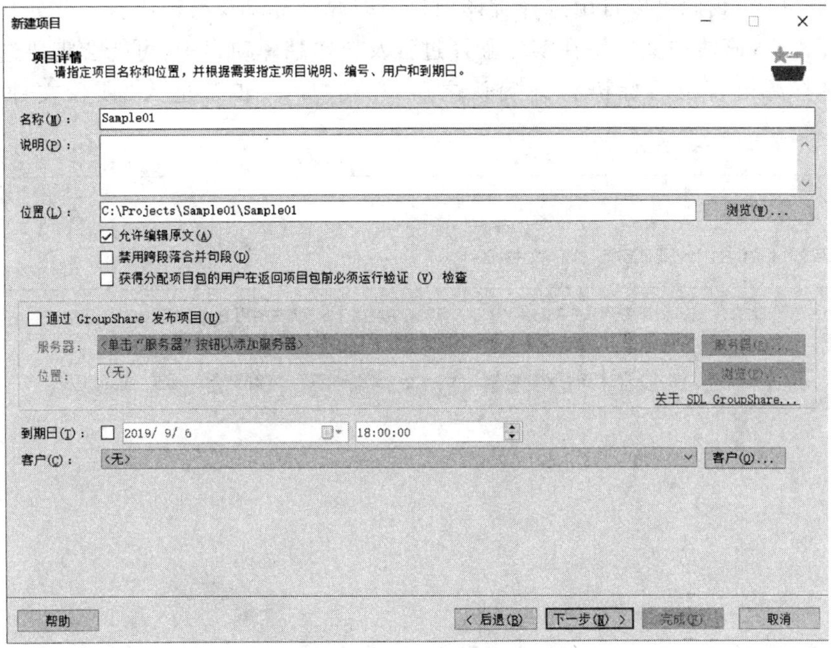

第 9 章 计算机辅助翻译

图 9.12 编辑项目详情

在该对话框中，我们可以编辑项目名称、项目说明，并指定项目的存储路径。可以看到，此处还有一个选项"允许编辑原文"，如果勾选此项，在翻译过程中，译者可以随时对原文内容进行编辑修改，提升翻译工作的灵活性。随时修改原文中的语句和错误，还可以进一步保证翻译记忆库的准确性，故新建项目时建议勾选此选项。编辑完基本信息后，单击"下一步"即可打开"项目语言"界面，如图 9.13 所示。

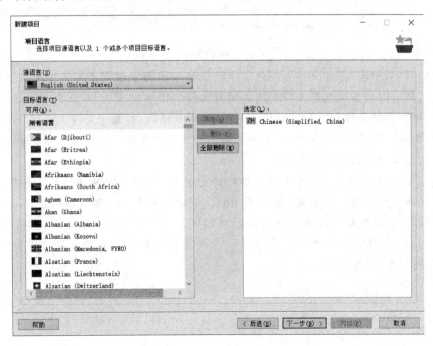

图 9.13 选择项目语言

在图 9.13 中,我们可以自由选择翻译项目中的源语言以及目标语言。此处我们只选择了一种目标语言(简体中文),但在实际翻译过程及合作翻译项目中,可能会需要选择多种目标语言。选择源语言及目标语言并确认之后,单击"下一步",进入"项目文件"界面,如图 9.14 所示。

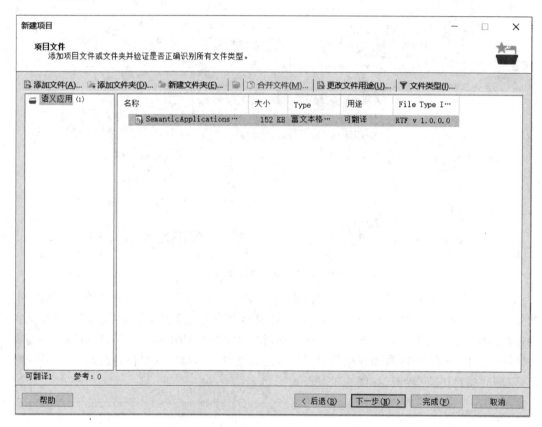

图 9.14　添加项目文件

在此界面中,单击"添加文件",便可以手动添加一项或多项需要翻译的文件。单击"添加文件夹",则可以添加所选择文件夹内的所有文件。添加完成后,若该文件内容可被提取进行翻译,则所添加文件在"用途"一栏中会显示"可翻译"。若某一文件无法被 Trados 2017 识别处理,则这一栏会显示"参考"。上述所有信息确认无误后,单击"下一步"进入"翻译记忆库和自动翻译"界面,如图 9.15 所示。

在图 9.15 中的界面中,译者可以添加翻译记忆库,用来匹配翻译项目中的原文语句。(注意:记忆库文件后缀名一般为 sdltm 或 tmx。若记忆库为 tmx 格式,则在 Trados 选择记忆库文件的时候,要将格式改为 tmx 才能识别和导入。导入过程中,Trados 会将 tmx 格式自动升级为 sdltm 格式。)依次单击"使用"—"文件翻译记忆库",选择本地文件夹中的翻译记忆库,即可添加完成,如图 9.16 所示。

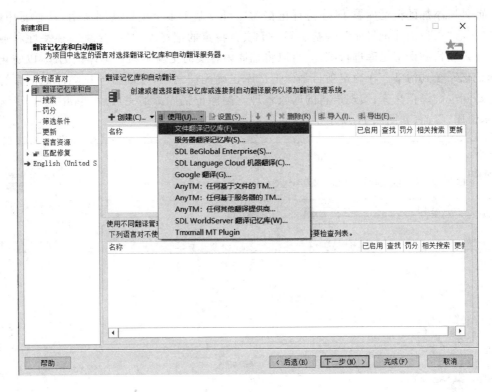

图 9.15　添加翻译记忆库

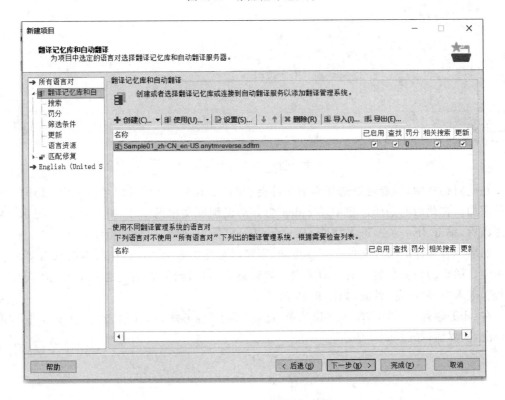

图 9.16　翻译记忆库添加完成

此处所添加的记忆库属于"主翻译记忆库",可以基于多个项目共同使用,具有通用性。此外,还有"项目翻译记忆库",是基于某一个项目特定的记忆库,具有显著的独特性和唯一性。设定项目翻译记忆库进行翻译,可以将翻译内容实时更新到项目翻译记忆库,以防止主翻译记忆库受到污染。在确定项目翻译记忆库正确无误之后,可以将项目翻译记忆库的内容更新到主翻译记忆库,实现语料的回收整理。翻译记忆库添加完成后,单击"下一步",进入"术语库"界面,如图9.17所示。

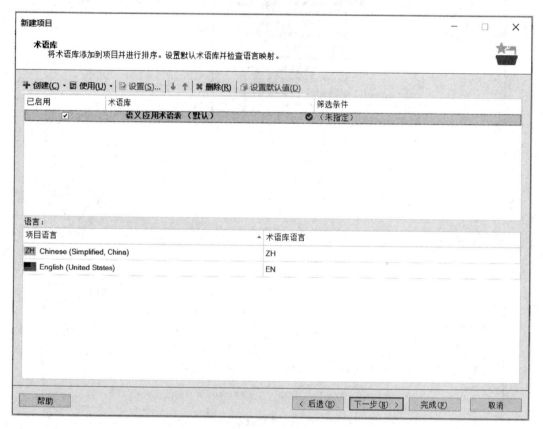

图 9.17　添加术语库

在此对话框中,译者可以选择本地文件夹中的"术语库"(文件后缀名一般为 sdltb)文件进行添加。在此后的翻译过程中,Trados 会自动识别原文中的术语,并给出译文提示。添加完成后,单击"下一步",进入"SDL PerfectMatch"界面,如图 9.18 所示。

如果译者翻译的项目文件一直在更新,则可以在此界面中添加以往版本的双语文件,该功能会自动识别原文在更新前后的区别。如果是新项目,则可以跳过这一步,直接单击"下一步",进入"项目准备"界面,如图 9.19 所示。

在"任务序列"一栏中,单击下拉菜单,选择"准备"任务序列,并单击"下一步",进入"批处理设置"界面,如图 9.20 所示。

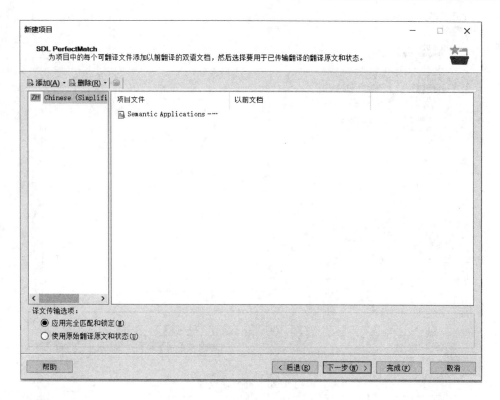

图 9.18 PerfectMatch 功能界面

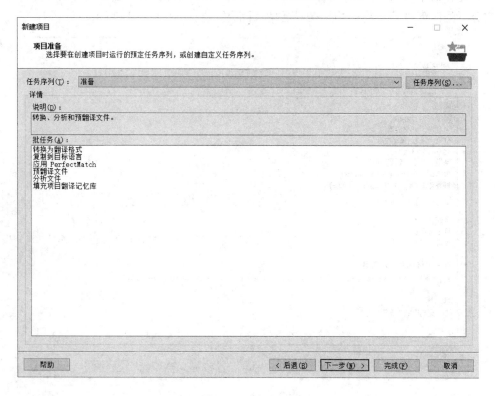

图 9.19 项目准备

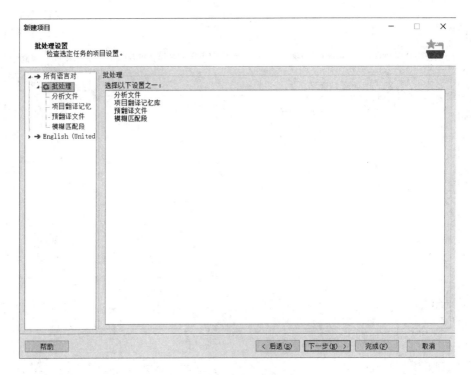

图 9.20 批处理设置

在此界面中,译者可以对批任务进行一些调整和设置,例如,预翻译文件的最底匹配率、制定分析的匹配段等。单击"下一步"至"项目汇总"界面,如图 9.21 所示。

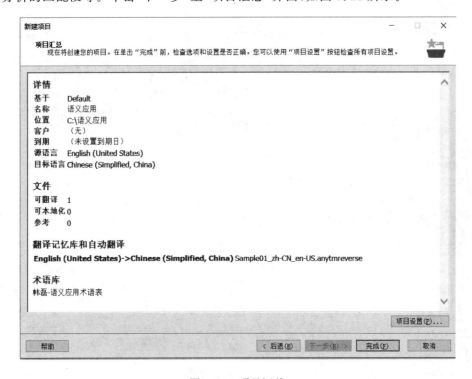

图 9.21 项目汇总

在这个界面中,译者可以看到之前所做的所有操作,包括项目源文件、翻译记忆库、术语库、存放路径等信息。确认后单击"完成",Trados 会自动进行批任务处理,等待进度条完成即可,完成后的界面如图 9.22 所示。

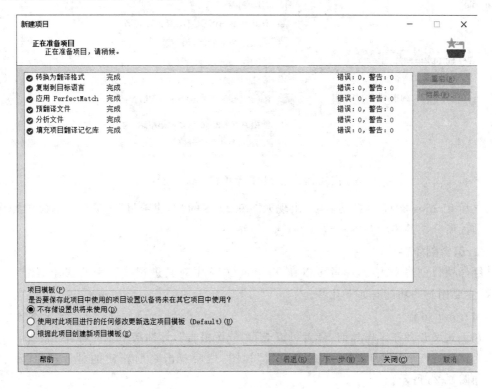

图 9.22　项目新建完成

完成后单击"关闭",项目新建成功。之后译者就可以在 Trados 2017 中进行后续翻译操作,完成翻译任务。

(2) 在文件夹中创建翻译项目

除此之外,我们还可以在文件夹中直接创建翻译项目。例如,一个文件夹中存在多个需要进行翻译的文件,如图 9.23 所示。

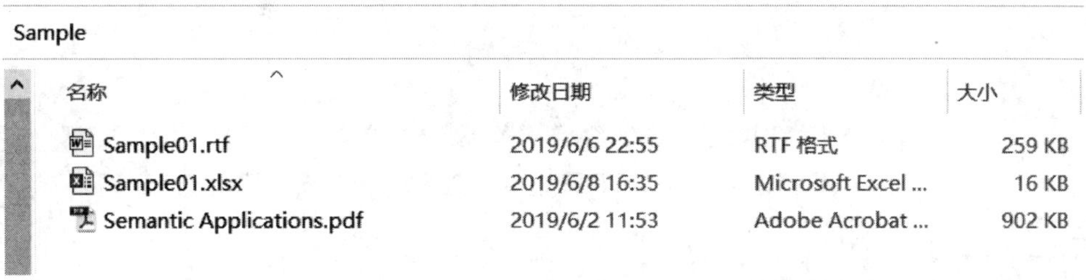

图 9.23　待翻译文件示例

图 9.23 中的文件类型各不相同,例如 rtf、xlsx、pdf 等。此时,我们利用 Trados 2017 的快捷菜单即可快速新建项目。具体操作步骤为:选中这些文件,右击鼠标,在弹出的快捷菜单中选择"Translate in SDL Trados Studio",如图 9.24 所示。

图9.24 通过快捷菜单新建翻译项目

之后Trados 2017会自动启动,出现如图9.11中的"新建项目"对话框。后续的操作步骤与前面所介绍的步骤基本一致。

2. 编辑翻译项目

翻译项目创建完成后,译者可以在Trados 2017中对其进行接下来的翻译操作。一般来说,主要用到的功能有如下几种。

(1) 分析报告

在正式展开翻译工作之前,译者可以查看"分析报告",评估接下来的翻译工作量。具体操作为:单击Trados 2017左下角的"项目"视图,然后双击之前新建的翻译项目"语义应用",如图9.25所示。

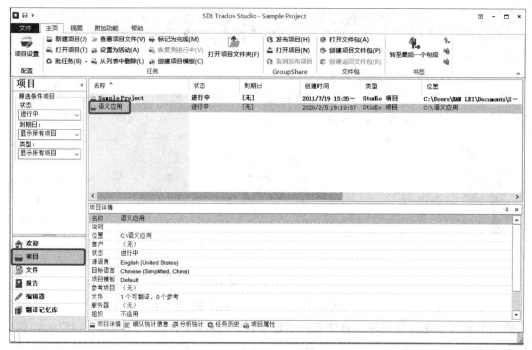

图9.25 查看分析报告

接着单击左下角"报告"视图,查看其中的"分析文件",如图 9.26 所示。在分析报告中,用户可看到 Trados 2017 对项目文件的具体分析数据。

图 9.26　分析文件报告

分析报告中一般会列出项目文件的总字数、与翻译记忆库不同匹配度的字数以及待翻译字数(新建/AT)等信息,如图 9.27 所示。根据分析报告中的数据,译者可以大致估算整个翻译任务所需的时间。

总计		类型	句段	字数	字符数	百分比	已识别标记	片段字数（整个翻译单元）	片段字数（翻译单元片段）	AdaptiveMT 影响	标记
文件:1		PerfectMatch	0	0	0	0.00%	0	0	0		0
字荷/单词: 5.53		上下文匹配	0	0	0	0.00%	0	0	0		0
		重复	16	58	544	1.48%	22	0	0		0
		交叉文件重复	0	0	0	0.00%	0	0	0		0
		100%	82	1267	6988	32.22%	34	2	0		0
		95% - 99%	27	507	3093	12.89%	24	2	0		0
		85% - 94%	19	479	2513	12.18%	13	7	0		0
		75% - 84%	11	257	1277	6.54%	27	15	0		0
		50% - 74%	10	192	943	4.88%	18	5	0		0
		新建/AT	95	1172	6373	29.81%	347	4	0		144
		AdaptiveMT 基准	0	0	0	0.00%	0	0	0		0
		含学习的 AdaptiveMT	0	0	0	0.00%	0	0	0	0.00%	0
		总计	260	3932	21731	100%	485	35	0	0.00%	144

图 9.27　分析文件报告中的统计数据

(2) 项目翻译状态

在 Trados 2017 主界面中,双击项目名称,即可查看其中需要翻译的项目文件及各文件的翻译状态,如图 9.28 所示。

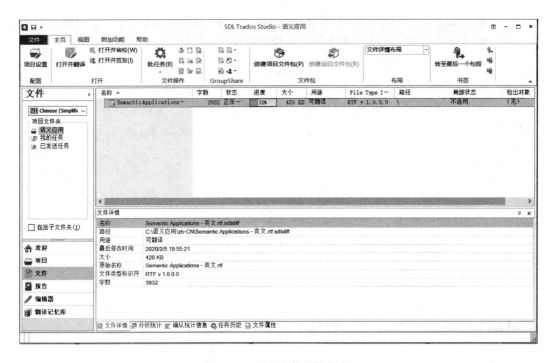

图9.28 项目文件翻译状态

在该视图中,我们可以看到待翻译的文件经过翻译记忆库匹配后的完成度。双击任意文件,即可打开该文件的"编辑器",如图9.29所示。

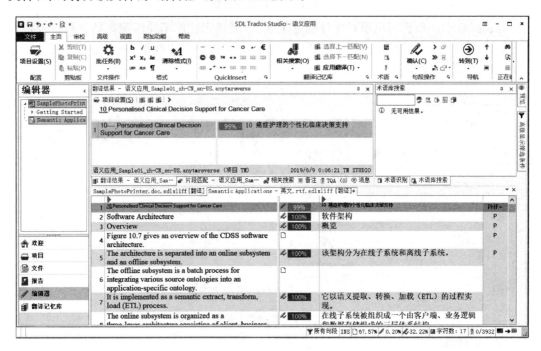

图9.29 文件编辑器

在图9.29中我们可以看到,待翻译文件会被Trados拆分为若干条句段,并按顺序排列在编辑框左侧。编辑器右侧空白处供译者进行翻译、编辑译文。在中间一列,译者可以看到所有句段的翻译状态,其中一部分内容经过之前的预翻译处理已经完成,如图 9.30 所示。

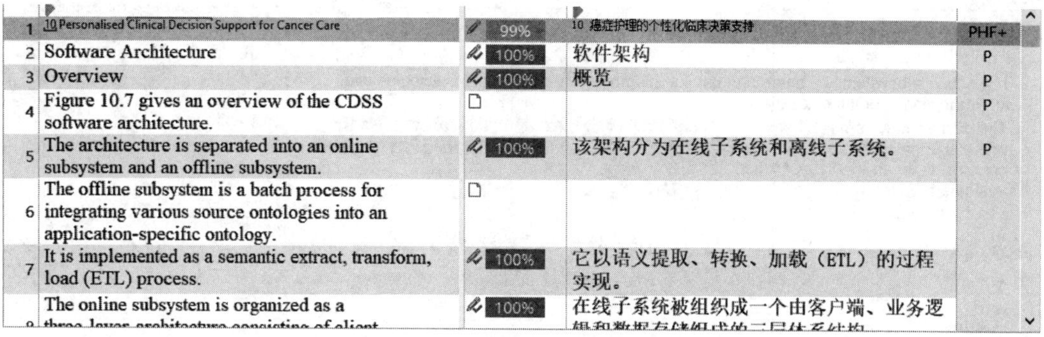

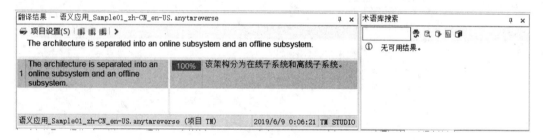

图 9.30　Trados 2017 编辑器中句段的翻译状态

如图 9.30 所示,在编辑器中,我们可以看到未翻译的句段状态为一张"白纸",而当译者在右侧输入译文时,该图标会变为一支"笔"。若译者译文无误,可随时使用"Ctrl + Enter"确认译文,则状态栏会显示一支打了"对钩"的笔,接下来 Trados 会将译文内容自动更新至翻译记忆库中。

(3) 记忆库与术语库匹配

在 Trados 2017 编辑器中,译文上方有两个窗口,分别为翻译记忆库匹配(左侧)与术语库搜索匹配(右侧),如图 9.31 所示。

图 9.31　记忆库与术语库匹配窗口

单击下方编辑框中的句段时,上方的两个窗口便会出现对应的记忆库和术语库匹配结果。此时译文会由记忆库自动键入右侧编辑框,译者可根据匹配度状态随时对译文进行修改。若某些术语上方出现红色横线,则表示该术语可以在术语库中找到对应的匹配结果,该结果会出现在右上方的"术语识别"窗口中,译者可将其插入至译文编辑框中,如图 9.32 所示。

(4) 合并与拆分句段

前文说到,Trados 2017 会根据自身的断句规则将待翻译的文档拆分为若干条句段。在后续翻译操作时,译者可根据实际情况,对拆分后的相邻句段进行合并或再次拆分,然后进行翻译。此功能使得后续的翻译操作十分灵活,可以提升译者的工作效率和便捷性。译者想要使用此功能,需要在创建项目时,勾选"允许编辑原文"选项,或在主界面中打开"项目设置"(快捷键"Alt+S"),并单击最上方的"项目"选项卡,勾选"允许编辑原文",如图 9.33 所示。同理,若"禁用跨段落合并句段"被选中,则译者在编辑器中无法进行跨段落合并句段的操作。此功能适用于原文中存在回车换行的段落,即两个相邻句段分属于不同的段落或者表格单元格。

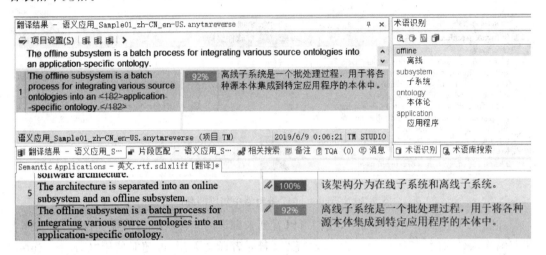

图 9.32 记忆库匹配与术语识别

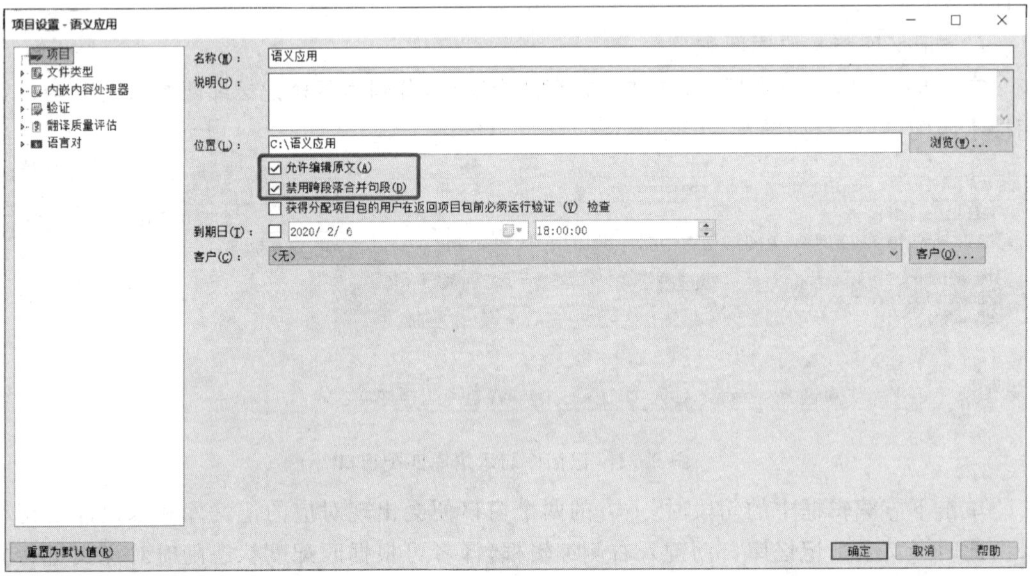

图 9.33 允许编辑原文

例如,译者想要合并第55、56两个句段,只需按住 Shift 键,然后单击句段前的序号,选中两条句段之后,右击鼠标,然后选择"合并句段"(快捷键"Ctrl+Alt+S"),即可合并上述句段。取消勾选"禁用跨段落合并句段"选项后,翻译文档中的任意相邻句段均可进行合并,如图 9.34 所示。

相反,译者若想对编辑器中的某句段进行拆分,只需将光标移动至需要拆分的位置,右击鼠标,然后选择"分割句段"(快捷键"Alt+Shift+T"),即可将该句段拆分为上下两句,如图 9.35 所示。

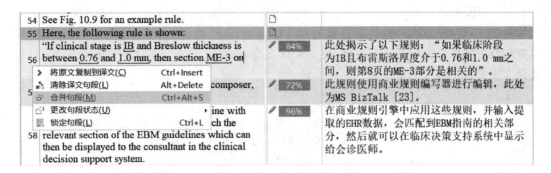

图 9.34 合并相邻句段

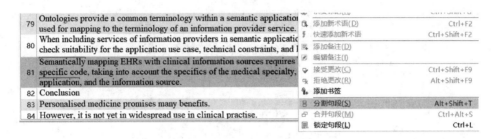

图 9.35 分割句段

3. 翻译验证

译者翻译量通常较大,翻译过程中难免会出错,人工核验译文费时费力,并不可行。Trados 2017 具备翻译验证工具,利用该功能,译者可以检查译文中的拼写问题、漏译以及标点符号、数字、时间日期、术语的漏译、错译等一系列低级翻译错误。

具体操作为:右击某个项目,单击"项目设置",或单击编辑器界面上的"项目设置",并选择"验证"选项卡。其中包含多个验证器,如 QA Checker 3.0、标记验证器和术语验证器,如图 9.36 所示。译者可根据具体需求,选择合适的验证器,然后在右侧设定报告级别(分为错误、警告和注意三个级别)。下面,我们选取几个常用的验证功能,对其进行简单介绍。

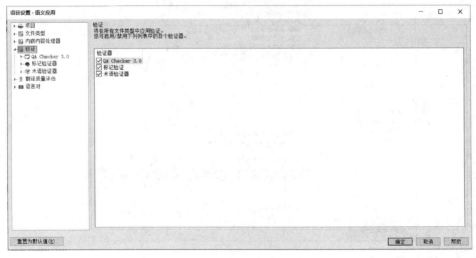

图 9.36 翻译验证器

(1) 句段验证

在图 9.37 中可以看到,句段验证为 QA Checker 3.0 的第一个验证功能。该功能可以检查句段翻译中是否有漏译和空译,原文与译文是否相同,译文与原文相比过长或过短,以及译文中是否出现禁用字符等一系列问题。

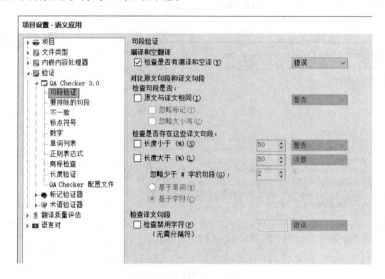

图 9.37　句段验证

(2) 选择要排除的句段

QA Checker 3.0 的第二个功能是可以选择要排除的句段,如图 9.38 所示。译者可以根据需求排除特定句段,如 PerfectMatch 单元、完全匹配的句段、低于某个百分比的句段、重复句段、与原文相同的译文句段等。如此,译者可提升检验效率或对某种句段做定向检验。

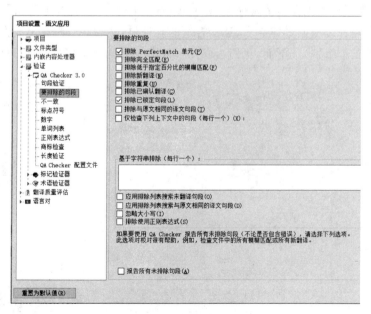

图 9.38　要排除的句段验证

(3) 不一致验证

QA Checker 3.0 的第三个功能为不一致验证,其中包含对各种不一致问题的检查,如图 9.39 所示。该功能可以检查译文中不一致的翻译、重复词语以及是否有未经编辑的模糊匹配。例如:原文句段相同,但却出现多种不同版本译文;译文句段中出现重复词语;有些模糊匹配的译文未经编辑直接应用;等等。Trados 2017 属于多人协作翻译软件,在翻译过程中,由于各种原因,容易导致译文出现诸多不一致问题,利用该功能可以快速排查错误,提升协作准确度和效率。

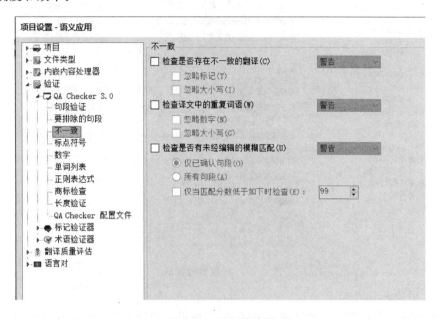

图 9.39 不一致验证

例如,原文第 26 句与第 28 句内容相同,却出现两个版本译文,如图 9.40 所示。此时执行不一致验证功能,即可在第 28 句前出现黄色感叹号标志,并附警告消息:"句子翻译不一致-与句段 26 相比"。译者可根据具体需求合理修改译文。

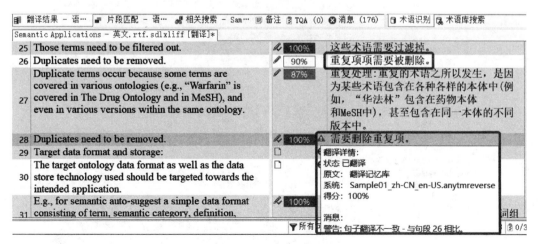

图 9.40 翻译不一致警告

（4）标点符号验证

QA Checker 3.0 的第四个功能为标点符号验证，如图 9.41 所示，其中包括检查原文和译文是否以相同符号结尾，是否有多余的空格、圆点、括号，以及首字母大写、全句大写一致性等问题。

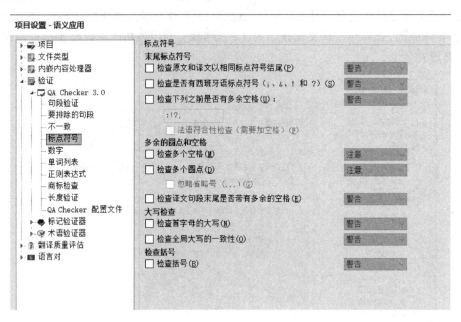

图 9.41　标点符号验证

（5）数字验证

QA Checker 3.0 的第五个功能为数字验证，可以检验译文中出现的与数字、时间、日期和度量单位有关的错误，如图 9.42 所示。

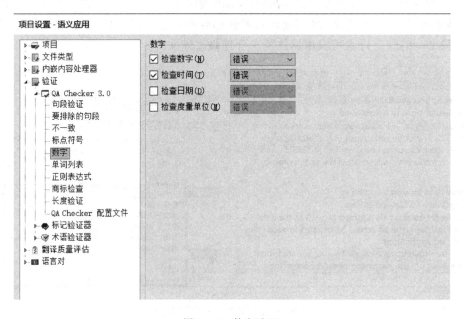

图 9.42　数字验证

例如，勾选"检查数字"选项后执行检验，若译文中数字与原文不匹配，则会在译文编辑框前出现红色叉号图标，并附有错误消息："译文句段中缺少数字或未正确本地化"，如图 9.43 所示。译者可根据实际情况进行修改编辑。

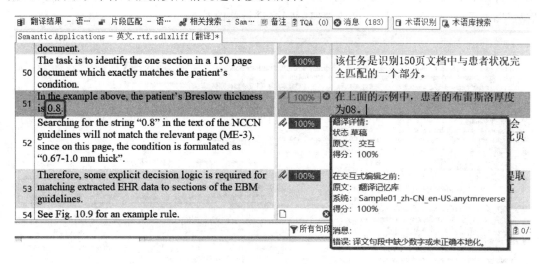

图 9.43　数字验证错误提示

（6）术语验证

若翻译项目配置了术语库，则待翻译文档中的术语必须使用术语库中的标准术语。术语验证器的功能就是帮助译者检查译文中与术语相关的错误，例如，检查可能未使用标准术语、检查被设为禁用的术语等，如图 9.44 所示。

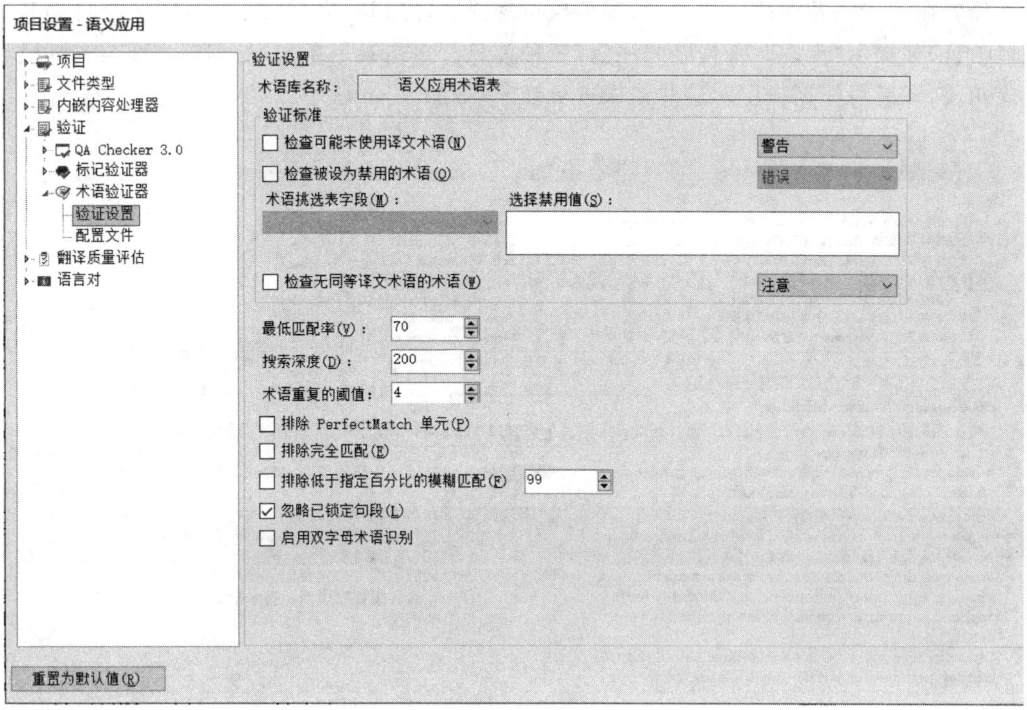

图 9.44　术语验证器

例如,原文中出现了术语(上方有红色横线)"medical information",术语库匹配结果为"医疗信息",译文翻译为"医学信息",执行术语验证后,会在译文编辑框前出现黄色感叹号图标,并附有警告信息:"译文句段未包含'medical information'的已翻译术语-预计为'医疗信息'",如图 9.45 所示。译者可依据实际情况进行修改编辑。

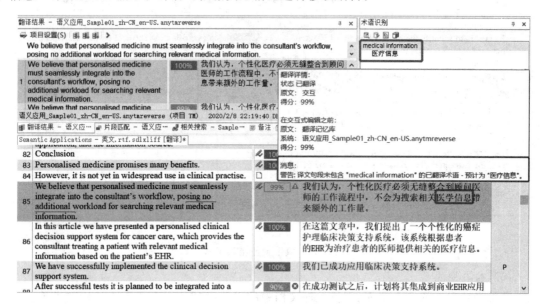

图 9.45　术语验证警告消息

(7) 执行翻译验证

译者在设置完翻译验证选项后,即可执行翻译验证工具,之后 Trados 2017 会自动验证翻译项目,并提示"错误""警告"和"注意"三种消息。单击某一条消息,编辑框便会自动跳至对应句段,译者可根据提示对这些错误进行修改,如图 9.46 所示。

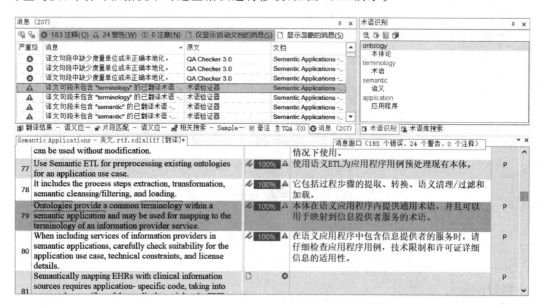

图 9.46　错误消息提示列表

单个文件时,译者只需在编辑器界面使用快捷键"F8"即可执行验证。若要对某个翻译项目中的所有文件进行检验,则需使用"批任务"功能。具体操作为:右击项目,选择"批任务"中的"验证文件",然后按照提示进行接下来的操作,即可执行批量验证任务,如图 9.47 所示。

图 9.47　使用批任务验证文件

批验证任务执行完毕后,译者可在"主页"界面下单击左下角的"报告",查看验证文件报告。单击任意消息前的序列号,Trados 2017 会自动定位至错误句段,译者可根据实际情况进行修改,如图 9.48 所示。

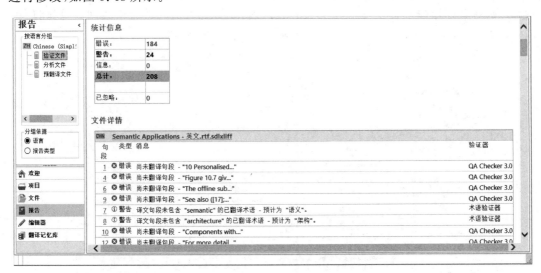

图 9.48　验证文件报告

4. 译文审校

翻译验证工具可以帮助译者快速检验译文中较低级的错误,大大减轻译者的工作量,提升翻译效率。但是,译者若想获取更高质量的译文,就必须进行人工复核,例如,译文是否准确达标、有无语法错误、文风是否一致等。上述问题的主观性较强,机器无法进行逻辑判断并给出具体修改意见,所以需要更高水平的译者或专职审校人员进行人工审校。接下来,本书将对 Trados 2017 的一些基本审校功能做简单介绍。

（1）跟踪修订

Trados 2017 具备"跟踪修订"的审校功能,可以标记修改过的内容,使得修改前后的差异一目了然,提升协作翻译的效率。

具体操作为:打开"文件"界面,右击翻译项目中的某个文件,选择"打开并审校",如图 9.49 所示。

图 9.49　打开文件进行审校

在图 9.49 中可以看到,编辑器界面有所变化,原文和译文句段被调整至翻译记忆库之上。译者或审校人员在检查验证过程中,可随时使用组合快捷键"Ctrl ＋ Enter"确认译文状态,表示该"翻译被核准"。若译文句段存在问题,译者也可随时进行修改,"跟踪修订"可以标记修改的内容,让阅读者了解修改前后的差异,如图 9.50 所示。

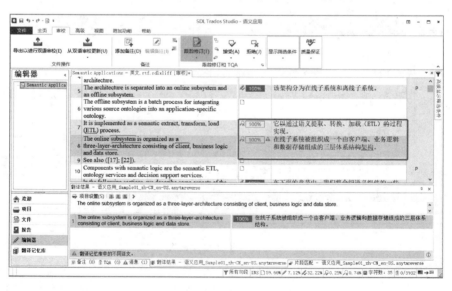

图 9.50　跟踪修订

经过译者或审校人员修改过的句段,后续译者可选择"接受更改"(快捷键"Ctrl+Shift+F9")或"拒绝更改"(快捷键"Alt+Shift+F9"),如图9.51所示。

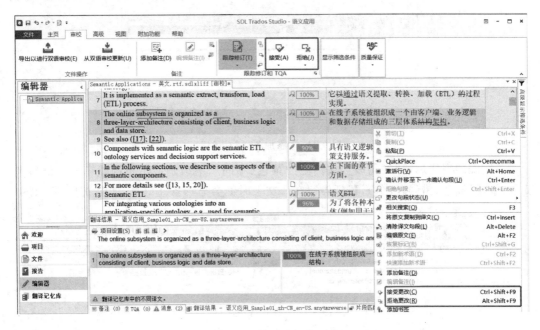

图 9.51　接受或拒绝更改

（2）添加备注

审校人员在审校过程中,可不直接修改译文,而对译文句段添加备注,为译者提供修改建议,此功能与 Word 中的"添加批注"类似。右击某一译文句段,选择"添加备注",如图 9.52 所示。

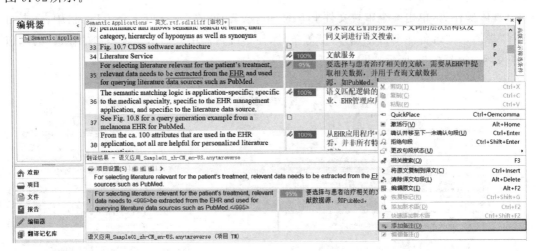

图 9.52　添加备注

此时会弹出"添加备注"对话框,选择备注范围和严重级别,输入备注信息即可,如图 9.53 所示。

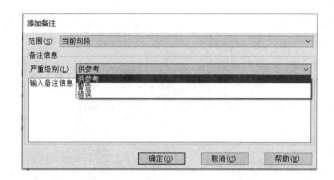

图 9.53 "添加备注"对话框

备注添加完毕后,译文句段会被标记为黄色(不同严重级别显示不同颜色——供参考,黄色;警告,橙色;错误,红色),鼠标停留在译文上时便会显示备注信息,如图 9.54 所示。

图 9.54 查看备注信息

(3) 句段筛选

译者或审校人员对译文进行跟踪修订标记、添加备注信息等审校工作后,若修改所涉及的句段较多,则容易增加其他协同工作人员的工作量,不能使其快速找到所有修改句段,造成困扰。此时,译者可使用 Trados 2017 的筛选工具,将带有不同审校标记的句段筛选出来,并显示在编辑器中。

具体操作为:单击某个审校文件上方的"审校"界面,在"显示筛选条件"一栏中,译者可选择"带消息""带备注""带跟踪修订"等条件,使得编辑器中只显示某种类型的修改句段,以提升效率,如图 9.55 所示。

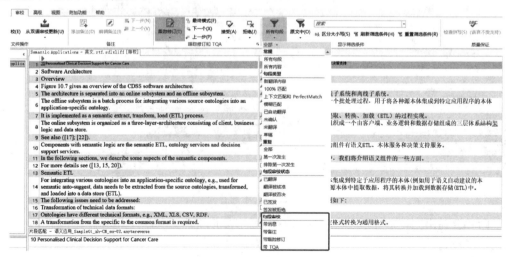

图 9.55 句段筛选功能

5. 翻译定稿

一个翻译项目从建立伊始，经过前期处理、翻译验证、审校等工作，便进入到最后的定稿阶段。定稿后，就会生成该翻译项目中的所有译文文件。具体操作为：右击项目视图中的项目名称，选择"批任务"中"定稿"功能，如图 9.56 所示。

图 9.56　翻译定稿

之后，Trados 2017 会弹出"批处理"对话框，如图 9.57 所示。

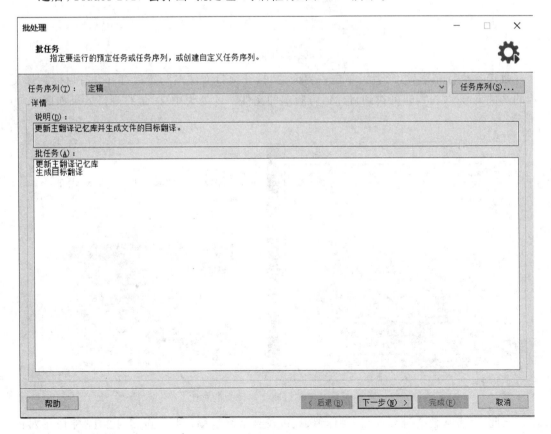

图 9.57　翻译定稿批任务

按照提示,单击"下一步",来到"翻译记忆库"更新界面,如图 9.58 所示。此时,译者可以选择将特定句段更新至主翻译记忆库以及是否将句段添加为新翻译等。选择完毕后,单击"完成",Trados 会自动执行上述批任务。

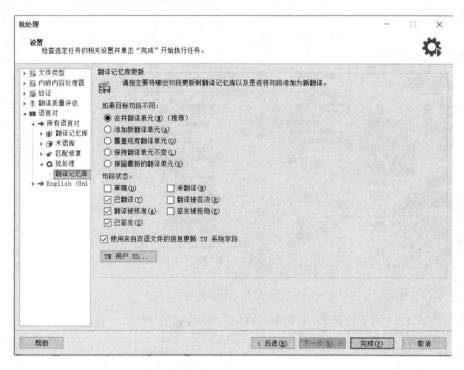

图 9.58　翻译记忆库更新

批任务执行完毕后,译者可单击主界面的"打开项目文件夹",然后打开含有目标翻译文档的文件夹"zh-CN",即可找到目标语言版本的文件。此处为中文,最终翻译效果如图 9.59 所示。

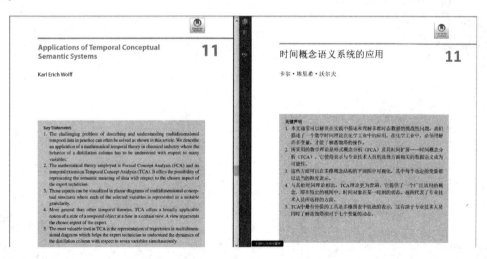

图 9.59　定稿后原文与译文的对比

至此,译者从建立翻译项目、翻译编辑、审校到最终定稿,利用 Trados 2017 完成了对该文档的整个翻译流程。

思考题

1. Trados 2017 的项目分析报告一般包含哪些基本信息？请简述不同类型信息的基本内涵。
2. 简述 Trados 主翻译记忆库与项目翻译记忆库的区别。
3. 如何快速找到已经过审校的文件的全部修改内容？请简述其基本操作流程。

9.3 搜索引擎的使用

当前人类已经步入了大数据时代，面对信息的快速更新和信息量的同步剧增，译者不仅需要提高自身的知识储备和语言水平，还需要掌握信息获取和处理能力，要能在海量信息中快速提取所需的信息和知识，帮助译者进行翻译工作。当今语言服务走向全球化，翻译供不应求的局面日益严峻，而传统观念中借助词典进行翻译的工作模式远不能胜任目前需求量逐渐增大的翻译任务，译者通常面临的是时间紧、任务重、内容陌生的情况，而且随着时代的快速发展，新词新译不断涌现，所以高效运用搜索引擎便成为关键。利用互联网快速准确地查找所需资源已经成为一个译者必备的基本素质。

在利用搜索引擎进行翻译工作时，我们往往会发现很多错误的搜索结果，这就需要译者正确掌握搜索方法，并仔细辨别搜索结果。本节将以《盆景之书》(*The Art of Bonsai*)[①]的翻译过程为例，详细说明搜索引擎在翻译中的运用。

9.3.1 搜索引擎的介绍

搜索引擎是指运用计算机程序从互联网上采集信息，然后进行信息组织和信息处理，为用户提供检索服务，并将检索信息展示给用户的系统。搜索引擎融合了多种技术，核心模块通常包括爬虫、索引、检索和排序等。搜索引擎的工作原理大致分为以下三部分。

（1）抓取网页。搜索引擎都有自己的网页抓取程序爬虫，爬虫在互联网上抓取网页信息，然后将信息存入原始网页数据库。

（2）处理网页。搜索引擎抓到网页后，需要进行大量预处理工作，还需从原始网页数据库中提取和组织信息，并建立索引库和索引。其他处理工作还包括网页类型的判断、超链接的分析、分词、网页重要度的计算等。

（3）提供检索服务。搜索引擎根据用户输入的关键词从索引数据库中找到相匹配的网页，并对找到的结果进行排序，然后将查询结果展示给用户。

从功能和原理上，搜索引擎大致分为四大类：全文搜索引擎、元搜索引擎、垂直搜索引擎和目录搜索引擎。全文搜索引擎就是根据用户输入的查询条件，在数据库中检索与之相匹配的相关记录，然后按一定的排列顺序将检索结果返回给用户。全文搜索引擎包括谷歌、百

---

① Peter Warren：*The Art of Bonsai*，London：Dorling Kindersley Limited，2014.

度、必应、雅虎、搜狗等。元搜索引擎整合了多个单一独立的搜索引擎的内容,并通过一个统一的用户界面帮助用户实现检索操作,包括 MetaCrawler、WebCrawler、Dogpile 等。垂直搜索引擎提供专业化的搜索服务,针对某一个行业、某一领域的人群或需求,其特点是"专、精、深",且具有行业色彩。豆丁网、极客搜索、术语在线、MACD 搜索引擎、职友集等均属于垂直搜索引擎。目录搜索引擎采用人工或半自动的方式,搜集信息后人工形成信息摘要,然后置于分类框架中,形式按目录分类的网站链接列表,用户可以按照分类目录查询所需信息。目录搜索引擎包括 Yahoo、LookSmart、DMOZ、Galaxy 等。

9.3.2 搜索引擎的使用技巧

本小节将以谷歌搜索引擎的使用为例,探讨搜索引擎的使用技巧,帮助译者提高信息查询和译文检验的能力,从而提高翻译效率。作为互联网上最大、影响最广泛的搜索引擎,谷歌每天都处理来自世界各地超过几十亿次的查询需求,超强的信息处理能力和超高的匹配率以及更精确细致的高级检索功能可以满足用户的多样化信息需求,是译者在翻译工作中的得力助手。

1. 布尔检索逻辑检索符:与、或、非

布尔逻辑检索的使用面最广,使用频率最高。各检索词可以利用布尔逻辑运算符进行连接,通过相应的逻辑运算后,计算机能找出所需信息。布尔逻辑检索符号包括"与"(＊,AND)、"或"(＋,OR)、"非"(－,NOT)。

"AND"符号:表示符号前后两检索词均要出现在检索结果中,也可用空格来代替。例如,在谷歌搜索栏中输入"hardiness AND bonsai"或者"hardiness bonsai"时,检索结果中会同时出现"hardiness"和"bonsai"两个词。

"OR"符号:表示前后两个检索词只出现一个即可。在《盆景之书》(*The Art of Bonsai*)中,作者对各类盆景用树进行了详细的介绍,既标示出拉丁名又标示出英文名,以"三角槭(拉丁名,Acer buergerianum;英文名,Trident maple)"为例,译者若要详细了解该树种并查询较为准确的译文,则可在搜索栏输入"Acer buergerianum OR Trident maple",搜索结果会出现只包含"Acer buergerianum"的网页和只包含"Trident maple"的网页,以及同时包含两者的网页。这样,译者可以进行较为全面的信息搜集。

"－"符号:表示检索结果不出现"－"后的结果。以"internode"的搜索为例,在搜索栏输入该词时,搜索结果大多显示其是澳大利亚一家名为"internode"的互联网服务提供商,而原文是以树木为背景的,所以不符合译者期待的搜索结果。但若输入"internode－internet",搜索引擎则会过滤掉包含"互联网"的内容,显示的搜索结果均与树木相关,这样译者就可以快速掌握该词的详细含义,将该词译为"节间"。

2. 位置算符检索:W、N、S

位置算符检索用来规定符号两边的检索词出现在文献中的位置,又称全文查找逻辑算符或相邻度算符。

W 算符(with):通常写作"A(W)B",表示词 A 与词 B 必须紧密相连,除空格和标点符号外,不得插入其他词或字母,同时 A、B 两词保持前后顺序不变,其中(W)也可以写作"()"。例如,若检索式为"rock(W)plantings",则系统只检索含有"rock plantings"词组的记录。

N 算符(new)：通常写作"A(N)B"，表示词 A 与词 B 必须紧密相连，两词词序可颠倒，而且除空格和标点符号外，不得插入其他词或字母。比如，检索式"pruned（N）root"得出的检索结果包含"pruned root"和"root pruned"。

S 算符(subfield)：通常写作"A(S)B"，表示词 A 与词 B 必须同时出现在同一句子或同一字段内，两词间可加入多个词且词序可随意变化。例如，"wiring（S）branch"表示检索在同一句子中含有"wiring"和"branch"的记录。

3. 检索语法：site、filetype、define

site：限定检索结果的来源网站，译者经常使用这一检索命令来检验译文表达的地道性。site 语法表示搜索结果局限于某个具体网站或者网站频道。[①] 使用 site 语法时，"site"后的冒号紧接域名，中间不能有空格，并且网站域名不能有前缀"http"以及"www"。例如，译者在遇到专业术语时可以运用此检索方法快速在相关网站进行查询。中国自然标本馆 CFH（www.cfh.ac.cn）是一个不错的查询植物图片和学名的权威网站，在搜索"鸡爪槭"的相关信息时，可以将其限定为来源网站，在搜索栏输入"鸡爪槭 site:cfh.ac.cn"就可以得到该网站中所有与该词相关的信息。这种快速并有针对性的搜索语法可以大幅提高译者对有效信息的获取能力，从而提升译文的准确性。

filetype：限制检索结果的格式类型。互联网上的信息资源以各种各样的形式存在，比如，doc、xls、ppt、pdf 等。"filetype"搜索语法能够对搜索格式进行限定，目前谷歌搜索引擎除了支持上述的常用格式，还包括 rtf、swf、kmz、def 等格式，涵盖了网页、视频、图片、文档、数据库等多种类型的文件。使用 filetype 语法时，"filetype"后加冒号，然后紧接文件格式，中间无空格，比如"filetype:pdf"。在翻译过程中，译者可以根据所需资源格式对检索范围加以限定，缩小查询范围，提高搜索结果的专业性和可用性。

define：关键词定义搜索。该语法能够让用户直接获取关键词的详细解释，使用 define 语法时，"define"后加冒号，然后紧接关键词。例如，在查询"Shohin"（小品盆景）一词时，如果在谷歌搜索栏直接输入"Shohin"，会得到很多包含该词的网页，而详细定义还需要译者一一点开网页进行查询，但是输入"define:Shohin"时，搜索结果首条就是该词的详细定义，由此可见 define 检索命令的便捷与高效。在翻译实践当中，define 搜索使用频率较高，它能帮助译者快速理解某个词语的含义、背景及有关信息。

4. 星号、双引号

星号(*)：代表通配符，是无限截词符号，可以代替任何的英文关键词或中文字符。使用该通配符不仅可以节省输入的字符数目，还可以达到较高的查全率。例如，译者在翻译《盆景之书》时需要了解各式盆景的造型，在搜索栏输入"the * style of bonsai"，系统会检索出"the cascade style of bonsai""the literati style of bonsai""the slanting style of bonsai""the basic style of bonsai"等。

英文双引号(" ")：代表精确匹配，表示搜索结果与英文双引号中的关键词或词组完全匹配，包括顺序也匹配。当用户在查询短语或句子时，使用英文双引号可以确保谷歌将其视为一个不可拆分的关键词进行查询。例如，在盆景塑形风格中有矮壮式风格，如果在搜索栏

[①] 谭启慧："Google 搜索引擎功能及其使用技巧"，科技情报开发与经济，2007 年第 15 期，第 232 页。

输入"矮壮式"(不包含双引号),可以得到很多只包含"矮壮"一词的网页,搜索结果达1亿多条,并且与盆景培育毫无关系。如果再给该词加上双引号进行精确匹配,搜索结果只有456条,且都是与盆景造型相关的,由此可见,双引号检索命令可以大幅提高搜索结果的精确性和相关性,节省信息搜索的时间,提高搜索效率。

5. 诱导词查询法

诱导词查询法可以缩小搜索引擎的检索范围,是常见的搜索技巧之一,用户可以利用诱导词快速查询所需内容。在翻译工作中,诱导词可以是与直接检索词有特定关系的源语,即检索词是英文,诱导词也是英文;也可以将诱导词设定为目标语的间接关键词,即检索词是英文,诱导词是中文。

搜索引擎可以帮我们破译疑难英文单词,特别是那些在传统词典中查不到的词汇。然而,互联网拥有海量信息和无以计数的网页,这对于译者查询疑难英文单词而言既是一条捷径又是一大挑战。比如,检索式"jin"得出的检索结果就有3亿多条,包含人名、地名、公司名等各种领域,这对译者的信息筛选能力提出了很高的要求。在这种情况下,我们可以使用诱导词查询法,输入与直接检索词有特定关系的源语,即输入与"jin"一词有关的英文。该词出现在"Choose material with lots of unnecessary branches that can be removed leaving stumps for *jin* or *shari*"一句中,根据上下文背景,译者可以判断出该词与"树木"相关,所以可以用"tree"作为诱导词再次检索。在谷歌搜索栏输入"jin tree",检索结果有1亿多条,首页出现的搜索结果均与"盆景制作""枯木制作"相关,符合译者的检索期待,大大提高了单词查询的效率。源语诱导词可以是原文中某个词或某个词的同义词,也可以是与原文内容的知识背景有关系的英文词,比如,原文所在的地区、邻域或行业等,译者可以根据情况灵活、准确地选取。

此外,诱导词还可以是目标语的间接关键词。以谷歌搜索引擎为例,谷歌中既有在数量上占绝对优势的英文网页,也有无数纯中文网页。对译者来说,中英夹杂的双语网页具有很高的参考价值。而目标语诱导词可以快速引出双语网页。比如,检索词是英文,而目标语是中文时,诱导词就可以是中文词,目标语诱导词可以是某个词的译文,也可以是与原文内容知识背景有关系的中文词。例如,在《盆景之书》的翻译过程中,在"盆景风格"一节,译者遇到"literati"一词,无法确定其中文译名。使用谷歌搜索引擎输入"literati",该检索词得出的前几页搜索结果均与树木、盆景无关,于是译者将"盆景"作为诱导词再次检索,检索式"literati 盆景"便得出很多与盆景相关的中英网页,从而确定该词的准确译名为"文人式盆景"。

6. 图片搜索

对于一些专业领域的英文词汇,当我们不能确定其为何物时,可以借助谷歌的图片搜索功能搜索其相关实物,直观形象地提高翻译的准确性。单击谷歌首页上的"图片"链接按钮,即可进入谷歌图片搜索页面。以《盆景之书》中"nebari"一词的翻译为例,维基百科对该词的定义为"in bonsai aesthetics, the surface roots flaring from the base of a tree";Bonsai Empire(www.bonsaiempire.com)将其释义为"a very important aspect of a Bonsai is its Nebari (or: root-flare), the surface roots that provide visual balance to a tree"。由此可知,"nebari"是盆景领域的专用术语,但是译者很难从这些字面解释中获得对该词的全面理解,从而增加了翻译难度。这时我们可以进入谷歌图片搜索页面,在搜索栏输入"nebari",

检索结果均是盆景图片,通过浏览图片可以获得对该词更直观、更准确的理解。结合图片和释义,"nebari"就是露出土面的根部且根部向四周均匀展开的意思。译者初步将该词译为"表面根",为了核查译文的准确性,在谷歌图片搜索页面输入"表面根"进行反向查询,但是检索结果却不是盆景树木的图片,而是大自然中根部露出地表的大树的图片。所以"表面根"这一译文不是很准确,并非译文首选,于是译者根据释义中的"root flare"将"nebari"译为"根盘",然后再次进行反向查询。在图片搜索页面中,检索式"根盘"得出的很多检索结果都是盆景图片,为了再次核对译文的准确性,使用诱导词查询法在谷歌网页搜索栏输入"根盘 盆景",检索结果中绝大多数记录都同时包含"根盘"和"盆景"两个检索词,通过阅读相关网页,译者最后将"根盘"确定为较为合适的译文,摒弃了"表面根"这一译法。

9.3.3 总结

信息时代互联网技术迅猛发展,覆盖面广、更新速度快的海量互联网信息已经成为生活中不可或缺的一部分。搜索引擎的出现和发展为翻译工作者带来了很多便利,是译员从事翻译工作的必备工具。信息时代的翻译工作者必须能够充分利用搜索引擎在互联网上查找所需信息,这是合格的译者必备的工作能力之一,也是提升翻译能力的重要方法。在翻译工作中,搜索引擎便于译者查询背景知识,查找人名、地名、专有名词和术语的标准译法。翻译中借助搜索引擎不仅可以确认文本的真实性和可靠性,还可以检验译文是否准确地道。一方面,译者在从事翻译实践中需要广泛查找相关资料,充分做好译前准备;另一方面,面对参差不齐的网络资源,译者还须具备相应的甄别能力,对检索结果去伪存真,保障译文质量。总之,利用搜索引擎辅助翻译,不断提升搜索能力和甄别能力是合格的译者必备的素养。

思考题

1. 试用诱导词查询法查询"the shari trunk has been carved by hand to recreate natural dead wood"一句中"shari"的含义。

2. 试用图片查询法查询"natural, grasping roots made this an ideal candidate for a semi-cascade tree"一句中"semi-cascade"的含义及译文。

3. 试用 define 检索命令查询"Yamadori"的含义。

各章练习参考译文

第1章

(略)

第2章

Ⅰ. 词类转换法翻译练习

1. 看到这张照片,他脸上露出一丝怀旧的苦笑。
2. 一想到她的童年,她就感到悲伤痛苦。
3. 我完全赞同你的建议。
4. 他毫不犹豫地拒绝了我们的邀请。
5. 我们都知道人都有智力,而有的人看起来比别人要聪明。
6. 操作机器需要懂得它的一些性能。
7. 突然,我感到有人轻轻碰了碰我的肩膀,我转过身来。
8. 欧洲和亚洲的新居民用自己的能力发明了各种各样的工具,利用这些工具和新方法他们提高了狩猎、捕鱼、采集与转移的效率。
9. 在1998年汉城奥运会上,中国在乒乓球项目中显示出其夺牌威力——男子夺得双打,女子在单打项目中囊括了金牌、银牌和铜牌。
10. 1919年11月7日,英国宇航家宣布他们第一次证实了阿尔伯特·爱因斯坦的广义相对论。爱因斯坦因此一下子成了世界名人。
11. 过去几个世纪人口的增长情况表明人口不会一直持续增长至无限多并导致毁灭。
12. 然而,在1935年,道路交通法强行规定在建筑物多的地区的限速为每小时30英里,同时实行驾驶资格考试并设立人行横道。
13. 最近本地有传染病,给厂商的原材料供应带来了困难。
14. 1967年联合国文件要求在以色列撤出所占的土地以及阿拉伯承认以色列的生存权利的基础上来解决中东冲突。
15. 我谨代表公司全体职工,向你们表示热烈的欢迎。

Ⅱ. 增词法和省略法翻译练习

1. 今年和明年的全球经济增长速度减缓为约2.5%,这个数字差不多是2000年增长速度(4.7%)的一半。
2. 雷雨过后,乌云渐渐散去。

3. 香港被山所包围，只能向海里扩展——这种获得土地的方法成本高，越来越引起争议。

4. 当政治家、工程师说到石油时，他们往往指的是矿物石油，即可以用来开坦克、架飞机、驶战舰、开汽车、驱动柴油机车的石油，可以润滑各种机器的石油。

5. 果断与坚持是一个人在事业上成功的两个要素。

6. 确切地说，当我们试图通过高层次的学习提高我们的阅读能力去满足对我们提出的新要求时，这种对话就显得尤为重要。

7. 蜘蛛的奇异动态，我曾有幸目睹。

8. 春天白天越来越长，夜晚越来越短。

9. "写作时考虑性别对任何人都是致命的"。（弗吉尼亚·沃尔夫）

10. 狼是濒临灭绝的物种。

Ⅲ．反笔译法、分句译法和合句译法翻译练习

1. 操持家务，料理花园，还要照看三个孩子，告诉你吧，要做的事情多着呢。

2. 不久天空开始转白，城市中阴暗的地方也逐渐明亮起来。

3. 他醒来后，发现自己处境不妙。

4. 地球上下一代智能生命会是类似于我们人类的一种动物：头颅硕大，肌肉不发达。

5. 如果他不发脾气，谈判很可能已经成功了。

6. 人类必将最终解开癌症之谜，这一点是可以肯定的。

7. 无论他们对孩子的出生有什么反应，他们都很难适应从丈夫到父亲的角色转变，这一点再明显不过了。

8. 当语言交流存在障碍时，交流便通过语言信号来完成，这时动作便代表了字母、想说的话和想表达的意思。

9. 一般情况下，学生必须修够一定数量的课程才能毕业。他修的每门课程都得到一个学分，学分积累到一定量，就可以拿到学位。

10. 事实上，"学习如何使用计算机"与"学习如何进行比赛"更相似。但是因为各项比赛规则不相同，所以了解一种比赛规则并不能帮你参加另一种比赛。

11. 从全国各地来的人中有许多是南方人。

12. 那四个人站在那儿等，不敢抽烟，也不愿走开。

13. 她在这样想的时候，思绪更加紊乱，更加难以理解。

14. 我看见他，很激动。

15. 八月中旬，修理组人员在骄阳下工作。

Ⅳ．选词用词和词序调整翻译练习

（1～5题中的"charge"一词在不同的句子里有不同的意思，翻译时要注意选词用词。）

1. 他承担起看护年轻游泳者的任务。

2. 那家理发店理一次发要价十美元。

3. 上星期天我付现金买了袜子但又赊购了一件新外套。

4. 那里充满了紧张的气氛。

5. 她的上司指示她不许泄露消息来源。
6. 为了避免发生错误,你要把名单上的名字仔细核对一下。
7. 好猎犬对田野里的每一个响动都很警觉。
8. 听说你成功了,我很高兴。
9. 在夫妻们意识到这些能量节律周期意味着什么,以及每个家庭成员有着什么样的周期之后家庭争吵就烟消云散了。
10. 他们对于可能有一天会接收到有智力的外星人发出的信号这种想法,不再认为是荒诞无稽的了。

第 3 章

Ⅰ. 定语从句翻译练习

1. 一句话,即词的一种特殊组合,表达有关某种情形的思想,不管这种情形是真实的还是虚构的。(定语从句译成"即"开头的并列句)
2. 《时代》杂志之所以选出这 24 人是因为由于他们的科学突破、发明与革新,我们今天才有了原子弹、飞机、电视和万维网。(定语从句与先行词一起译成含有原因状语从句的复合句)
3. 莱特兄弟和阿尔伯特·爱因斯坦被《时代》杂志选为 20 世纪最有才智的人。前者发明了使世界变小的飞机,后者提出的相对论扩大了我们对宇宙的认识。(定语从句译成独立的简单句)
4. 如果这种方法行之无效的话,生性讲究实际的美国人可能早就把它抛弃了。(把定语从句译成"的"字结构后与句子的其他成分合译成一句)
5. 他们发明了弹弓,利用弹弓他们可以把石头扔得更快更远。(定语从句译成并列的简单句)
6. 早期的人类无法把肉保存下来,而肉只有新鲜时才可以吃。(定语从句译成并列的简单句,用"而"来使语气连贯)
7. 他们穿过树丛追赶猎物时需要衣物来保护自己不被带刺的灌木扎伤。(定语从句译成时间状语从句)
8. 早就对亚洲事务感兴趣的那个大使,不禁受宠若惊。(把定语从句译成"的"字结构后与句子的其他成分合译成一句)
9. 最会读书的人能消化吸收最多的知识并转化为自己个性的一部分。(主句压缩成词组做译文主语而定语从句译成谓语)
10. 美国内战开始阶段,尽管北方人口众多,也较富裕,但由于士兵未经训练,缺乏战争准备,战局对北方不利。(定语从句译成原因状语从句)

Ⅱ. 状语从句翻译练习

1. 他身负重伤,但坚决不下火线。(让步状语从句译成并列句)
2. 一个人在思想和工作时总是孤独的,无论他在什么地方都一样。(让步状语从句)
3. 一旦你结了婚,除了规规矩矩之外,你什么自由也没有了。(条件状语从句)
4. 有时我以为他很悲伤,可他却突然破涕为笑了。(时间状语从句转译为转折关系句)

5. 当飞机抵达时,一部分侦探等在主楼里面,而另一部分则等在停机坪上。(时间状语从句)

6. 如果就像很多人猜测的那样,《哈姆雷特》一剧是由马洛写的,那我们就低估了马洛的才能。(条件状语从句)

7. 她和我说话的神情,好像她早就认识我似的。(方式状语从句)

8. 蚕是一种感觉敏锐而脆弱的生物,所以要尽量地保持它居室的清洁,并让它随时获得新鲜空气。(结果状语从句)

9. 他们没走多远,就看到一只大熊愤怒地朝他们走来。(时间状语从句)

10. 我批评他不是因为我恨他而是因为我爱他。(原因状语从句)

Ⅲ. 名词性从句翻译练习

1. 主语从句、宾语从句与表语从句翻译练习

(1) 每天早晨都锻炼对你的健康大有好处。(主语从句,翻译时省略形式主语 it 与关系代词 that)

(2) 我们不知道未来的事是件幸事。(主语从句,翻译时省略形式主语 it 与关系代词 that)

(3) 如今人们知道,如果食物中缺少了某些重要的成分,即使其中不含任何有害的物质,也会引起严重的疾病。(主语从句转译成宾语从句,翻译时省略形式主语 it 与关系代词 that)

(4) 我们应该拟定一个计划来应付当前的经济危机,这一点是很必要的。(翻译时用"这一点"来重复主语从句)

(5) 经决定,这些殖民地暂时仍应处于英国军事统治之下,如果四大国在一年之内对它们的处理方法不能取得一致意见,这个问题将提交联合国大会。(主语从句转译成宾语从句,翻译时省略形式主语 it 与关系代词 that)

(6) 我坚信,英国应该继续是欧洲共同体中一个积极而充满活力的成员,这是符合我国人民利益的。(宾语从句)

(7) 我也告诉他,这个机会对我有多么大的吸引力。(宾语从句)

(8) 人之所以不同于兽类是因为人能说话又能思考。(宾语从句译成原因状语从句)

(9) 从那时我就发现,在这个国家里有无数人愿意奉献,而毫不计较个人得失。(宾语从句)

(10) 谁也不希望别人知道他没有看见皇帝的新衣。(宾语从句中被动语态译成主动语态)

(11) 他动了个手术,这就是他没有来的原因。(表语从句)

(12) 这是因为变革现实的人们常常受许多东西的限制;……(表语从句)

(13) 就这样,学生运动发展成为一个全国性的要求对外国侵略者进行抵抗的运动。(表语从句)

(14) 正如孔子所说:"有朋自远方来,不亦乐乎"?(表语从句)

(15) "假如我比别人望得远了一点,这是因为我站在巨人的肩膀上的缘故。"(牛顿)(表

语从句)

    2. 同位语翻译练习

    (1) 一位美国医生已经在自己的皮下植入能将个人信息自动传给扫描器的微型计算机芯片,该技术将来可能会被广泛用来识别芯片携带者。(同位语"a technology……"与主句有并列关系,汉译为并列分句)

    (2) 新奥尔良大学研究濒危物种的教授贝齐·德雷瑟五年前曾领导这个小组培养出世界第一例试管大猩猩。她说,物种间胚胎植入对保护濒危的动物有着非常重要的意义。(表示身份的同位语汉译时放在被修饰的词前面)

    (3) 古代的人们认为,地是平的,直布罗陀海峡是地的终点。(带有动作含义的词译为动词,同位语从句译为动词的宾语)

    (4) 要在附近建一机场的消息一公布就遭到了反对。(同位语从句译成"的"字结构)

    (5) 尽管那报告说这地区危险,当地的居民却对它置之不理。(同位语从句译为让步状语从句)

    (6) 不仅如此,我们的社会用它自己创建的造就运动员的制度,进一步助长了这些特点。该制度的特点是,责任有限,待遇丰厚。(用"该"引出同位关系,"a system ……"译成独立单句)

    (7) 现已发现了一套皮肤检验法,可探测到阿尔茨海默氏病患者皮肤细胞中的缺陷,该疾病通常要在患者死后通过尸体解剖方可确诊。(用"该"引出同位关系,"an illness ……"译成并列句)

    (8) 如果烧伤者所受的是很严重的伤,即至少有20%的皮肤被烧掉了,那么烧伤所造成的伤害远远超过身体被烧过的地方。(用"即"引出同位语)

    (9) 科学家认为吸烟会增加患肺癌的可能性,但这种看法在一些地区没有被接受。(argument 被译成动词"认为")

    (10) 如果你对真正的南部感兴趣,读一读历史学家 C. 范恩·伍德沃德的书,因为其中描写的南部是你在《飘》这部小说中读不到的。(同位语译成原因状语从句)

    Ⅳ. 长难句翻译练习

    1. 这位拒绝透露姓名的医生说他是在看到在世贸中心爆炸现场的救护人员为了在受伤或死后让人辨认出自己而把姓名和社会保险号写在胳膊上后才决定在自己身上试验这种芯片的作用。(重组法)

    2. 公司负责人说,尽管这个系统已经开发了好几年,但因为怕受到国内自由论者的反对,他们一直对把这种芯片植入人体内感到很担心。(重组法)

    3. 在写作或阅读别人作品的时候,我时常发现事与愿违。你越重视和强调特殊性、新奇性,就越能看到普遍性和一般性。(重组法)

    4. 对于病毒与人体的相互作用的更多了解也许最终会找到预防和治疗感冒的方法,因为这些知识已经找到了治疗流感以及感冒的很多严重并发症的方法。(顺序法)

    5. 人们可以选择喝什么样的水,但如果他们买一加仑瓶装水的价格是自来水的一万倍,那么他们有权利知道他们喝的水里有什么,取自哪里。瓶装水应该是绝对纯净的。(顺

6. 日本上一次对建筑法规做出重大修改是在 1980 年,从那以后建造的住宅和商业建筑,大部分仍在使用。(时序法)

7. 夏威夷地处热带,气候却温和宜人。岛上时时刮来的东北风,伴着太平洋吹来的阵阵海风,让人倍感凉爽舒适。(拆分法)

8. 但是我们对工作在促进精神生活方面所起的作用,知之甚少。这方面的作用难以捉摸,却更加至关重要,它决定着人生过得充实还是空虚。(顺序法;拆分法)

9. 20 世纪 80 年代,尽管香港人对 1997 年中国恢复对香港行使主权后的前途依然感到担忧,但香港却已超过美国成为大陆最大的外来投资商。1992 年,香港注入中国大陆经济的资金达 396 亿,这是前所未有的。(时序法)

10. 如果我们采取行动以便能够继续与中东问题各方始终保持接触,那么我们就能有效地担当起总统所提出的两项任务,那就是在中东结束敌对行动以及对该地区的永久和平作出贡献。这就是我们的观点。(倒序法)

第 4 章

Ⅰ. 主语的处理翻译练习

1. Suddenly an idea occurred to my mind.

2. 2019 saw an increase of 1.4％ in Britain's GNP.

3. A flight of dark, narrow stairs led to a room where a table and several bamboo stools stood and a telephone hung on the wall. Beyond this room, separated by a mere cloth curtain, was the room where my friend lived. (Tr. By Gong Shifen)

4. The opening of China to foreign trade, investments and technology, will transform her economy in due course.

5. As(is)shown in the figure, TV-watchers are giving way to netizens.

Ⅱ. 谓语的处理翻译练习

1. All the teachers, students, staff members and workers are requested to attend the sports meeting.

2. Work brings more happiness than is realized.

3. A special committee has been set up to study this case.

4. Every aspect of our lives is affected by our jobs such as where we live, what we eat and what we can buy.

5. If books are not returned to the library on time, a fine must be paid in accordance with the regulations.

Ⅲ. 状语从句翻译练习

1. He got up, dressed himself and washed his face before he went to the dining hall.

2. A balloon floats in the air as a boat floats on water.

3. The sooner he comes, the happier I will be.

4. The seed doesn't complain because there are stones and turf in its way.

5. The temperature was so high that nobody would stay in the street that day.

Ⅳ. 分词与分词短语翻译练习

1. Reading between the lines, he found out that the so-called optimist was a little pessimistic.

2. Seeing that they were busy then, we took our leave very quickly.

3. Clearing the land and helping build a log cabin, he helped his family to the best.

4. Having enrolled in the university, the young man quickly adapted to college life.

5. Punished, they will not cooperate.

Ⅴ. 介词与介词短语翻译练习

1. He chose the shoes at first sight.

2. In the course of their investigation, they discovered various kinds of problems and corrected a lot of mistakes.

3. Against them, they haven't enough evidence to prove that they are innocent.

4. Beyond our expectation, the eloquent young man didn't win the election.

5. On receiving the call, the doctor went to the hospital without breakfast.

Ⅵ. 词的增减翻译练习

1. This Chinese painting is characterized by xieyi, a manner of painting in spontaneous expression and bold outline. （增词解释"写意"）

2. It goes without saying *that* lasting peace will remain elusive, if not transitory, without peaceful co-existence. （增加代词 it 和 that）

3. It is a profound gratification *that* we know the People's Republic of China to be a country with a consistent policy of peace and friendship to her neighbors. （增加代词 it 和 that）

4. When the meal is finished, the guests put their napkins on the table and stand up, the men helping the ladies with their chairs. （增加定冠词 the 和人称代词 their）

5. Alone in a deserted house, he was so busy with his research work that he felt anything but lonely. （增加起连接作用的词 so…that… 和物主代词 his）

6. The British Food Standards Agency announced on its official website on March 4 that if soft drinks contain both preserves and antioxidants, they will probably react each other to create benzene, which is a chemical that causes cancer. （省略翻译"维生素 C"和"这两种成分"）

Ⅶ. 汉语长难句翻译练习

1. As a treasure trove of Chinese wisdom and strategies, Sun Tzu's *Art of War* has long enjoyed a high reputation in the world. It was introduced to Japan in the 8th century and to Europe in the 18th century. Until now, the book has been translated into 29 languages and widely accepted in the world. （恰当断句）

2. Linking the ancient Chinese culture, Indian culture, Persian culture and Arabic culture in the East with the ancient Greek culture and Roman culture in the West, this old

winding traffic line helped to promote the communication between different civilizations. (分清主次,分词短语)

3. Designed by a well-known French architectural designing company, the Shanghai Grand Theatre is 62 803 square meters in floor space and 40 meters in height. It has ten stories, two under the ground, six on the ground, and another two on top. (断句,分清主次,从句)

4. Since the reform and opening up, China has seen great progress in its economic development. However, it is worth noting that the economic growth of China largely depends on the high consumption of resources and has led to innumerable deficits in resources and environment. (断句,分清主次,从句)

5. Since the reform and opening up in the 1980s, China has entered into an unprecedented, highly commercialized age with markets and merchants all over the country. The merchants from different places have various ways in their business practices, which in turn reflect their distinguished local features. (断句,分清主次,从句)

6. The People's Bank of China is a part of the State Council and the central bank of the People's Republic of China. Under the guidance of the State Council, the PBC formulates and implements monetary policies, safeguards financial stability and provides financial services as a macro-economic regulatory department. (断句,分清主次,从句)

7. The air fleet of China civil aviation is expanding. It has 754 airliners, including 680 large and medium-sized ones. All the planes are up to the world standards. (恰当断句)

8. The drugs of traditional Chinese medicine can be either natural or man-made. They can come from herbs, animals, minerals and even chemical and biological products. (恰当断句)

9. The slogan of the 2008 Summer Olympics is "One World, One Dream", which embodies the Olympic spirit and its intrinsic values — unity, friendship, progress, harmony, participation and dream; in the meantime, it helps to convey the world's common aspirations in pursuing a bright future of mankind under the inspiration of the Olympic spirit. (断句,分清主次,从句)

10. Pines are the most characteristic sites of Huangshan. There are tens of thousands of 100-year-old pines, in which nearly 100 have been given fancy names. Most of the Huangshan pines grow out of the cracks; towering proudly with roots twisted and branches gnarled, they show their incredibly strong vitality in the unfavorable environment. (断句,分清主次,从句)

第 5 章

第 1 部分 英译汉

Ⅰ. 将下列句子翻译成汉语

1. 这座坐落在亚穆纳河岸边的陵墓主要由白色大理石建成,在日落的黄昏和月光皎洁的夜晚,大理石能够折射出变幻的颜色。

2. 在瑞士大多数火车站、圣哥达铁路公司(MGBahn)和雷塔恩铁路公司(Rhaetian Railways)均可购买到车票,还可通过 SBB、欧洲铁路公司(Rail Europe)、铁路订票(Rail Ticketing)等在线预订。自 2009 年起还可以直接通过冰川快车网站(Glacier Express)在线订票。

3. 冬季,冰晶点缀着喷泉,皑皑白雪如同糖粉一般覆盖了整个巴塞尔。

4. 奥地利与七国相邻:西濒列支敦士登、瑞士、德国,北邻捷克,东连匈牙利,南接意大利和南斯拉夫。

5. 这座大都市的活动丰富多彩,不管您喜欢历史景点还是文化大餐,不管是购物还是下班后派对,这里都能满足您的不同兴趣。

6. 每年 4 月 15 日至 25 日,"牡丹花会"期间,满城的牡丹竞相开放,姹紫嫣红,五彩缤纷,美不胜收。

7. 地壳的剧烈运动使澳大利亚幅员辽阔,与大陆分离,地处温、热带地区。

8. 当然,你的苏格兰之旅未必会取行此道,但不管你去何方,你肯定都会乐在其中。

9. 香侬厄恩水路是欧洲最长的航道。它以其壮丽的风景、丰富的野生动植物和众多美丽的村庄成为大自然热爱者的天堂,喜欢划船和钟情宁静生活的人定会爱上这条河流。

10. 您可以从黄昏起就在布朗斯威克街的酒吧派对,或在市内点灯笼的巷道中,在沉重铜门下的浮光掠影中毫不起眼的酒吧里,一直跳舞到天明。

Ⅱ. 段落翻译
课后练习 1
入住两间迪士尼酒店,使您和家人感受一新!孩子发挥无限创意,设计夏日时装;全家到泳池开心畅泳,与狗狗高飞一同嬉水。此外,池畔的酒吧供应清凉饮品,令您暑气全消。马上欣赏酒店图片集,查看酒店优惠,开启您的奇妙之旅吧!

课后练习 2
故宫博物院院址定在故宫内廷,设古物馆、图书馆。1925 年 10 月 10 日,故宫博物院成立典礼在故宫乾清宫前隆重举行,政府、文化、军、商、学等各界人士到会,热烈庆祝。为庆祝博物院的成立,特将原定为一元的参观券减到五角,优待参观两天。故宫博物院的成立及开放,吸引了大批观众,人们都想亲眼看一看这座宫廷禁地到底是怎样情形。两天里宫里宫外人群挤成一片,特别是有关宫廷史事的陈列展览室更是拥挤不堪,进出困难。故宫博物院的成立,使这座昔日的皇宫——宏伟的建筑和历代艺术珍品,变为全民族的共同财富。故宫博物院成立后,曾经考虑将古物陈列所并入故宫博物院,前朝后寝合为一体,但一直没有实现。直到 1947 年 9 月,故宫才开始交接工作,并于 1949 年 3 月完成。故宫博物院外朝内廷终于合为一体,开始了对故宫的完整的保护和管理。今天,故宫博物院以其世界著名博物馆崭新的面貌迎接着数百万的参观者,几代人为之奋斗,为之拼搏,为故宫博物院的事业作出了极大的贡献。这辉煌的业绩,必将载入中华民族的史册。

第2部分 汉译英

Ⅰ. 将下列句子翻译成英语

1. Here you can enjoy numerous magnificent peaks including 72 in odd shapes, with Tiandu, Lianhua and Guangmingding 1 800 meters above sea level. They all rise up like giants, forming into spectacular scenery.

2. Located at the southern end of Renmin Road, the Canglang Pavilion (Surging Waves Pavilion) is one of the oldest gardens in Suzhou.

3. Endowed with special geological landforms and a mild climate, Qingcheng Mountain enjoys exuberant vegetations and forests through which the paths wind and the ancient temples disperse in ranges of mountains.

4. The beauty of rime lies in its spectacularity and uniqueness.

5. Tourists can ride a bamboo raft to enjoy the picturesque landscape along the Nine-bend Stream, as reflected in the ancient lines that the landscape of the Wuyi Mountains is as marvelous as a fairyland.

6. Noble and graceful, charming and captivating, the peony has constantly deserved such titles of "Supreme Beauty and Peerless Fragrance" and the "King of Flowers."

7. Hanshan Si or the Cold Mountain Temple is located in a small town named Fengqiao Zhen of Maple Bridge on the outskirts of Suzhou, at a distance of some 3.5 km from Chang Gate. First built between 501 and 519 in the Liang Dynasty of the Period of the Six Dynasties in Chinese History, it was initially named Miaolipuming Tayuan, which presumably is a transliteration of a Sanskrit phrase.

8. Here you will enjoy vast clear water and magnificent peaks, marveling at the countryside scenery and the mansion's splendor.

9. Now Changsha, the capital city of Hu'nan Province, still shows its unsophisticated beauty after thousands of years' severe tests.

10. Inside are strange peaks, limestone caves, rare birds and towering trees, together with spring babbling on the way and mists weathering the mountain tops.

Ⅱ. 段落翻译

课后练习1

Commonly known as the Hall of Golden Bell, the Hall of Supreme Harmony was first built in 1420 (the 18th year of Yongle's reign of the Ming Dynasty). It was originally named the Hall of Worshipping Heaven and had been burnt down several times after its completion. Reconstructed in 1562 (the 49th year of Jiajing's reign), the hall was renamed the Hall of Imperial Supremacy. The name of the Hall of Supreme Harmony was given to the structure in 1645 (the second year of Shunzhi's reign of the Qing Dynasty) which was later rebuilt in 1695 (the 34th year of Kangxi's reign). The Hall of Supreme Harmony is eleven bays in width measuring 63.93 meters and five in depth measuring 37.17 meters. Covered with a double-eaved hip roof, the hall, with a floor area of 2 377 square meters, is 35.05 meters high and 37.44 meters high plus the triple-tiered terrace. The seven bays under the front eaves are installed with partition doors and the two end bays with sill wall windows. The three central bay and side bays under the rear eaves are installed with partition doors and the others are built into brick walls. The latticework part of each partition door is decorated with the three-crossing six-petaled water caltrop blossom. On ornamental panels and lower-part panels there are coiling-dragon carvings. Door and window frames and window stools are connected with gilded metal edges. This extravagant style is known as "doors and windows with golden door leaves and locks." The upper eave is decorated with gilded bracket sets composed of one *qiao* (flower arm), three *ang* (levers) and nine *cai* (layers), while the ones under the lower eave composed of one *qiao*, two *ang* and seven *cai*. This is the highest-rank of bracket sets in ancient Chinese architecture. Ten beasts are fixed on the corners of the upper eave, of the highest rank of its kind and the only case in existence. The Hall of Supreme Harmony is thus of the highest rank in the existing ancient architectures in China, both in size and decoration.

课后练习 2

Xiangxi, literally "West of Hu'nan Province", lies in the upper reaches of the Yuanjiang River and in the mountains of Wuyi. The area is mountainous and has plenty of water. With the average temperature at 4-5°C in January and at 26-28°C in July, it has a rainy and humid climate, free of bitterly cold winter and sweltering summer. Its annual precipitation is 1 200-1 400 mm. The mountainous area in the west is rich in firs. All these factors have exerted influence on local folk architecture. Xiangxi has been inhabited by Miao, Tujia and Han people. With a population of 570 thousand, the Miao people mostly concentrate in Huayuan and Fenghuang Counties, and then in Jishou and Guzhang Counties. With a population of 670 thousand, Tujia people concentrate in counties like Yongshun, Longshan and Baojing. Besides, Han people account for about half of the total population in that area. For a long period of time, their different forms of folk architecture have influenced each other and, in the process, acquired regional characteristics.

第 6 章

第 1 部分　英译汉

I. 将下列句子翻译成汉语

1. 请勿将机器连接至直流电源或换流器上。
2. 本机器仅允许在购买国使用。

3. 请勿触碰或吸入 PFPE 泵用油的热击穿产物,泵温达到 260℃及以上时就可能会产生这些物质。

4. 阿莫西林还与其他药物一起用于治疗由幽门螺旋杆菌引起的胃/肠溃疡,并防止溃疡复发。

5. 孕妇或母乳喂养者请在使用前咨询医护人员。

6. 1998 年至 2005 年,监测空气质量的数据一直来自七个位于市中心的监测站。

7. 昨天上午八点半婚礼在最近的一个小镇的教堂举行。

8. 没有人为婚礼的花费发愁:四辆豪华轿车载着新郎、新娘及其亲友回家,四十个人挤在那砌着瓷砖的厨房和狭小的起居室里。

9. 据估计,三分之一的地表面积和五分之一的世界人口正在忍受荒漠化的肆虐。

10. 2009 年美国国际开发署启动了一项为期五年、投入 1.55 亿美元的项目,旨在稳定海地失去树木的山坡并减少山洪和泥石流的爆发。

Ⅱ.段落翻译

课后练习 1

该产品旨在为您提供户外环境中的舒适和好性能,与其他有技术含量的产品一样,您的一些帮助会使其受益并保持其技术性能。使用专用清洗剂会清除可能影响材料透气性和防水性的污垢。

使用专用清洗剂清洁防水透气服装,可以让外层织物下面的膜正常呼吸,让内部的水分逸出,以保持外层织物的防水性能。

专用清洗剂旨在提供最高水平的防水性能。经常使用可有助于延长服装的使用寿命。

这种织物经过防水涂层处理,因此在潮湿条件下更耐用。雨水不是被吸收,而是会从织物上流下,所以衣物可防水。

课后练习 2

- 按一下开/关按钮打开剃须刀。电源指示灯亮起即表示电机运转。
- 将剃须刀头在皮肤上快速移动,做直线和迂回动作。
  ——在干爽的面部剃须效果最佳。
  ——您的皮肤可能需要 2 到 3 周才能适应飞利浦剃须系统。
- 按一下开/关按钮关闭剃须刀电源。电源指示灯熄灭。
- 清洁剃须刀(见"清洁和保养"一章)。
- 每次使用后,盖上剃须刀保护盖,以防剃须刀头受损。

第 2 部分 汉译英

Ⅰ.将下列句子翻译成英语

1. Spill resistant drainage holes help the keyboard prevent accidents.

2. Reinforced frame design enhances durability of the keyboard.

3. NESTLE Coffee-Mate enhances the aroma and the smooth taste of your coffee. The perfect match for a perfect cup!

4. The nourishing ingredients of the ewe placenta in the cream may cause allergy to few persons whose skin is sensitive. If you are affected by the cream, stop using it and your skin will soon return to normal.

5. This premium tea is prepared with leaves picked from Yunnan alps at the right time around April.

6. We used four 2-pound metal balls.

7. The reader who wishes to study further should consult specialized references [8,9,10].

8. The experts predicted that with the influence of this crisis, this country's GDP will decrease by 0.5%-1.2% (0.5-1.2%).

9. He called to say that his family would come in about forty-five minutes.

10. Please email us an abstract of about two hundred words before March 15.

Ⅱ. 段落翻译

课后练习 1

Automatic Pet feeder

• LCD panel is simple to set and easy to read.

• Recommended by vets for diabetic pets for it can prevent over-eating and overweight, etc.

• Can be kept anywhere in your home.

• Can be programmed to dispense portions from 1 cup to 12 cups, at 3 selected meals every day.

• See-through food hopper can hold 5.5 liters of dry foods and can be a storage compartment.

• Can handle full range of dry food sizes, shapes and types, up to a diameter of 15 mm.

• Large LCD panel displays time, meals programmed, meal size and meals served.

• Can record pet owner's voices so that it can call pet 3 times at meal time.

• Batteries can last up to 6 months. LED flashes red when battery power is low.

• Can be easily cleaned with warm soapy water and cloth.

课后练习 2

Fitting instructions:

1. Cup the respirator in your hand, with the nosepiece up, allowing the headbands to hang freely below your hand.

2. Position the respirator under your chin. Pull the top strap over your head, resting it high at the top back of your head. Pull the bottom strap over your head and position it around the neck below the ears. Adjust it until you feel comfortable.

3. Perform a User Seal Check before entering work area.

• To check the respirator-to-face seal, place both hands completely over the

respirator and exhale.
- If air leaks around the nose, readjust the nosepiece.
- If air leaks around the respirator edges, adjust position of straps and make certain respirator edges fit snugly against the face.
- If you cannot achieve a proper seal, repeat the steps.

第 7 章

第 1 部分　英译汉

Ⅰ. 翻译下列标题
1. 运用层次模型分析工作区碰撞数据中碰撞前驾驶员的行为
2. 奶牛干乳期干预成本与效益的模拟计算模型
3. 用 Q 方法研究教授多文化背景学生的不同教师之间的态度差异
4. 基于冬季养护策略的社会经济成本计算新方法
5. 发展的扩散性——二战后先进工业国家间的融合

Ⅱ. 找出下列句子中的标点符号和连词使用错误并修改

1. We will go to the park if it is fine tomorrow. 或者 If it is fine tomorrow, we will go to the park.（英语状语从句置于句首时,一般要用标点隔开;而置于句末时,则无须与主句隔开。）

2. She thought what the teacher pointed out was right. However, she didn't want to correct that.

或 She thought what the teacher pointed out was right; however, she didn't want to correct that.

或 She thought what the teacher pointed out was right, but she didn't want to correct that.

（however 是副词,虽然起连接作用,但不是连词,不能连接两个或两个以上的独立成句的结构。两个完整的句子或两个并列句之间不能一概用逗号点开,可用句号、分号或在逗号后加并列连词 and、but、or、for、so、nor、yet 等方法修改。）

3. Perhaps I would not see him again.（perhaps 是副词,无需加逗号将它与句子隔开。）

4. "What do you mean by 'language acquistion device'?" one of her students asked.（引号内套引号时,美国英语中双引号在外,单引号在内,而英国英语中的单引号在外,双引号在内。）

5. While she was reading *Pride and Prejudice*, I was cooking.

或者 While she was reading Pride and Prejudice, I was cooking.（英文中的印刷体用斜体字表示书籍、报刊、戏剧、电影、绘画作品等的名称,在书写体或打字机打的文本中用下划线表示斜体字。）

6. His wife bought a lot of flowers of different colors, such as red, purple, yellow

and orange. (英文中没有顿号,列举时用逗号。)

7. The protocol employs a unique frame structure, thus increasing /and thus increase the utility factor of the channel greatly. (thus 在英语中一般用作副词,其引导的分句可以在前面加上 and 连接并列部分,更为简洁明了且地道的用法为在其后面直接接 doing 结构。)

8. Ordinary transformers are not ideal, and therefore power losses occur in them. 或 Ordinary transformers are not ideal; therefore power losses occur in them. 或 Ordinary transformers are not ideal. Therefore power losses occur in them.

(therefore 是副词,所以两个并列句之间还要加上并列连词 and。也可以将 therefore 引导的分句用分号与上句隔开,也可以单独成句。)

9. The method has the advantages of high efficiency, energy conservation and easy adjustment. (在英语中,通常需要在最后一个并列成分前面加上 and。)

10. People like to think that being on a diet is healthy; however, there is considerable evidence to the country. (however 是副词,不具备连词的功能,所以两个句子之间用分号断开。)

Ⅲ. 段落翻译
课后练习 1
摘要:通过问卷调查来衡量员工的幸福感,可以很好地揭示员工的心理健康状况,包括其对工作环境的满意程度。此外,测量造成这些结果的原因可以减少负面结果并促进员工积极的心理健康,提升其满意度。然而,由于可能的环境或个人因素会导致测量工具冗长而烦琐,这种尝试可能很快变得不切实际。本篇论文探讨了以此为目的而使用单项度量的情况,结果表明与工作和人格因素相关的单项度量彼此相互关联,并且与关于员工幸福感的文献提到的结果之间也有关联。通过多元回归分析表明,与工作相关的因素(如管理和奖励)是影响幸福感(包括工作满意度)的重要指标,而人格因素(如自尊和自我效能感)则是影响所有结果的重要指标。此外,我们还发现这些因素与特定结果的关系之间的变化情况及其相互影响的情况。结果表明,在需要十分简短的量表的情况下,使用单项度量可能是调查职场幸福感的有效方法。

课后练习 2

研究方法

本研究使用五种清洗剂,即丁香油、二甲苯、棕榈仁油、花生油和椰子油。木材标本来自狄氏黄胆木的成熟木材。木材的选择基于其密度中等,而不像过去研究中常用的软木材(Sermadi et al.,2014 年)。根据美国材料与试验学会(ASTM)D1413-61 标准(ASTM,2007)对木材用显微镜进行检查;使用滑动切片机在三个截面(即横截面、弦切面和径向截面)中各切了约 20 微米厚的切片。使用软刷将它们转移到含有甲基化酒精的培养皿中。将切片用蒸馏水洗涤,并用碱性藏红覆盖 2 分钟,然后分别泡在一系列浓度不断升高的乙醇(30%,50%,75%,90%和100%)中各约 15 分钟脱水。将每个部分小心地切成四部分后,每个部分用不同的清洗剂盖一小时,然后放在显微镜载玻片上并固定在加拿大香脂中(Burger and Ritcher,1991)。

第 2 部分　汉译英

Ⅰ．翻译下列标题

1. Enterprise Ownership: Fundamental Way out in the Prevention of Short-term Enterprise Behavior
2. Science or Art? Reflections on the Methodology in Translation Studies
3. Effects of Cultural Factors on English-Chinese Translation
4. Communication Process: A Semiotic Study
5. Liu Jichun's Two Courses: Comparison and Interpretation

Ⅱ．翻译下列句型

1. This paper reviews / summarizes / outlines the theory on…
2. The main objective / primary goal / purpose of this study / work is to explore … The study is aimed at exploring…
3. This paper presents / discusses / introduces the mathematical model and its algorithm used for …
4. In the paper, we measured … and estimated the parameter for …
5. The result of the observation shows / indicates that …, and it provides a sound basis for …
6. On the basis of…, the following conclusions can be drawn.
7. However, more study of … is still needed.
   … requires more work on …
8. Although…was not specifically predicted and needs to be replicated, we offer some possible explanations for…
9. Our participants were chosen for…rather than randomly.
10. …participated in the study, all of whom had considerable experience in …

Ⅲ．段落翻译

课后练习 1

Abstract: An experimental study conducted in view of two classes, an experimental class and a control class with the only purpose to find out whether testing and its strategies development have positive effect on teaching and learning. After a careful analysis of the data from the results of the tests, the experimental class has a higher mean score than the control class. The test tells us that significant difference does exist between the mean scores of the two classes after the treatment for a certain amount of time, which declares the positive backwash of testing on students' learning.

课后练习 2

2. Research Methodology

Research regarding learner strategies and especially research dealing with metacognition in second language learning have demonstrated that learners are able to describe their choice of strategies, their setting of priorities, and the way they evaluate the effectiveness of strategies. This study relies on the students' ability to provide basic information regarding the set of strategies they use in listening, and is designed in order to provide evidence related to the research questions mentioned above.

2.1 Subjects

The subjects under study were 120 non-English major students in Tianjin Medical University. They were first-year students from 4 classes, in which 2 classes were majoring in medicine, one in nursing, and the other in hygiene. These 4 classes were randomly chosen from 23 classes of Grade 2001. The subjects comprised 35 males and 85 females.

2.2 Instruments

The survey instruments used in this study were one questionnaire and four listening comprehension tests. The questionnaire (see Appendix A) contains 2 sections. Section 1 is background information, which is intended to help researchers better understand the results of the survey in context. It includes name, gender, age, major, English test score, estimated time spent in studying English, the reason to study English etc. Section 2 is on language learning strategy use. The Strategy Inventory for Language Learning Version 7.0 (SILL) developed by Oxford (1990) was translated into Chinese, so that the students would have no difficulty in understanding them. The SILL contains 50 items, each having 5 choices ranging from "the statement is never or almost never true of me" to "the statement is always or almost always true of me". Based on the strategy classification system put forward by Oxford (1990) (see Appendix B), these 50 items belong to the following 6 categories: memory strategies (9 items in part A), cognitive strategies (14 items in part B), compensation strategies (6 items in part C), metacognitive strategies (9 items in part D), affective strategies (6 items in part E), and social strategies (6 items in part F). The listening comprehension tests used in the study were chosen from College English Test Band 4. Each test contains 20 multiple-choice questions. In order to make the survey stricter, four listening tests have been carried out: College English Test Band 4 (June, 1999; June, 1998; January, 1997; and June, 1996). On the whole, the analysis results are consistent. In this paper, College English Test Band 4 (June, 1998) (see Appendix C) was used to demonstrate results because of length limit.

2.3 Procedures

First 120 students took four listening tests in a month. Then on October 28, 2001 they participated in the strategy survey in a large classroom. Before the survey, the students were told that the results for each student would not be used for grading or for any negative purpose, but to gather information and help them become better learners. They were allowed 30 minutes to complete the questionnaire. All the 117 valid cases were summarized through calculating the mean scores of the students' responses on strategies and listening comprehension tests. The SPSS (Statistical Packages for the Social Sciences) Version 10.0 for Windows was used to analyze data.

第 8 章

第 1 部分　英译汉

Ⅰ. 请用归化法或异化法翻译以下词语或句子

1. 捡了芝麻,丢了西瓜
2. 热锅上的蚂蚁
3. 饿得像匹狼
4. 守口如瓶
5. 害群之马
6. 对牛弹琴
7. 拦路虎
8. 山穷水尽
9. 镜中摘花
10. 先礼后兵
11. 昨晚我听见他鼾声如雷。
12. 她是待在家里看电视连续剧呢,还是和他一起去看电影,一时拿不定主意。
13. 种豆得豆,种瓜得瓜。
14. 玛丽是个马屁精。她愿意给老板做任何事。
15. 他砸了我的饭碗

Ⅱ. 段落翻译

课后练习 1

一个 18 岁的姑娘离家出门,她的遭遇不外乎两种。不是遇到好人相助而好起来,就是迅即接受花花世界的道德标准而堕落下去。在这样的环境里,要保持中间状态是不可能的。大都市里到处是狡诈的骗局,其程度并不差于比它小得多的装着人样的诱惑者。有的力量巨大,会像修养到家的人那样用激情来骗人上当。万点灯火的闪耀和乞爱调情的眼波,就影响人的道德而言,具有同样的魔力。天真未凿的心灵,多半是由压根儿超出于人力之上的力量所败坏的。喧嚣的市声、沸腾的生活、鳞次栉比的楼房,用暧昧的言辞叩击着受惊的心弦。倘使没有个有阅历的人在旁边,给她低声指点迷津,真不知这一切会把多少流言妄语灌入这不知警惕的人的耳里呢! 由于不明这花花世界的真相,它的美景就像音乐一般,往往会使一些头脑简单的人知觉放松,然后削弱,然后堕入歧途。

课后练习 2

正如达尔文发现有机界的发展规律一样,马克思发现了人类历史的发展规律,即历来被繁芜丛杂的意识形态所掩盖着的一个简单事实:人们首先必须吃、喝、住、穿,然后才能从事政治、科学、艺术、宗教等。所以,直接物质生活资料的生产以及一个民族或一个时代从而达到的经济发展阶段,就构成了一个基础。在这个基础之上,人们的国家制度、法律概念、艺术乃至宗教观念才得以发展。因此,必须从这个基础出发来解释后者,而不是像过去那样本末倒置。

第2部分 汉译英

Ⅰ. 用归化法或异化法翻译下列词组

1. good-for-nothing
2. be unpopular
3. land oneself in serious trouble
4. live off one's past gains/ glory; live on one's fat; rest on past achievements; rest on one's laurels
5. be open to persuasion, but not to coercion
6. be very popular
7. lead an idle life
8. be unable to stand
9. enjoy privilege; be treated in a favored way
10. eat bean curd — flirt with women

Ⅱ. 段落翻译

课后练习 1

Peking Opera

The Peking Opera, the most representative of all Chinese traditional dramatic art forms, was created and developed by talented artists over a period of two centuries. (Peking is the old spelling of Beijing.) The Peking Opera was developed on the basis of absorbing the elements of many regional operas like the Hui Opera, the Han Opera, the Kunqu Opera, and the Bangzixi Opera, while also being exposed to the cultural prosperity of Beijing. Eventually the Peking Opera becomes a nationwide popular opera with distinctive artistic features.

The Peking Opera has a well-developed system of routinized and dancing-oriented performances comprising singing, speaking, acting, fighting and turning somersaults, accompanied by hand gestures, eye contacts, body postures and steps.

The different colors of the faces represent different characters and personality. Yellow and white represent cunning, red stands for uprightness and loyalty, black means valor and wisdom, blue and green indicate the vigorous and enterprising character of rebellious heroes and gold and silver represent mystic or super-natural power.

The roles of the Peking Opera are categorized according to natural attributes such as age and gender as well as social attributes such as identity and occupation, yet the most important categorization of the roles is made according to personality, hence the four main categories of *sheng*, *dan*, *jing* and *chou*. *Sheng* is a male role comprising *lao sheng* (a middle-aged or old man with a beard), *xiao sheng* (a young man without a beard), and *wu sheng* (a martial man). *Dan* is a female role comprising *qingyi* (a woman in pale-colored clothes, often the heroine), *hua dan* (a vivacious and unmarried woman), *wu dan* (a martial woman) and *lao dan* (a middle-aged or old woman). *Jing* is a hearty and forceful male role, also called "the painted face". *Chou* is a male clown, either humorous and witty or sinister and cunning.

课后练习 2

I began as a common man, farming in my fields in Nanyang, doing what I could to survive in an age of chaos. I never had any interest in making a name for myself as a noble. The late Emperor was not ashamed to visit my cottage and seek my advice. Grateful for his regard, I responded to his appeal and threw myself into his service. Now 21 years have passed. The late Emperor always appreciated my caution and, in his final days, entrusted me with his cause. Since that moment, I have been tormented day and night by the fear that I might let him down. That is why I crossed the Lu river at the height of summer, and entered the wastelands beyond. Now the south has been subdued, and our forces are fully armed. I should lead our soldiers to conquer the northern heartland and attempt to remove the hateful traitors, restore the house of Han, and return it to the former capital. This is the way I mean to honor my debt to the late Emperor and fulfill my duty to you.

第 9 章

(略)

主要参考文献

[1] 薄冰编. 薄冰英语语法[M]. 北京:开明出版社,1998.
[2] 蔡基刚. 大学英语翻译教程[M]. 上海:上海外语教育出版社,2003.
[3] 陈定安. 英汉比较与翻译(增订版)[M]. 北京:中国对外翻译出版公司,1998.
[4] 陈刚. 旅游翻译与涉外导游[M]. 北京:中国对外翻译出版公司,2004.
[5] 陈宏薇,李亚丹. 新编汉英翻译教程[M]. 上海:上海外语教育出版社,2010.
[6] 陈宏薇. 汉英翻译基础[M]. 上海:上海外语教育出版社,1998.
[7] 陈树元,刘锦华. 大学英语疑难解答丛书:翻译分册[M]. 天津:天津大学出版社,2001.
[8] 陈文安,陶文好. 四级翻译[M]. 合肥:中国科学技术大学出版社,2001.
[9] 程尽能. 跨文化应用翻译教程[M]. 北京:北京语言大学出版社,2015.
[10] 陈大宝,董晓航,姚晓鸣. 大学英语四级自助考:阅读理解、翻译、简答[M]. 上海:上海交通大学出版社,2001.
[11] 方梦之. 译学辞典[M]. 上海:上海外语教育出版社,2004.
[12] 方梦之. 英语科技文体:范式与翻译[M]. 北京:国防工业出版社,2011.
[13] 费道罗夫. 翻译理论概要[M]. 李流,邓诚,李尚谦,等译. 上海:中华书局,1953.
[14] 冯景文. 电气自动化工程[M]. 北京:光明日报出版社,2016.
[15] 傅敬民. 实用商务英语翻译教程[M]. 上海:华东理工大学出版社,2011.
[16] 傅勇林,唐跃勤. 科技翻译[M]. 北京:外语教学与研究出版社,2012.
[17] 顾建华,龚嵘. 大学英语阅读与翻译宝典[M]. 上海:华东理工大学出版社,2000.
[18] 顾维勇. 实用文体翻译[M]. 北京:国防工业出版社,2005.
[19] 郭崇兴. 大学英语四级考试90分突破:写作与翻译分册[M]. 北京:学苑出版社,1999.
[20] 郭富强. 汉英翻译理论与实践[M]. 北京:机械工业出版社,2009.
[21] 黄成洲. 汉英翻译技巧:译者的金刚钻[M]. 西安:西北工业大学出版社,2019.
[22] 黄忠廉,余承法. 英汉笔译全译实践教程[M]. 北京:国防工业出版社,2012.
[23] 姜倩,何刚强. 翻译概论[M]. 上海:上海外语教育出版社,2008.
[24] 教育部语言文字信息管理司. 语言文字规范标准[S]. 北京:商务印书馆,2017.
[25] 柯平. 英汉与汉英翻译教程[M]. 北京:北京大学出版社,1991.
[26] 李明. 商务英语翻译(英译汉)[M]. 2版. 北京:高等教育出版社,2011.

[27] 李文革.应用文体翻译实践教程[M].北京:国防工业出版社,2013.

[28] 李宇明.语言学概论[M].2版.北京:高等教育出版社,2000.

[29] 李长栓.非文学翻译[M].北京:外语教学与研究出版社,2009.

[30] 李长栓.非文学翻译理论与实践[M].北京:中国对外翻译出版公司,2004.

[31] 林超伦.实战笔译汉译英分册[M].北京:外语教学与研究出版社,2014.

[32] 刘季春.实用翻译教程[M].3版.广州:中山大学出版社,2016.

[33] 刘宓庆.翻译教学:实务与理论[M].北京:中国对外翻译出版公司,2003.

[34] 刘宓庆.汉英对比与翻译(修订本)[M].南昌:江西教育出版社,1992.

[35] 刘宓庆.文体与翻译(增订版)[M].北京:中国对外翻译出版公司,1998.

[36] 卢敏.英语笔译实务2级[M].北京:外文出版社,2004.

[37] 罗琳.哈利波特与魔法石:英汉对照版[M].苏农,译.北京:人民文学出版社,2018.

[38] 罗新璋.翻译论集[C].北京:商务印书馆,1984.

[39] 彭萍.实用旅游英语翻译(英汉双向)[M].北京:对外经济贸易大学出版社,2010.

[40] 彭萍.实用英汉对比与翻译(英汉双向)[M].北京:中译出版社,2015.

[41] 钱多秀.计算机辅助翻译[M].北京:外语教学与研究出版社,2007.

[42] 钱歌川.翻译的技巧[M].台北:台湾开明书店,1973.

[43] 任林芳,曹利娟,李笑琛.中外文化翻译与英语教学研究[M].西安:世界图书出版西安有限公司,2017.

[44] 戎林海.新编实用翻译教程[M].上海:上海外语教育出版社,2010.

[45] 司树森,赵贵旺.大学英语四级考试模拟题集注[M].北京:兵器工业出版社,1997.

[46] 司显柱,等.汉译英教程[M].2版.上海:东华大学出版社,2009.

[47] 孙致礼.新编英汉翻译教程[M].2版.上海:上海外语教育出版社,2018.

[48] 陶黎铭.全景中国[C].上海:上海外语教育出版社,2011.

[49] 王斌,王保令,等.翻译、写作导考[M].北京:外语教育与研究出版社,2003.

[50] 王东风.英汉名译赏析[M].北京:外语教学与研究出版社,2014.

[51] 王恩科,李昕,奉霞,等.文化视角与翻译实践[M].北京:国防工业出版社,2007.

[52] 王宏印.世界文化典籍汉译[M].北京:外语教学与研究出版社,2011.

[53] 王宏印.中国文化典籍英译[M].北京:外语教学与研究出版社,2009.

[54] 王华树.翻译技术教程[M].北京:商务印书馆,2017.

[55] 王述文.综合英汉翻译教程[M].北京:国防工业出版社,2008.

[56] 王治奎,温洪瑞.大学英汉翻译教程[M].济南:山东大学出版社,1995.

[57] 西北工业大学外语教研室.科技英语翻译初步[M].北京:商务印书馆,1980.

[58] 谢建平,陈芙,等.笔译新视角:理论与实践[M].北京:国防工业出版社,2013.

[59] 谢群.英汉互译教程[M].武汉:华中科技大学出版社,2010.

[60] 谢天振,等.中西翻译简史[M].北京:外语教学与研究出版社,2009.

[61] 徐群,杨梅,张四友,等.英语四级简答·翻译题典[M].武汉:华中科技大学出版社,2000.

[62] 许建平.大学英语实用翻译[M].3版.北京:中国人民大学出版社,2017.

[63] 许建平.英汉互译实践与技巧[M].北京:清华大学出版社,2000.

[64] 杨莉藜.英汉互译教程[M].开封:河南大学出版社,1993.

[65] 杨青山.实用文体英汉翻译[M].北京:国防工业出版社,2010.

[66] 杨新亮,熊艳.英汉学术语篇比较与翻译[M].上海:上海交通大学出版社,2015.

[67] 伊格尔顿.二十世纪西方文学理论[M].2版.伍晓明,译.北京:北京大学出版社,2007.

[68] 英帆.外国领导人访华讲话[C].北京:中国对外翻译出版公司,1988.

[69] 苑春鸣,姜丽.商务英语翻译[M].北京:外语教学与研究出版社,2013.

[70] 翟芳.学术英语翻译与写作[M].西安:西北工业大学出版社,2017.

[71] 张光明,陈葵阳,李雪红,等.英语实用文体翻译[M].合肥:中国科学技术大学出版社,2009.

[72] 张培基,喻云根,李宗杰,等.英汉翻译教程[M].上海:上海外语教育出版社,1980.

[73] 张文英,张晔.英语科技应用文翻译实践教程[M].北京:国防工业出版社,2015.

[74] 张宵军,王华树,吴徽徽,等.计算机辅助翻译:理论与实践[M].西安:陕西师范大学出版总社有限公司,2013.

[75] 章振邦.新编英语语法教程[M].上海:上海外语教育出版社,1983.

[76] 《中国翻译》编辑部.名家评点翻译佳作:"韩素音青年翻译奖"竞赛作品与评析[C].南京:译林出版社,2010.

[77] 蔡小红,曾洁仪.口译质量评估研究的历史回顾[J].中国翻译,2004(3):49-54.

[78] 陈泓至.浅谈影视作品中字幕翻译的娱乐化改写[J].中国民族博览,2017(2):243-244.

[79] 陈晓丹.翻译改写:意识的操控——以葛浩文英译《生死疲劳》为例[J].内蒙古财经大学学报,2018,16(4):118-122.

[80] 方守江,谢应喜.信息理论与平衡翻译[J].中国翻译,2004(3):23-25.

[81] 何立艳.基于改写理论的英文影视字幕翻译娱乐化探究[J].现代交际,2019(23):102-103.

[82] 蒋坚松.古籍翻译中理解的若干问题[J].外语与外语教学,2001(11):4.

[83] 李正栓,解倩.民族典籍翻译与研究:回顾与展望[J].湛江师范学院学报,2014(1):72-77.

[84] 梁爱林.计算机辅助翻译中的优势与局限性[J].中国民航飞行学院学报,2004,15(1):23-26.

[85] 凌民.学术论文标题的结构特点与英译[J].四川师范学院学报(哲学社会科学版),

2000(1):92-95.

[86] 刘伟,王宏.中国典籍英译:回顾与展望——王宏教授访谈录[J].外文研究 2013,1(1)77-83.

[87] 刘娟.浅谈学术论文标题的英译[J].江苏第二师范学院学报(社会科学),2017,33(8):105-106.

[88] 刘思.论计算机辅助翻译中的优势与不足[J].重庆电子工程职业学院学报,2014(11).

[89] 吕立松,穆雷.计算机辅助翻译技术与翻译教学[J].外语界,2007(3):35-43.

[90] 马国志.基于文本类型论的商品说明书英汉互译[J].商务必读,2015(10):154-157.

[91] 沈国荣.一则汉英摘要翻译的话语分析理论研究[J].河南工业大学学报(社科版),2011(2):32-34.

[92] 宋乃康,马艳.学术论文标题英译之我见[J].安徽文学,2009(12):219-220.

[93] 苏明阳.翻译记忆系统的现状及其启示[J].外语研究,2007(5):70.

[94] 谭启慧.Google 搜索引擎功能及其使用技巧[J].科技情报开发与经济,2007,17(15):231-233.

[95] 陶潇婷.基于历年 TEM8 真题的汉语流水句翻译策略研究[J].齐齐哈尔大学学报(哲学社会科学版),2014(3):133-135.

[96] 滕真如,谭万成.英文摘要的时态、语态问题[J].中国科技翻译,2004(2):5-7.

[97] 王海.几种常用在线翻译工具的对比研究:以核科技翻译为例[J].科教导刊,2017(7):140-143.

[98] 王宏,刘性峰.当代语境下的中国典籍英译研究[J].中国文化研究 2015 年夏之卷,69-79.

[99] 王宏.怎么译:是操控还是投降?[J].外国语,2011,34(2),84-89.

[100] 王宏印.关于中国文化典籍翻译的若干问题与思考[J].中国文化研究 2015 年夏之卷,59-68.

[101] 王建国,彭云.MTI 教育的问题与解决建议[J].外语界,2012(4):44-51.

[102] 王立非,王金铨.计算机辅助翻译研究方法及其应用[J].外语与外语教学,2008(5):41-44.

[103] 王正,孙东云.翻译记忆在翻译教学中的优势与局限性[J].外语界,2009(2):16-22.

[104] 王正,孙东云.利用翻译记忆系统自建双语平行语料库[J].外语研究,2009(5):50.

[105] 徐彬,郭红梅,国晓立.21 世纪的计算机辅助翻译工具[J].山东外语教学,2007(4):79-86.

[106] 徐彬.计算机辅助翻译教学:设计与实施[J].上海翻译,2010(4):45-49.

[107] 徐珺,霍跃红.典籍英译:文化翻译观下的异化策略与中国英语[J].外语与外语教学,2008,232(7):45-48.

[108] 徐珺,肖海燕.《论语》英译的改写与顺应研究[J].外语学刊,2018(4):95-101.

[109] 许峰.科技论文副标题英译的常见问题[J].郑州航空工业管理学院学报,2001,19(3):74-78.

[110] 许琪.读后续译的协同效应及促学效果[J].现代外语(双月刊),2016,39(6):830-841.

[111] 杨自俭.对比语篇学与汉语典籍英译[J].外语与外语教学,2005,196(7):60-62.

[112] 尹闪闪.机械设备说明书的语言特点及翻译方法[D].成都:成都理工大学,2016.

[113] 于建平.科技论文英文摘要的写作与翻译剖析[J].中国翻译,1999(5):32-34.

[114] 张红晖.用时序法译英语长句[J].大学英语,2005(1):50.

[115] 郑会欣.从官商合办到国家垄断:中国茶叶公司的成立及经营活动[J].历史研究,2007(6):110-131+191-192.

[116] 周兴华.计算机辅助翻译教学:方法与资源[J].中国翻译,2013(4):91-95.

[117] HOLMES J. Translated! Papers on Literary Translation and Translation Studies[M]. Amsterdam: Rodopi, 1998.

[118] CATFORD J C. A Linguistic Theory of Translation[M]. London: Oxford University Press, 1965.

[119] LEFEVERE A. Translation, Rewriting and the Manipulation of Literary Fame[M]. 上海:上海外语教育出版社,2010.

[120] BOWKER L. Unity in Diversity? Current Trends in Translation Studies[M]. Manchetster: St. Jerome, 1998.

[121] MO Y. Life and Death are Wearing Me Out: A Novel[M], HOWARD G, trans. New York: Arcade Publishing, 2012.

[122] NEWMARK P. Approaches to Translation[M]. UK: Prentice Hall International Ltd., 1988.

[123] NIDA E, TABER C. The Theory and Practice of Translation[M]. Leiden: Brill, 1969.

[124] NIDA E. Language and Culture: Contexts in Translating[M]. 上海:上海外语教育出版,2001.

[125] PATTON,高亮.译出地道的英文来:汉英翻译误区解析[M].北京:外文出版社,2017.

[126] 平卡姆.中式英语之鉴[M].北京:外语教学与研究出版社,2000.

[127] TYTLER A F. Essay on the Principles of Translation[M]. 北京:外语教学与研究出版社,2007.

[128] 孔子. The Analects[M]. WALEY A, trans. 北京:外语教学与研究出版社,2000.

[129] WARREN P. The Art of Bonsa[M]. London: Dorling Kindersley Limited, 2014.

[130] WECHSLER R. Performing Without a Stage: The Art of Literary Translation [M]. North Haven: Catbird Press, 1998.

[131] GAO S L. An Empirical Study on the Backwash of Testing and Testing Strategies Development [J]. CELEA Journal(Bimonthly), 2004,27(5):70-74.

[132] NICHOLSONA J, EDEN A D. Automated Verification of Design Patterns: A Case Study[J]. Science of Computer Programming, Part B, 2014, 80: 211-222.

[133] SILUA R C C, GUERREIRO J N C, LOULA A F D. A Study of Pipe Interacting Corrosion Defects Using the FEM and Neural Networks [J]. Advances in Engineering Software, 2007(38):868-875.

[134] SHEN P Y. Factors Affecting Persistence in Students' Learning [J]. CELEA Journal(Bimonthly), 2004, 27(2):69-71.

[135] ZIAIAN J, SAWYER J, EVANS N, GILLHAM D. The Impact of Mindfulness Meditation on Academic Well-Being and Affective Teaching Practices [J]. Creative Education, 2015(6), 2174-2185.

[136] WANG Y. A Corpus-Based Study of "Keep" [J]. CELEA Journal(Bimonthly),2004, 27(5):59-61.

[137] YANG J, LIU B. Use and helpfulness of Chinese EFL Students' Vocabulary Learning Strategies[J]. CELEA Journal(Bimonthly), 2004, 27(5):54-58.

[138] YU L. Learning Strategies and Their Relationship to Listening Comprehension: A Report on Non-English Majors in a Medical University in China [J]. Teaching English in China(Quarterly), 2003,26(4):3-11.

附录1

GB/T 15834—2011

标点符号用法

(中华人民共和国国家质量监督检验检疫总局、中国国家标准化管理委员会于2011年12月30日发布,2012年6月1日实施)

前　言

本标准按照 GB/T 1.1—2009 给出的规则起草。

本标准代替 GB/T 15834—1995,与 GB/T 15834—1995 相比,主要变化如下:

——根据我国国家标准编写规则(GBT 1.1—2009),对本标准的编排和表述做了全面修改;

——更换了大部分示例,使之更简短、通俗、规范;

——增加了对术语"标点符号"和"语段"的定义(2.1/2.5);

——对术语"复句"和"分句"的定义做了修改(2.3/2.4);

——对句末点号(句号、问号、叹号)的定义做了修改,更强调句末点号与句子语气之间的关系(4.1.1/4.2.1/4.3.1);

——对逗号的基本用法做了补充(4.4.3);

——增加了不同形式括号用法的示例(4.9.3);

——省略号的形式统一为六连点"……",但在特定情况下允许连用(4.11);

——取消了连接号中原有的二字线,将连接号形式规范为短横线"-"、一字线"—"和浪纹线"~",并对三者的功能做了归并与划分(4.13);

——明确了书名号的使用范围(4.15/A.13);

——增加了分隔号的用法说明(4.17);

——"标点符号的位置"一章的标题改为"标点符号的位置和书写形式",并增加了使用中文输入软件处理标点符号时的相关规范(第5章);

——增加了"附录":附录 A 为规范性附录,主要说明标点符号不能怎样使用和对标点符号用法加以补充说明,以解决目前使用混乱或争议较大的问题。附录 B 为资料性附录,对功能有交叉的标点符号的用法做了区分,并对标点符号误用高发环境下的规范用法做了说明。

本标准由教育部语言文字信息管理司提出并归口。

本标准主要起草单位：北京大学。

本标准主要起草人：沈阳、刘妍、于泳波、翁姗姗。

本标准所代替标准的历次版本发布情况为：

——GB/T 15834—1995。

1 范围

本标准规定了现代汉语标点符号的用法。

本标准适用于汉语的书面语（包括汉语和外语混合排版时的汉语部分）。

2 术语和定义

下列术语和定义适用于本文件。

2.1 标点符号 punctuation

辅助文字记录语言的符号，是书面语的有机组成部分，用来表示语句的停顿、语气以及标示某些成分（主要是词语）的特定性质和作用。

注：数学符号、货币符号、校勘符号、辞书符号、注音符号等特殊领域的专门符号不属于标点符号。

2.2 句子 sentence

前后都有较大停顿、带有一定的语气和语调、表达相对完整意义的语言单位。

2.3 复句 complex sentence

由两个或多个在意义上有密切关系的分句组成的语言单位，包括简单复句（内部只有一层语义关系）和多重复句（内部包含多层语义关系）。

2.4 分句 clause

复句内两个或多个前后有停顿、表达相对完整意义、不带有句末语气和语调、有的前面可添加关联词语的语言单位。

2.5 语段 expression

指语言片段，是对各种语言单位（如词、短语、句子、复句等）不做特别区分时的统称。

3 标点符号的种类

3.1 点号

点号的作用是点断，主要表示停顿和语气。分为句末点号和句内点号。

3.1.1 句末点号

用于句末的点号，表示句末停顿和句子的语气。包括句号、问号、叹号。

3.1.2 句内点号

用于句内的点号,表示句内各种不同性质的停顿。包括逗号、顿号、分号、冒号。

3.2 标号

标号的作用是标明,主要标示某些成分(主要是词语)的特定性质和作用。包括引号、括号、破折号、省略号、着重号、连接号、间隔号、书名号、专名号、分隔号。

4 标点符号的定义、形式和用法

4.1 句号

4.1.1 定义

句末点号的一种,主要表示句子的陈述语气。

4.1.2 形式

句号的形式是"。"。

4.1.3 基本用法

4.1.3.1 用于句子末尾,表示陈述语气。使用句号主要根据语段前后有较大停顿、带有陈述语气和语调,并不取决于句子的长短。

示例1:北京是中华人民共和国的首都。

示例2:(甲:咱们走着去吧?)乙:好。

4.1.3.2 有时也可表示较缓和的祈使语气和感叹语气。

示例1:请您稍等一下。

示例2:我不由地感到,这些普通劳动者也同样是很值得尊敬的。

4.2 问号

4.2.1 定义

句末点号的一种,主要表示句子的疑问语气。

4.2.2 形式

问号的形式是"?"。

4.2.3 基本用法

4.2.3.1 用于句子末尾,表示疑问语气(包括反问、设问等疑问类型)。使用问号主要根据语段前后有较大停顿、带有疑问语气和语调,并不取决于句子的长短。

示例1:你怎么还不回家去呢?

示例2:难道这些普通的战士不值得歌颂吗?

示例3:(一个外国人,不远万里来到中国,帮助中国的抗日战争。)这是什么精神?这是国际主义的精神。

4.2.3.2 选择问句中,通常只在最后一个选项的末尾用问号,各个选项之间一般用逗号隔开。当选项较短且选项之间几乎没有停顿时,选项之间可不用逗号。当选项较多或较长,或有意突出每个选项的独立性时,也可每个选项之后都用问号。

示例1:诗中记述的这场战争究竟是真实的历史描述,还是诗人的虚构?

示例2:这是巧合还是有意安排?

示例3:要一个什么样的结尾:现实主义的?传统的?大团圆的?荒诞的?民族形式的?有象征意义的?

示例4:(他看着我的作品称赞了我。)但到底是称赞我什么;是有几处画得好?还是什么都敢画?抑或只是一种对于失败者的无可奈何的安慰?我不得而知。

示例5:这一切都是由客观的条件造成的?还是由行为的惯性造成的?

4.2.3.3 在多个问句连用或表达疑问语气加重时,可叠用问号。通常应先单用,再叠用,最多叠用三个问号。在没有异常强烈的情感表达需要时不宜叠用问号。

示例:这就是你的做法吗? 你这个总经理是怎么当的?? 你怎么竟敢这样欺骗消费者???

4.2.3.4 问号也有标号的用法,即用于句内,表示存疑或不详。

示例1:马致远(1250?—1321),大都人,元代戏曲家、散曲家。

示例2:钟嵘(?—518),颍川长社人,南朝梁代文学批评家。

示例3:出现这样的文字错误,说明作者(编者? 校者?)很不认真。

4.3 叹号

4.3.1 定义

句末点号的一种,主要表示句子的感叹语气。

4.3.2 形式

叹号的形式是"!"。

4.3.3 基本用法

4.3.3.1 用于句子末尾,主要表示感叹语气,有时也可表示强烈的祈使语气、反问语气等。使用叹号主要根据语段前后有较大停顿、带有感叹语气和语调或带有强烈的祈使、反问语气和语调,并不取决于句子的长短。

示例1:才一年不见,这孩子都长这么高啦!

示例2:你给我住嘴!

示例3:谁知道他今天是怎么搞的!

4.3.3.2 用于拟声词后,表示声音短促或突然。

示例1:咔嚓! 一道闪电划破了夜空。

示例2:咚! 咚咚! 突然传来一阵急促的敲门声。

4.3.3.3 表示声音巨大或声音不断加大时,可叠用叹号;表达强烈语气时,也可叠用叹号,最多叠用三个叹号。在没有异常强烈的情感表达需要时不宜叠用叹号。

示例1:轰!! 在这天崩地塌的声音中,女娲猛然醒来。

示例2:我要揭露! 我要控诉!! 我要以死抗争!!!

4.3.3.4 当句子包含疑问、感叹两种语气且都比较强烈时(如带有强烈感情的反问句和带有惊愕语气的疑问句),可在问号后再加叹号(问号、叹号各一)。

示例1:这么点困难就能把我们吓倒吗?!

示例2:他连这些最起码的常识都不懂,还敢说自己是高科技人才?!

4.4 逗号

4.4.1 定义

句内点号的一种,表示句子或语段内部的一般性停顿。

4.4.2 形式

逗号的形式是","。

4.4.3 基本用法

4.4.3.1 复句内各分句之间的停顿,除了有时用分号(见 4.6.3.1),一般都用逗号。

示例1:不是人们的意识决定人们的存在,而是人们的社会存在决定人们的意识。

示例2:学历史使人更明智,学文学使人更聪慧,学数学使人更精细,学考古使人更深沉。

示例3:要是不相信我们的理论能反映现实,要是不相信我们的世界有内在和谐,那就不可能有科学。

4.4.3.2 用于下列各种语法位置:

a) 较长的主语之后。

示例1:苏州园林建筑各种门窗的精美设计和雕镂功夫,都令人叹为观止。

b) 句首的状语之后。

示例2:在苍茫的大海上,狂风卷集着乌云。

c) 较长的宾语之前。

示例3:有的考古工作者认为,南方古猿生存于上新世至更新世的初期和中期。

d) 带句内语气词的主语(或其他成分)之后,或带句内语气词的并列成分之间。

示例4:他呢,倒是很乐意地、全神贯注地干起来了。

示例5:(那是个没有月亮的夜晚。)可是整个村子——白房顶啦,白树木啦,雪堆啦,全看得见。

e) 较长的主语中间、谓语中间和宾语中间。

示例6:母亲沉痛的诉说,以及亲眼见到的事实,都启发了我幼年时期追求真理的思想。

示例7:那姑娘头戴一顶草帽,身穿一条绿色的裙子,腰间还系着一根橙色的腰带。

示例8:必须懂得,对于文化传统,既不能不分青红皂白统统抛弃,也不能不管精华糟粕全盘继承。

f) 前置的谓语之后或后置的状语、定语之前。

示例9:真美啊,这条蜿蜒的林间小路。

示例10:她吃力地站了起来,慢慢地。

示例11:我只是一个人,孤孤单单的。

4.4.3.3 用于下列各种停顿处

a) 复指成分或插说成分前后。

示例1:老张,就是原来的办公室主任,上星期已经调走了。

示例2:车,不用说,当然是头等。

b) 语气缓和的感叹语、称谓语和呼唤语之后。

示例3:哎哟,这儿,快给我揉揉。

示例4:大娘,您到哪儿去啊?

示例5:喂,你是哪个单位的?

c) 某些序次语("第"字头、"其"字头及"首先"类序次语)之后。

示例6:为什么许多人都有长不大的感觉呢?原因有三:第一,父母总认为自己比孩子成熟;第二,父母总要以自己的标准来衡量孩子;第三,父母出于爱心而总不想让孩子在成长的过程中走弯路。

示例7:《玄秘塔碑》所以成为书法的范本,不外乎以下几方面的因素:其一,具有楷书点画、构体的典范性;其二,承上启下,成为唐楷的极致;其三,字如其人,爱人及字,柳公权高尚的书品、人品为后人所崇仰。

示例8:下面从三个方面讲讲语言的污染问题:首先,是特殊语言环境中的语言污染问题;其次,是滥用缩略语引起的语言污染问题;再次,是空话和废话引起的语言污染问题。

4.5 顿号

4.5.1 定义

句内点号的一种,表示语段中并列词语之间或某些序次语之后的停顿。

4.5.2 形式

顿号的形式是"、"。

4.5.3　基本用法

4.5.3.1　用于并列词语之间。

示例1：这里有自由、民主、平等、开放的风气和氛围。

示例2：造型科学、技艺精湛、气韵生动，是盛唐石雕的特色。

4.5.3.2　用于需要停顿的重复词语之间。

示例：他几次三番、几次三番地辩解着。

4.5.3.3　用于某些序次语（不带括号的汉字数字或"天干地支"类序次语）之后。

示例1：我准备讲两个问题：一、逻辑学是什么？二、怎样学好逻辑学？

示例2：风格的具体内容主要有以下四点：甲、题材；乙、用字；丙、表达；丁、色彩。

4.5.3.4　相邻或相近两数字连用表示概数通常不用顿号。若相邻两数字连用为缩略形式，宜用顿号。

示例1：飞机在6 000米高空水平飞行时，只能看到两侧八九公里和前方一二十公里范围内的地面。

示例2：这种凶猛的动物常常三五成群地外出觅食和活动。

示例3：农业是国民经济的基础，也是二、三产业的基础。

4.5.5　标有引号的并列成分之间、标有书名号的并列成分之间通常不用顿号。若有其他成分插在并列的引号之间或并列的书名号之间（如引语或书名号之后还有括注），宜用顿号。

示例1："日""月"构成"明"字。

示例2：店里挂着"顾客就是上帝""质量就是生命"等横幅。

示例3：《红楼梦》《三国演义》《西游记》《水浒传》，是我国长篇小说的四大名著。

示例4：李白的"白发三千丈"（《秋浦歌》）、"朝如青丝暮成雪"（《将进酒》）都是脍炙人口的诗句。

示例5：办公室里订有《人民日报》（海外版）、《光明日报》和《时代周刊》等报刊。

4.6　分号

4.6.1　定义

句内点号的一种，表示复句内部并列关系分句之间的停顿，以及非并列关系的多重复句中第一层分句之间的停顿。

4.6.2　形式

分号的形式是"；"。

4.6.3　基本用法

4.6.3.1　表示复句内部并列关系的分句（尤其当分句内部还有逗号时）之间的停顿。

示例1：语言文字的学习，就理解方面说，是得到一种知识；就运用方面说，是养成一种习惯。

示例2：内容有分量，尽管文章短小，也是有分量的；内容没有分量，即使写得再长也没有用。

4.6.3.2　表示非并列关系的多重复句中第一层分句（主要是选择、转折等关系）之间的停顿。

示例1：人还没有看见，已经先听见歌声了；或者人已经转过山头望不见了，歌声还余音袅袅。

示例2：尽管人民革命的力量在开始时总是弱小的，所以总是受压迫；但是由于革命的力量代表历史发展的方向，因此本质上又是不可战胜的。

示例3：不管一个人如何伟大，总是生活在一定的环境和条件下；因此，个人的见解总难免带有某种局限性。

示例4：昨天夜里下了一场雨，以为可以凉快些；谁知没有凉快下来，反而更热了。

4.6.3.3 用于分项列举的各项之间。

示例:特聘教授的岗位职责为:一、讲授本学科的主干基础课程;二、主持本学科的重大科研项目;三、领导本学科的学术队伍建设;四、带领本学科赶超或保持世界先进水平。

4.7 冒号

4.7.1 定义

句内点号的一种,表示语段中提示下文或总结上文的停顿。

4.7.2 形式

冒号的形式是":"。

4.7.3 基本用法

4.7.3.1 用于总说性或提示性词语(如"说""例如""证明"等)之后,表示提示下文。

示例1:北京紫禁城有四座城门:午门、神武门、东华门和西华门。

示例2:她高兴地说:"咱们去好好庆祝一下吧!"

示例3:小王笑着点了点头:"我就是这么想的。"

示例4:这一事实证明:人能创造环境,环境同样也能创造人。

4.7.3.2 表示总结上文。

示例:张华上了大学,李萍进了技校,我当了工人:我们都有美好的前途。

4.7.3.3 用在需要说明的词语之后,表示注释和说明。

示例1:(本市将举办首届大型书市。)主办单位:市文化局;承办单位:市图书进出口公司;时间:8月15日—20日;地点:市体育馆观众休息厅。

示例2:(做阅读理解题有两个办法)办法之一:先读题干,再读原文,带着问题有针对性地读课文。办法之二:直接读原文,读完再做题,减少先入为主的干扰。

4.7.3.4 用于书信、讲话稿中称谓语或称呼语之后。

示例1:广平先生:……

示例2:同志们、朋友们:……

4.7.3.5 一个句子内部一般不应套用冒号。在列举式或条文式表述中,如不得不套用冒号时,宜另起段落来显示各个层次。

示例:第十条　遗产按照下列顺序继承:

第一顺序:配偶、子女、父母。

第二顺序:兄弟姐妹、祖父母、外祖父母。

4.8 引号

4.8.1 定义

标号的一种,标示语段中直接引用的内容或需要特别指出的成分。

4.8.2 形式

引号的形式有双引号""""和单引号"''"两种。左侧的为前引号,右侧的为后引号。

4.8.3 基本用法

4.8.3.1 标示语段中直接引用的内容。

示例:李白诗中就有"白发三千丈"这样极尽夸张的语句。

4.8.3.2 标示需要着重论述或强调的内容。

示例:这里所谓的"文",并不是指文字,而是指文采。

4.8.3.3 标示语段中具有特殊含义而需要特别指出的成分,如别称、简称、反语等。

示例1:电视被称作"第九艺术"。
示例2:人类学上常把古人化石统称为尼安德特人,简称"尼人"。
示例3:有几个"慈祥"的老板把捡来的菜叶用盐浸浸就算作工友的菜肴。

4.8.3.4 当引号中还需要使用引号时,外面一层用双引号,里面一层用单引号。
示例:他问:"老师,'七月流火'是什么意思?"

4.8.3.5 独立成段的引文如果只有一段,段首和段尾都用引号;不止一段时,每段开头仅用前引号,只在最后一段末尾用后引号。
示例:我曾在报纸上看到有人这样谈幸福:
"幸福是知道自己喜欢什么和不喜欢什么。……
"幸福是知道自己擅长什么和不擅长什么。……
"幸福是在正确的时间做了正确的选择。……"

4.8.3.6 在书写带月、日的事件、节日或其他特定意义的短语(含简称)时,通常只标引其中的月和日;需要突出和强调该事件或节日本身时,也可连同事件或节日一起标引。
示例1:"5·12"汶川大地震
示例2:"五四"以来的话剧,是我国戏剧中的新形式。
示例3:纪念"五四运动"90周年

4.9 括号

4.9.1 定义
标号的一种,标示语段中的注释内容、补充说明或其他特定意义的语句。

4.9.2 形式
括号的主要形式是圆括号"( )"其他形式还有方括号"[ ]"、六角括号"〔 〕"和方头括号"【 】"等。

4.9.3 基本用法

4.9.3.1 标示下列各种情况,均用圆括号:

a) 标示注释内容或补充说明。
示例1:我校拥有特级教师(含已退休的)17人。
示例2:我们不但善于破坏一个旧世界,我们还将善于建设一个新世界!(热烈鼓掌)

b) 标示订正或补加的文字。
示例3:信纸上用稚嫩的字体写着:"阿夷(姨),你好!"。
示例4:该建筑公司负责的建设工程全部达到优良工程(的标准)。

c) 标示序次语。
示例5:语言有三个要素:(1)声音;(2)结构;(3)意义。
示例6:思想有三个条件:(一)事理;(二)心理;(三)伦理。

d) 标示引语的出处。
示例7:他说得好:"未画之前,不立一格;既画之后,不留一格。"(《板桥集·题画》)

e) 标示汉语拼音注音。
示例8:"的(de)"这个字在现代汉语中最常用。

4.9.3.2 标示作者国籍或所属朝代时,可用方括号或六角括号。
示例1:[英]赫胥黎《进化论与伦理学》
示例2:〔唐〕杜甫著

4.9.3.3 报刊标示电讯、报道的开头,可用方头括号。

示例:【新华社南京消息】

4.9.3.4 标示公文发文字号中的发文年份时,可用六角括号。

示例:国发〔2011〕3号文件

4.9.3.5 标示被注释的词语时,可用六角括号或方头括号。

示例1:〔奇观〕奇伟的景象。
示例2:【爱因斯坦】物理学家。生于德国,1933年因受纳粹政权迫害,移居美国。

4.9.3.6 除科技书刊中的数学、逻辑公式外,所有括号(特别是同一形式的括号)应尽量避免套用。必须套用括号时,宜采用不同的括号形式配合使用。

示例:〔茸(róng)毛〕很细很细的毛。

4.10 破折号

4.10.1 定义

标号的一种,标示语段中某些成分的注释、补充说明或语音、意义的变化。

4.10.2 形式

破折号的形式是"——"。

4.10.3 基本用法

4.10.3.1 标示注释内容或补充说明(也可用括号,见4.9.3.1;二者的区别另见B.1.7)。

示例1:一个矮小而结实的日本中年人——内山老板走了过来。
示例2:我一直坚持读书,想借此唤起弟妹对生活的希望——无论环境多么困难。

4.10.3.2 标示插入语(也可用逗号,见4.4.3.3)。

示例:这简直就是——说得不客气点——无耻的勾当!

4.10.3.3 标示总结上文或提示下文(也可用冒号,见4.7.3.1、4.7.3.2)。

示例1:坚强,纯洁,严于律己,客观公正——这一切都难得地集中在一个人身上。
示例2:画家开始娓娓道来——
　　　数年前的一个寒冬,……

4.10.3.4 标示话题的转换。

示例:"好香的干菜,——听到风声了吗?"赵七爷低声说道。

4.10.3.5 标示声音的延长。

示例:"嘎——"传过来一声水禽被惊动的鸣叫。

4.10.3.6 标示话语的中断或间隔。

示例1:"班长他牺——"小马话没说完就大哭起来。
示例2:"亲爱的妈妈,你不知道我多爱您。——还有你,我的孩子!"

4.10.3.7 标示引出对话。

示例:——你长大后想成为科学家吗?
　　　——当然想了!

4.10.3.8 标示事项列举分承。

示例:根据研究对象的不同,环境物理学分为以下五个分支学科:
　　　——环境声学
　　　——环境光学
　　　——环境热学

——环境电磁学
　　——环境空气动力学。

4.10.3.9　用于副标题之前。

示例：飞向太平洋
　　——我国新型号运载火箭发射目击记

4.10.3.10　用于引文、注文后，标示作者、出处或注释者。

示例1：先天下之忧而忧，后天下之乐而乐。
　　——范仲淹

示例2：乐浪海中有倭人，分为百余国。
　　——《汉书》

示例3：很多人写好信后把信笺折成方胜形，我看大可不必。（方胜，指古代妇女戴的方形首饰，用彩绸等制作，由两个斜方部分叠合而成。——编者注）

4.11　省略号

4.11.1　定义

标号的一种，标示语段中某些内容的省略及意义的断续等。

4.11.2　形式

省略号的形式是"……"。

4.11.3　基本用法

4.11.3.1　标示引文的省略。

示例：我们齐声朗诵起来："……俱往矣，数风流人物，还看今朝。"

4.11.3.2　标示列举或重复词语的省略。

示例1：对政治的敏感，对生活的敏感，对性格的敏感，……这都是作家必须要有的素质。

示例2：他气得连声说："好，好……算我没说。"

4.11.3.3　标示语意未尽。

示例1：在人迹罕至的深山密林里，假如突然看见一缕炊烟，……

示例2：你这样干，未免太……！

4.11.3.4　标示说话时断断续续。

示例：她磕磕巴巴地说："可是……太太……我不知道……你一定是认错了。"

4.11.3.5　标示对话中的沉默不语。

示例："还没结婚吧？"
　　"……"他飞红了脸，更加忸怩起来。

4.11.3.6　标示特定的成分虚缺。

示例：只要……就……

4.11.3.7　在标示诗行、段落的省略时，可连用两个省略号（即相当于十二连点）。

示例1：从隔壁房间传来缓缓而抑扬顿挫的吟咏声——
　　床前明月光，疑是地上霜。
　　…………

示例2：该刊根据工作质量、上稿数量、参与程度等方面的表现，评选出了高校十佳记者站。还根据发稿数量、提供新闻线索情况以及对刊物的关注度等，评选出了十佳通讯员。
　　…………

4.12 着重号

4.12.1 定义

标号的一种,标示语段中某些重要的或需要指明的文字。

4.12.2 形式

着重号的形式是".̣"标注在相应文字的下方。

4.12.3 基本用法

4.12.3.1 标示语段中重要的文字。

示例1:诗人需要表现,而不是证明。

示例2:下面对本文的理解,不正确的一项是:……

4.12.3.2 标示语段中需要指明的文字。

示例:下边加点的字,除了在词中的读法外,还有哪些读法?

　　　着急　　子弹　　强调

4.13 连接号

4.13.1 定义

标号的一种,标示某些相关联成分之间的连接。

4.13.2 形式

连接号的形式有短横线"-"、一字线"—"和浪纹线"～"三种。

4.13.3 基本用法

4.13.3.1 标示下列各种情况,均用短横线:

a) 化合物的名称或表格、插图的编号。

示例1:3-戊酮为无色液体,对眼及皮肤有强烈刺激性。

示例2:参见下页表2-8、表2-9。

b) 连接号码,包括门牌号码、电话号码,以及用阿拉伯数字表示年月日等。

示例3:安宁里东路26号院3-2-11室

示例4:联系电话:010-88842603

示例5:2011-02-15

c) 在复合名词中起连接作用。

示例6:吐鲁番-哈密盆地

d) 某些产品的名称和型号。

示例7:WZ-10直升机具有复杂天气和夜间作战的能力。

e) 汉语拼音、外来语内部的分合。

示例8:shuōshuō-xiào xiào(说说笑笑)

示例9:盎格鲁-撒克逊人

示例10:让-雅克·卢梭("让-雅克"为双名)

示例11:皮埃尔·孟戴斯-弗朗斯("孟戴斯-弗朗斯"为复姓)

4.13.3.2 标示下列各种情况,一般用一字线,有时也可用浪纹线:

a) 标示相关项目(如时间、地域等)的起止。

示例1:沈括(1031—1095),宋朝人。

示例2:2011年2月3日—10日

示例3:北京—上海特别旅客快车

b) 标示数值范围(由阿拉伯数字或汉字数字构成)的起止。

示例4:25～30g

示例5:第五～八课

4.14 间隔号

4.14.1 定义

标号的一种,标示某些相关联成分之间的分界。

4.14.2 形式

间隔号的形式是"·"

4.14.3 基本用法

4.14.3.1 标示外国人名或少数民族人名内部的分界。

示例1:克里丝蒂娜·罗塞蒂

示例2:阿依古丽·买买提

4.14.3.2 标示书名与篇(章、卷)名之间的分界。

示例:《淮南子·本经训》

4.14.3.3 标示词牌、曲牌、诗体名等和题名之间的分界。

示例1:《沁园春·雪》

示例2:《天净沙·秋思》

示例3:《七律·冬云》

4.14.3.4 用在构成标题或栏目名称的并列词语之间。

示例:《天·地·人》

4.14.3.5 以月、日为标志的事件或节日,用汉字数字表示时,只在一、十一和十二月后用间隔号;当直接用阿拉伯数字表示时,月、日之间均用间隔号(半角字符)。

示例1:"九一八"事变 "五四"运动

示例2:"一·二八"事变 "一二·九"运动

示例3:"3·15"消费者权益日 "9·11"恐怖袭击事件

4.15 书名号

4.15.1 定义

标号的一种,标示语段中出现的各种作品的名称。

4.15.2 形式

书名号的形式有双书名号"《 》"和单书名号"< >"两种。

4.15.3 基本用法

4.15.3.1 标示书名、卷名、篇名、刊物名、报纸名、文件名等。

示例1:《红楼梦》(书名)

示例2:《史记·项羽本纪》(卷名)

示例3:《论雷峰塔的倒掉》(篇名)

示例4:《每周关注》(刊物名)

示例5:《人民日报》(报纸名)

示例6:《全国农村工作会议纪要》(文件名)

4.15.3.2 标示电影、电视、音乐、诗歌、雕塑等各类用文字、声音、图像等表现的作品的名称。

示例1：《渔光曲》（电影名）

示例2：《追梦录》（电视剧名）

示例3：《勿忘我》（歌曲名）

示例4：《沁园春·雪》（诗词名）

示例5：《东方欲晓》（雕塑名）

示例6：《光与影》（电视节目名）

示例7：《社会广角镜》（栏目名）

示例8：《庄子研究文献数据库》（光盘名）

示例9：《植物生理学系列挂图》（图片名）

4.15.3.3　标示全中文或中文在名称中占主导地位的软件名。

示例：科研人员正在研制《电脑卫士》系毒软件。

4.15.3.4　标示作品名的简称。

示例：我读了《念青唐古拉山脉纪行》一文（以下简称《念》），收获很大。

4.15.3.5　当书名号中还需要书名号时，里面一层用单书名号，外面一层用双书名号。

示例：《教育部关于提请审议＜高等教育自学考试试行办法＞的报告》

4.16　专名号

4.16.1　定义

标号的一种，标示古籍和某些文史类著作中出现的特定类专有名词。

4.16.2　形式

专名号的形式是一条直线，标注在相应文字的下方。

4.16.3　基本用法

4.16.3.1　标示古籍、古籍引文或某些文史类著作中出现的专有名词，主要包括人名、地名、国名、民族名、朝代名、年号、宗教名、官署名、组织名等。

示例1：孙坚人马被刘表率军围得水泄不通。（人名）

示例2：于是聚集冀、青、幽、并四州兵马七十多万准备决一死战。（地名）

示例3：当时乌孙及西域各国都向汉派遣了使节。（国名、朝代名）

示例4：从咸宁二年到太康十年，匈奴、鲜卑、乌桓等族人徙居塞内。（年号、民族名）

4.16.3.2　现代汉语文本中的上述专有名词，以及古籍和现代文本中的单位名、官职名、事件名、会议名、书名等不应使用专名号。必须使用标号标示时，宜使用其他相应标号（如引号、书名号等）。

4.17　分隔号

4.17.1　定义

标号的一种，标示诗行、节拍及某些相关文字的分隔。

4.17.2　形式

分隔号的形式是"/"。

4.17.3　基本用法

4.17.3.1　诗歌接排时分隔诗行（也可使用逗号和分号，见4.4.3.1/4.6.3.1）。

示例：春眠不觉晓/处处闻啼鸟/夜来风雨声/花落知多少。

4.17.3.2　标示诗文中的音节节拍。

示例：横眉/冷对/千夫指，俯首/甘为/孺子牛。

4.17.3.3 分隔供选择或可转换的两项,表示"或"。

示例:动词短语中除了作为主体成分的述语动词之外,还包括述语动词所带的宾语和/或补语。

4.17.3.4 分隔组成一对的两项,表示"和"。

示例1:13/14次特别快车
示例2:羽毛球女双决赛中国组合杜婧/于洋两局完胜韩国名将李孝贞/李敬元。

4.17.3.5 分隔层级或类别。

示例:我国的行政区划分为:省(直辖市、自治区)/省辖市(地级市)/县(县级市、区、自治州)/乡(镇)/村(居委会)。

5 标点符号的位置和书写形式

5.1 横排文稿标点符号的位置和书写形式

5.1.1 句号、逗号、顿号、分号、冒号均置于相应文字之后,占一个字位置,居左下,不出现在一行之首。

5.1.2 问号、叹号均置于相应文字之后,占一个字位置,居左,不出现在一行之首。两个问号(或叹号)叠用时,占一个字位置;三个问号(或叹号)叠用时,占两个字位置;问号和叹号连用时,占一个字位置。

5.1.3 引号、括号、书名号中的两部分标在相应项目的两端,各占一个字位置。其中前一半不出现在一行之末,后一半不出现在一行之首。

5.1.4 破折号标在相应项目之间,占两个字位置,上下居中,不能中间断开分处上行之末和下行之首。

5.1.5 省略号占两个字位置,两个省略号连用时占四个字位置并须单独占一行。省略号不能中间断开分处上行之末和下行之首。

5.1.6 连接号中的短横线比汉字"一"略短,占半个字位置;一字线比汉字"一"略长,占一个字位置;浪纹线占一个字位置。连接号上下居中,不出现在一行之首。

5.1.7 间隔号标在需要隔开的项目之间,占半个字位置,上下居中,不出现在一行之首。

5.1.8 着重号和专名号标在相应文字的下边。

5.1.9 分隔号占半个字位置,不出现在一行之首或一行之末。

5.1.10 标点符号排在一行末尾时,若为全角字符则应占半角字符的宽度(即半个字位置),以使视觉效果更美观。

5.1.11 在实际编辑出版工作中,为排版美观、方便阅读等需要,或为避免某一小节最后一个汉字转行或出现在另外一页开头等情况(浪费版面及视觉效果差),可适当压缩标点符号所占用的空间。

5.2 竖排文稿标点符号的位置和书写形式

5.2.1 句号、问号、叹号、逗号、顿号、分号和冒号均置于相应文字之下偏右。

5.2.2 破折号、省略号、连接号、间隔号和分隔号置于相应文字之下居中,上下方向排列。

5.2.3 引号改用双引号"﹃""﹄"和单引号"﹁""﹂",括号改用"︵""︶",标在相应项目的上下。

5.2.4 竖排文稿中使用浪线式书名号"﹏",标在相应文字的左侧。

5.2.5 着重号标在相应文字的右侧,专名号标在相应文字的左侧。

5.2.6 横排文稿中关于某些标点不能居行首或行末的要求,同样适用于竖排文稿。

附录2

CY/T 154—2017

中文出版物夹用英文的编辑规范
Rules for editing Chinese publications interpolated with English

2017-04-17 发布

中华人民共和国国家新闻出版广电总局　发布

2017-04-17 实施

前　言

本标准按照 GB/T 1.1—2009 给出的规则起草。

本标准提出夹用英文的中文出版物的编辑规则。

本标准由全国新闻出版标准化技术委员会(SAC/TC 527)提出并归口。

本标准起草单位：浙江大学、北京善庐汉字对称码应用技术开发有限公司、高等教育出版社、广西期刊传媒集团、世界知识出版社《英语沙龙》杂志社、中国新闻出版研究院。

本标准主要起草人：陆建平、简庆闽、王子善、贾巍巍、沈伟东、郭磊、白震坤、李旗、黄春兰。

1　范围

本标准规定了夹用英文的中文横排右行出版物的主要标点符号的用法、人名翻译缩略处理、字母大小写用法、空格的规则、转行的规则、英文书刊名的标示方法、字体与字号的用法以及数字与量和单位符号的用法等，并对前述各类用法、规则和标示方法举例说明。

本标准适用于夹用英文的中文出版物。

2　规范性引用文件

下列文件对于本文件的应用是必不可少的。凡是注日期的引用文件，仅所注日期的版本适用于本文件。凡是不注日期的引用文件，其最新版本（包括所有的修改单）适用于本文件。

本标准所规范的数字和符号主要指在中文出版物夹用英文的环境下所涉及的阿拉伯数字和常用的西文符号的用法。

GB 3101—1993 有关量、单位和符号的一般原则。

3 术语和定义

下列术语和定义适用于本文件。

3.1
文本 text
单句或表达连贯语意的系列语句组合。

3.2
夹用 interpolate
于某一语言的文本中添加或插入其他语言的符号或词语。

3.3
单词 word
能独立运用的英文语言最小单位。

3.4
词组 phrase
由两个或两个以上的汉字或英文单词按一定的语法规则组成的表达一定意义的语言单位。

3.5
分句 clause
构成复句的内有独立语法关系的小句。

注：改写 GB/T 15834—2011,定义 2.4。

3.6
句子 sentence
前后有较大停顿、按语法关系构成并带有一定的语气和语调、表达相对完整意义的语言单位。

注：改写 GB/T 15834—2011,定义 2.2。

3.7
语段 expression
指语言片段,是对各种语言单位不做特别区分时的统称。

注：改写 GB/T 15834—2011,定义 2.5。

3.8
段落 paragraph
由一个或多个句子构成的、以内容为依据的语言单位组合。

4 总则

4.1 夹用英文的中文出版物编辑时,应以中文编辑要件为主,以英文编辑要件为辅。

4.2　夹用英文的中文出版物整体的编辑方式应体现中文的特点,对夹于中文内的英文内容内部,应采用英文的编辑方式。

5　主要标点符号的用法

5.1　句号

5.1.1　形式

中文句号通常为小圆圈"。",为全角字符;英文句号为小圆点".",为半角字符。

5.1.2　基本用法

5.1.2.1　中文陈述句内夹用英文单词或词组,该句子应以中文句号结尾。

示例1:medium 的复数形式不一定是 media。
示例2:这一行里的 turned out 和上一行里的 turned out 意思不同。

5.1.2.2　中文陈述句内夹用英文句子,该句子应用中文句号结尾。夹用的英文句子用中文引号标示,英文句子内部用英文标点符号。

示例1:信中那句"It depends."显得模棱两可。
示例2:英文演讲的主旨是"Love is beautiful."。
示例3:她当时的原话是"Are you serious?"。

5.2　问号

5.2.1　形式

中文问号的形式为"？",为全角字符;英文问号的形式为"?",为半角字符。

5.2.2　基本用法

5.2.2.1　中文疑问句中夹用英文单词或词组,句末以中文问号结尾。

示例:due to 和 because 意思一样吗?

5.2.2.2　中文陈述句中夹用英文疑问句,该句应以中文句号结尾。夹用的英文疑问句用中文引号标示,英文疑问句末尾使用英文问号。

示例:"Why shall I follow you?"是他提出的第一个问题。

5.2.2.3　中文疑问句中夹用英文疑问句,该句应以中文问号结尾。夹用的英文疑问句用中文引号标示,英文疑问句末尾使用英文问号。

示例:作者为什么突然问"Does money really talk?"?

5.2.2.4　英文标题或英文引文中的问号应保留。

示例1:今天晚报的头条是不是"Pension Stops Growing?"?
示例2:文章最后那句"Do we still have to wait?"颇有力度。

5.3　叹号

5.3.1　形式

中文叹号的形式为"！",为全角字符;英文叹号的形式为"!",为半角字符。

5.3.2　基本用法

5.3.2.1　中文感叹句中夹用英文单词或词组,句末以中文叹号结尾。

示例:grateful 这个词用得多好!

5.3.2.2 中文句子中夹用英文感叹句,夹用的英文感叹句用中文引号标示,并保留英文叹号。中文句末以中文标点结尾。

示例1:她说"That's amazing!"不一定表示赞许。

示例2:谈判时最好别说"No way!"!

5.3.2.3 英文标题或英文引文中的叹号应保留。

示例1:那篇短文原名"Vote your own minds!"。

示例2:作者呼吁"Federal investment must be watched!",却没有就方法或措施提出建议。

5.4 逗号

5.4.1 形式

中文逗号的形式为",",为全角字符;英文逗号的形式为",",为半角字符。

5.4.2 基本用法

5.4.2.1 中文句子内夹用英文句子,所夹用的英文句子内部如有逗号,应使用英文逗号。除此以外使用中文逗号。

示例1:当时谁也没注意到协议书中"The debt, if any, is to be written off."所暗藏的玄机。

示例2:从那以后,他再也不说"Very well, sir."。

5.4.2.2 科学技术名称的英文全称与其缩略形式间,应使用英文逗号。

示例:脱氧核糖核酸(deoxyribonucleic acid, DNA)

5.5 顿号

5.5.1 形式

中文顿号的形式为"、";英文无此标点。

5.5.2 基本用法

中文句子内夹用两个或两个以上关系并列的英文字母、单词或词组时,中间宜使用中文顿号。标有引号的并列成分之间,顿号可以省略。

示例1:指示牌上 e、i 和 u 这三个字母印得模糊不清。

示例2:这种情形下 may、might、can 和 could 都可以使用。

示例3:turn in、turn out、turn down、turn up 等词组是否已构成成语?

示例4:老师把"He went to bed.""He turned in early.""He fell asleep."等句子写在黑板上。

5.6 分号

5.6.1 形式

中文分号的形式为";",为全角字符;英文分号的形式为";",为半角字符。

5.6.2 基本用法

5.6.2.1 中文句子内夹用英文句子或语段,该英文句子或语段内如有分号,应使用英文分号。不在英文句子或语段内部的分号,应使用中文分号。

示例1:同学们劝我一起去选图书,说:"Come with us, and you can choose for yourself; stay home, then you can only accept what is brought to you."。

示例2:天气炎热,她嚷着要 ice cream;天冷了,她要的还是 ice cream。

5.6.2.2 英文原文自带逗号的科技名词,其缩略形式与原词之间应用英文分号标示。

示例:知信行模式(knowledge, attitude, belief, practice model; KABP model)

5.7 冒号

5.7.1 形式

中文冒号的形式为"："，为全角字符；英文冒号的形式为":"，为半角字符。

5.7.2 基本用法

5.7.2.1 英文部分如果作为其前中文部分的示例或说明，在中文部分的后面使用中文冒号。

示例：我们寻找的问讯处原来就在身后，绿底白字写着：Information。

5.7.2.2 中文句子内的英文词组或句子内部存在英文冒号时，保留该英文冒号；其他情况需用冒号时则使用中文冒号。

示例：这位诗人的简介写得很清楚："Lind Kruk is a well-published poet: *Songs of the Wind*（1991），*The Candlelight*（1995），*Crying for the Soul*（2011），etc."。

5.8 引号

5.8.1 形式

中文引号的形式为""""（双引号）和"''"（单引号），前后双引号、单引号皆为全角字符；英文引号的形式为""""（双引号）和"''"（单引号），前后双引号、单引号皆为半角字符。

5.8.2 基本用法

5.8.2.1 中文句子内夹用英文单词或词组时，夹用的英文单词和词组不用引号标示。

示例1：bus 和 coach 有没有区别？

示例2：我不介意他在签名前使用 ever yours 还是 sincerely yours。

5.8.2.2 中文句子内夹用英文句子时，该英文句子用中文引号标示，全句句末应使用中文标点。

示例1：见面就问"How old are you?"是不恰当的。

示例2：为什么要告诉所有的人"The door is left unlocked."？

5.8.2.3 中文句子内夹用的英文句子内部如需用引号，使用英文单引号。

示例1：报道中是否删去了"The witness said, 'Nobody came to help.'"？

示例2："Did the driver stop his car at the 'No Entry!' sign?"是个多余的问题。

5.8.2.4 中文句子内如使用中文与英文的组合结构，用中文引号标示。

示例："used to＋动词原形"一般表示过去常做的事或常见的存在状态。

5.9 圆括号

5.9.1 形式

中文圆括号的形式为"（　）"，前后括号为全角字符；英文圆括号的形式为"(　)"，前后括号为半角字符。

5.9.2 基本用法

5.9.2.1 中文句子内夹用了用以注释、补充或说明的英文句子或语段，该英文句子或语段用中文圆括号标示。

示例1：这本小册子是罗杰·威廉斯（Roger Williams，1946—）在 2014 年编写的。

示例2：DIY（Do It Yourself）教育有助于孩子独立人格的形成。

示例3：这次会议被定性为"高峰论坛"（summit forum）。

5.9.2.2 中文句子内夹用的英文句子或语段内部带有用圆括号标示注释、补充或说明时,应用英文圆括号。

示例:图表的说明是"In September 2015, 14,021 workers(71.9%) received $826 each."。

5.10 破折号

5.10.1 形式

中文破折号的形式为"——",长度相当于两个汉字的长度;英文破折号的形式为"—",长度相当于英文字母 M。

5.10.2 基本用法

5.10.2.1 夹用英文的中文句子内,中英文之间若因解释、引入、话题转变、声音延长等需要使用破折号时,使用中文破折号。

示例1:就因为提了几个问题,Tom 竟被称作 nuisance——讨厌鬼!

示例2:本想问她有什么建议,一紧张把 suggestion 说成了——question!

5.10.2.2 夹用英文的中文句子内,英文部分内部使用英文破折号。

示例:"This is —?"老人指着倚门而立的年轻人向护士打听。

5.10.2.3 夹用英文的中文文本内,中文破折号或英文破折号均可用以标示两句或两句以上的对话,但引导会话词句时,两种破折号不可在同一段会话中混用。

示例1:——错过末班车了。Eh — Mary, we missed the last bus again.
　　　　——So what? Hail a cab?

示例2:— Excuse me, where can I find a post office?
　　　　— A post office? 就在你身后啊。Eh — I mean — right behind you, sir.

5.11 省略号

5.11.1 形式

中文省略号的形式为"……";英文省略号的形式为"..."。

5.11.2 基本用法

夹用英文的中文句子里,英文内部的省略号使用英文省略号。

示例:"as…as…"结构常用于表示"就如……一样……"。

5.12 连接号

5.12.1 形式

中文连接号常用的有三种形式:一字线连接号"—"、半字线连接号"-"、浪纹式连接号"~";英文连接号即连字符"-",长度为英文字母 m 的 1/3。

5.12.2 基本用法

夹用英文的中文句子中,夹用的英文单词、词组或语段内部需用连接号时,用英文连接号。中英文之间以及无语法关系的英文单位之间需用连接号时,用中文连接号。

示例1:产品说明书写着"A smoke alarm has been installed in the non-smoker.",但没有说明烟雾报警器的型号是 SA-3 还是 SA-5。

示例2:Mrs. Smith 的课文教学模式几乎一成不变:word study — text analysis — topic discussion。

6 人名缩略翻译的处理

6.1 形式

中文人名缩略后为中圆点"·";英文人名缩略后为下脚点"."。

6.2 基本用法

人名缩略翻译时,中文部分后应使用中圆点,英文部分后应使用下脚点。

示例1:安东尼·G. 普瑞斯顿

示例2:安·G. 普瑞斯顿

示例3:A. G. 普瑞斯顿

7 大小写用法

7.1 中文句子内夹用普通英文单词或词组,无论其位于中文句子的开头、中间还是末尾,首字母一律小写。

示例1:paper 可以构成合成词,如 paperboard(纸板)、notepaper(便笺)等。

示例2:他们为什么把"卫生间"叫作 rest room?

7.2 中文句子内夹用的英文单词或词组属于首字母必须大写的专名,该单词或词组应保留其首字母大写形式。

示例:"长江"过去常译作 the Yangtze River。

7.3 中文句子内夹用完整的英文句子时,无论该英文句子是陈述句、疑问句还是感叹句,无论其位于中文句子中的什么位置,首单词的首字母均应保留其大写形式。

示例1:"Money talks."并非真理。

示例2:他在争辩中最后提的问题是"Does the end justify the means?"。

8 空格的规则

8.1 中文文本中夹用英文词句时,应根据所选用的中英文字体、字符间距以及排版的视觉效果决定英文词句与中文文字之间是否留有空格间距。如留空格,应保证体例的统一。

示例1:用 yes 或 no 回答的问句,可以称为 yes-no 疑问句。

示例2:在此句中,the little girl in white 是名词短语。

8.2 中文文本中夹用英文词句时,如英文部分之前或之后有中文标点符号,则英文部分与中文标点之间不设空格。

示例:介词 at 常与表示较小地点的名词连用,如:at the bus stop、at the railway station。

8.3 中文文本中夹用英文句子或段落时,英文句子或段落内部应按英文排版规则留空。

示例:在例句"It is always the best to be on the safe side"中,it 是形式主语。

9 转行的规则

9.1　中文文本中夹用英文时,如英文在行末,转行时尽量不要将一个单词拆开;如确实需要断词转行,应按照英文断词转行规则处理。

9.2　断词转行时,应按照音节或构词断开单词,并要添加英文连字符,连字符必须跟在断开词的前半部分,处于该行的末尾。

示例:在本次会谈中,公司总裁杨玉琨博士多次提到了"The company is about to go through another transfor-
mation."。

9.3　带有连字符的合成词断词时,要在连字符处断开,一般不要再增加新的连字符。

示例:在"He insisted on going to an out-of-the- way place on the coast."这个句子中,显而易见的是 out-of-the-way 被用作形容词。

9.4　断词时,不要把单个字母放在一行的行末或行首。英文中的单音节词、人名、缩写词、阿拉伯数字及其后紧跟的单位符号不能断词。

10　英文书刊名的标示方法

10.1　中文句子内夹有英文书籍名、报刊名时,不应借用中文书名号,应以英文斜体表示。

示例1:《今日晨报》第4版转载的那篇有关饮食结构的文章译自周一出版的 *Football Daily*。

示例2:她在《中国出版》、《出版发行研究》、*Learned Publishing* 等国内外期刊发表过数篇文章。

10.2　中文句子内夹有英文文章的标题,该标题使用英文正体字,用中文引号标示。

示例:*World of Tomorrow* 是去年的畅销书,其中第七篇文章"Will Human Be Joyfully Enslaved by Cellphone?"在读者中成为热门话题。

10.3　中文句子内夹有的英文书名中带有的副书名用冒号标示;夹有英文的文章副标题,用英文破折号标示。

示例1:他昨天网购的那本原版书 *Self Regained：A Journey to Shangri-La*,中文名是不是可翻译为《凤凰涅槃:香格里拉之行》?

示例2:她的毕业论文最后定名为 "Affecting Factors on Second Language Acquisition — A Survey of Foreign Students Learning Chinese in China"。

11　字体与字号的用法

11.1　字体

11.1.1　中文文本中夹用英文时,常用的基本搭配为:中文宋体类字体＋英文衬线类字体(如 Times New Roman、Caslon 字体)。

示例:Times New Roman 是一款非常通用的英文字体。

11.1.2　中文黑体类字体＋英文无衬线类字体(如 Helvetica、Arial 字体)。

示例:无衬线字体在西文中被习惯称为 sans-serif。

11.2 字号

11.2.1 中文文本中夹用英文时,英文字号应与中文字号匹配。常用的为:中文"小五号"与英文"9P"相对应,中文"五号"与"10.5P"相对应。

11.2.2 有时根据排版视觉效果的需要,也可对英文字号进行微调,但英文字号应保持整体一致。

12 数字与量和单位符号的用法

12.1 数字

12.1.1 中文文本中夹用英文时,文中如出现阿拉伯数字,其字体应与文中英文词句的字体保持一致。数字应采用半角形式,并且应遵循系统一致的原则。

示例:瑞士著名语言学家弗地南·德·索绪尔(Ferdinand de Saussure)1857年出生于日内瓦。

12.1.2 中文文本中夹用英文时,文中如出现四位以上的整数或小数,可以采用"千分空"或"千分撇"的方式分节,并且应遵循一致的原则。

示例1:马里亚纳海沟(Mariana Trench)是世界最深的海,最深处为11,034 m。

示例2:珠穆朗玛峰(Mount Qomolangma)海拔高度为8 844.43 m,是世界第一高峰。

12.2 量和单位符号

12.2.1 在科学技术领域使用有关符号时应按照 GB3101—1993《有关量、单位和符号的一般原则》的有关规范。中文文本中夹用英文时,文中如出现常见的西文符号,其字体一般应与文中英文词句的字体保持一致。

示例:摄氏温标(Celsius),是一种世界上普遍使用的温标,符号为℃。

12.2.2 中文文本中夹用英文时,当单位符号位于数值之后且需要留有空时,应按英文排版规则留空。

示例:这家公司2016年发布的一款电子阅读器 Kindle Oasis,其最薄处仅为3.4 mm。